행복은 만드는 것이다

행복은 만드는 것이다

행 복 을 만 들 어 주 는 33가지 긍정도구

한국긍정심리연구소 소장 우문식 지음

도서출판 물푸레 KPPI 한국긍정심리연구소

Happiness Can Be Made

프롤로그
행복을 만들자

행복을 만들자! 행복을 만들자.

행복은 만드는 거야.

아프다고 울지 마. 힘들다고 포기하지 마.

역경은 넘을 수 있어.

행복을 만들면 지난날의 상처도,

지난날의 실패도 모두 다 잊을 수 있어.

긍정으로 웃고, 사랑으로 나누고

강점으로 시작해봐.

행복을 만들자! 행복을 만들자.

행복은 만드는 거야.

행복을 만들자! 행복을 만들자.
행복은 만드는 거야.
아프다고 울지 마. 힘들다고 포기하지 마.
역경은 넘을 수 있어.
행복을 만들면 오늘의 아픔도,
내일의 불안도 모두 다 떨칠 수 있어.
낙관으로 웃고, 감사로 나누고,
관계로 시작해봐.
행복을 만들자! 행복을 만들자.
행복은 만드는 거야.

이 노래 가사는 몇 년 전 그동안 긍정심리학의 행복을 연구하고 실천한 결과를 바탕으로 내가 직접 만든 것이다. 나의 비전은 전 국민에게 행복을 만들어주는 것이고, 나의 소명은 '너는 가서 많은 사람에게 행복을 만들어주라!'이다. 이 비전과 소명을 이루고자 거의 매일 긍정심리학에 대해 연구하고, 책을 쓰며, 교육하고, 강의하지만 그것만으로는 한계가 있음을 자주 느낀다. 그래서 아이디어를 낸 것이 노래다. 지금이야 예전 같지 않지만 한때 젊은 시절엔 가수의 꿈을 가진 적도 있었다. 노래는 대중적이고 확장성이 높기 때문에 노래를 통해 보다 효과적으로 행복을 알리고 행복을 만들어줄 수 있다는 생각에서다.

개인적으로 곡을 붙여 부르긴 하지만 전문 작곡가의 도움이 필요한 것 같다. 노래가 완성돼 이를 통해 많은 사람에게 행복을 만들어줄 수 있었으면 좋겠다.

많은 사람이 행복을 원한다. 그렇지만 행복하지 않다고 한다. 왜 그럴까. 행복에 대한 환경과 조건이 갖추어지지 않아서 그런 것이 아니다. 아직 대부분의 사람이 행복이 무엇인지 행복에 대한 이해가 부족해서 그렇다. 행복은 조건이 아니라 과학이며 만드는 것이다. 행복에 대해 막연한 기대나 맹목적인 집착을 한다고 해서, 완벽한 행복을 추구한다고 해서 행복해지는 것은 아니다. 이런 행복을 크고 대단하며 특별한 곳에서 찾으려고 한다. 그런 일이나 경험이 행복에 도움이 되긴 하지만 대부분 일시적이다. 행복은 일시적이 아닌 지속적인 것이어야 한다. 우리 삶은 크고 대단하며 특별한 좋은 일만 매일 생기지 않는다. 때로는 부정적이고 스스로 감당하기 힘든 일을 겪기도 한다. 행복은 이 같은 상황에서도 지속적으로 유지할 수 있어야 한다. 그리고 그 역경들을 이겨내는 힘이 돼주어야 한다.

그래서 행복은 자연히 오는 것이 아닌 만드는 것이다. 일시적 감정과 주관적 생각이 아닌 어떠한 환경 속에서도 지속적으로 유지하고 키워갈 수 있도록 연습과 실천으로 만드는 것이다. 이 사실을 아는 것만으로도 우리의 행복지수를 높일 수 있다. 다행스러운 점은 오랜 연구 끝에 누구나 배우고 노력만 하면 이 같은 행복을 만들 수 있는 긍정도구가 나왔다는 것이다. 그것이 바로 긍정심리학의 행복이다.

사람들은 나보고 긍정심리학에 미쳤다고 하기도 하고, 긍정심리학의 목표인 플로리시와 사랑에 푹 빠졌다고 하기도 한다. 그리고 내가 진행하는 교육이나 강의를 들은 사람들은 행복을 만들어주는 '행복 메이커'라고도 부른다. 모두 싫지는 않다. 사실인 것 같기 때문이다.

나는 다른 사람에 비해 특별히 뛰어난 재능이나 잘하는 게 없다. 남보다 돈이 많은 것도 아니고 그렇다고 명예나 지명도가 높은 것도 아니다. 그렇지만 나는 행복하다. 내가 행복한 것은 특별한 환경이나 조건이 충족돼서가 아니다. 15년 넘게 긍정심리학을 공부하고 연구하면서 긍정심리학의 행복을 배우고 긍정도구를 실천하다 보니 행복이 만들어진 것이다.

긍정심리학자인 마틴 셀리그만Martin Seligman 미국 펜실베이니아대 교수는 "의미 있고 가치 있는 삶에 푹 빠져 살다 보면 자신도 모르는 사이에 행복해진다"고 했다. 나는 올해부터 전 국민을 대상으로 '긍정박사 우문식의 행복 만들기 1·2·3운동'을 펼치고 있다. 처음이라 쉽진 않지만 시간이 지나면서 많은 사람이 동참하리라 믿는다. 나는 그동안 긍정심리학의 행복에 대한 연구 활동과 앞으로 펼쳐갈 긍정심리학의 행복 만들기 운동이 나 개인과 우리 사회에 의미와 가치 있는 일이라고 생각한다. 그래서 더 행복한지도 모른다.

한 권의 책이 나오기까지, 그렇게 쉽진 않은 것 같다. 이번 책은 독자 여러분이 쉽고 편하게 읽어 실천할 수 있도록 빨리 써야지 했는데 1년 넘게 걸렸다.

이 책에는 행복을 과학적으로 만들어주는 긍정심리학 팔마스PERMAS(긍정정서, 몰입, 관계, 의미, 성취, 강점)의 33가지 긍정도구를 실었다. 이들 도구를 실천하면 앞서 소개한 노래 가사처럼 누구나 행복을 만들 수 있을 것이다.

이 책에 실린 내용 대부분은 지금까지 셀리그만 교수와 나를 비롯한 전 세계 긍정심리학자들이 지난 20여 년 동안 연구하고 개입해 성과를 검증받은 것들이다. 긍정도구 중 일부는 이미 출판된 책에 나와 있기도 하다. 그럼에도 이 책에 다시 소개하는 이유는 최근 긍정심리학이 학교, 기업, 공공기관, 심리상담, 치료, 코칭 등 사회 각 분야에서 인기를 얻고 있음에 따라 긍정심리학의 정체성과 가치, 올바른 긍정도구 사용법을 제대로 알려주는 것이 중요하다고 생각했기 때문이다. 독자 여러분의 양해를 부탁드린다.

세상에는 다양한 사람이 함께 살아간다. 부유한 사람들이 있는가 하면 힘겹게 살아가는 사람들도 있다. 건강한 사람들이 있는가 하면 질병으로 고통 받는 사람들도 있다.

이 책이 모든 사람에게 위안과 희망이 되고, 행복을 만들어주었으면 좋겠다. 특히 역경을 이겨내며 열심히 살아가는 사람들, 사고와 상처로 육체적·심리적으로 아파하는 사람들에게 용기와 자신감을 심어 줄 수 있길 바란다.

마지막으로 이 책이 나올 수 있도록 그 힘겨운 과정들을 이겨내게 하시고 인도해주시는 하나님께 감사드린다. 지금까지 내가 번역하고 저술한 긍정심리학 관련 책을 읽어준 30만 독자들, 2006년 만났을 때 "어떻게 하면 행복할 수 있는가?"라는 질문에 "행복하려면 지금까지 당신이 갖고 있던 행복에 대한 시각을 바꾸라!"는 답변으로 내 삶을 송두리째 바꾼 마틴 셀리그만 교수, 친형제보다 더 아끼고 물심양면으로 도움을 주신 김정태 사장님, 긍정심리학을 우리 사회에 확장시킬 수 있도록 힘을 보태주신 전영 교수님과 남중진 박사님께도 감사를 드리며, 나를 위해 기도해주시고 도움을 주시는 모든 분에게도 감사의 인사를 전한다. 생각만 해도 이름만 불러도 미안하고 감사해서 눈물부터 먼저 나오는, 사랑하고 존경하는 아내 화담 김기숙 작가, 늘 힘이 돼주는 큰아들 정현, 작은아들 정훈에게도 고맙다는 말을 전한다.

2019년 초여름 백운산 기슭에서

한국긍정심리연구소 소장 우문식

차례

보너스 북

내 행복지수는요

1부
행복이 뭐예요?

● Happiness Can Be Made ●

Happiness Can Be Made

새로운 행복의 탄생

행복은 어제오늘의 이야기가 아니다. 오래전부터 철학과 심리학은 행복에 대해 말해왔고, 가르치고, 무엇이 의미 있는 삶이고, 무엇이 가치 있는 삶이며, 무엇이 좋은 삶인지 찾으려고 노력해왔다. 르네상스 시대 화가 라파엘로가 그린 〈아테네 학당〉 한가운데를 보면 세기적 철학자인 플라톤과 아리스토텔레스가 보인다. 아리스토텔레스가 허벅지에 받친 큰 책이 아리스토텔레스의 행복론과 덕론, 정의론이 담긴 『니코마코스 윤리학』이다. 이 책이 아리스토텔레스의 행복론인 것이다.

아리스토텔레스는 '자아실현 행복eudaimonia'과 '쾌락 행복hedonia'을 대비시켰다. 자아실현 행복이란 자신뿐 아니라 남들에게도 유익한 자아실현이라는 더 높은 목표를 가진 삶을 뜻한다. 아리스티포스의 쾌락 행복은 오로지 현재 자신의 육체적이고 감정적인 욕구에 충실한 삶을 말한다. 아리스토텔레스는 쾌락이 행복의 한 구성 요소이긴 하지만, 그것이 곧 행복은 아니라고 했다.

이렇게 철학은 고대 이래 무엇이 의미 있고 가치 있는 삶인지, 무엇이 좋은 삶과 선한 삶을 이루는지에 관심을 가졌다. 행복한 삶에 관심을 가진 것이다. 하지만 심리학은 주로 정신장애와 행동장애, 인지장애 같은 장애를 치료하는 방법을 찾기에 급급했다. 그러다 보니 20세기 심리학은 행복한 삶과 거리가 먼 정신장애와 정신건강에 문제가 있는 사람들에게 초점을 맞춤으로써 대부분 사람의 좋은 삶과는 거리가 멀어졌다. 그로 인해 철학은 다수에 의해 일반 대중에게 확장됐지만 심리학은 안타깝게도 소수에 의해 제한적일 수밖에 없었다.

다행히 1950년대까지 주도했던 정신분석 심리학과 행동주의 심리학에서 인간 중심의 인본주의 심리학이 탄생하면서 무엇이 인간의 삶에 깊이와 의미를 가져다주는지 연구하기 시작했다. 하지만 인본주의 심리학의 접근법은 이론적이고 비과학적이어서 '무엇이 행복을 가져다주는가'에 대해 기술하고 설명하는 데 그쳤다. 어떻게 하면 더 행복할 수 있는지에 대해선 설명하지 않았다는 것이다.

영국 심리학자 제니 후퍼Jeni Hooper는 "인본주의 심리학은 심리상담과 치료의 발전에는 도움이 됐지만 일반 대중의 행복에는 큰 영향을 미치지 못했다"고 말했다.

심리학이 소수보다는 다수인 대중의 삶에 영향력을 확대하는 데 독보적 역할을 한 인물은 셀리그만이다. 1998년 미국심리협회 회장이던 셀리그만은 무엇이 행복(웰빙)을 촉진하는지에 대한 과학적 연구에 다시 초점을 맞출 것을 심리학계에 제안했다.

그는 1998년 신년사에서 "손쓸 도리 없이 망가진 삶은 이제 그만 연구하고 모든 일이 잘될 것 같은 사람에게 초점을 맞추어야 한다"고 선언했다. 이렇게 해서 행복을 과학적으로 만들어주는 긍정심리학이 탄생하게 됐다.

긍정심리학의 탄생으로 심리학의 3가지 의무인 질병 치료, 생산적 삶 만들기, 능력 향상시키기의 균형이 맞추어지고 있으며, 전 세계적으로 긍정심리학의 이론과 긍정도구를 통해 놀라운 성과를 만들어내고 있다. 이는 미국 하버드대의 긍정심리학 행복 강의에서 증명되고 있다. 하버드대의 긍정심리학 행복 강의는 2012년 개설 이래 지금까지 가장 인기 있는 과목이며, 250개 이상의 언론 및 방송매체에서 하버드대 역사상 가장 인기 있고 실제적인 과목이라고 평가했다.

이제 긍정심리학은 지금까지 심리학이 하지 못했던 대중화를 통해 아픈 사람들의 삶을 치유하는 것만큼 건강한 사람들의 삶을 충만하게 하는 것에, 인생에서 최악의 것을 회복하는 것만큼 최고의 것을 설계하는 것에, 약점을 고쳐주는 것만큼 강점을 키워주는 것에 초점을 맞추어 모두가 더 행복한 세상을 만들어가고 있다.

왜 행복인가?

우리나라를 비롯해 일본, 아르헨티나, 그리스, 미국 등 전 세계 사람들이 가장 원하는 삶은 행복한 삶이라고 한다. 이렇듯 사람들은 누구나 행복을 원한다. 하지만 최근 각종 통계에서 보듯 우리나라 사람들은 행복하지 않은 것으로 나타났다. 왜 그럴까.

나는 강의를 할 때 "여러분이 세상에서 가장 원하는 삶은 어떤 삶입니까?"라는 질문을 자주 한다. 그럼 대부분은 "행복한 삶, 건강한 삶, 성공한 삶입니다"라고 답한다. "그렇다면 3가지 중 어디에 투자를 가장 많이 합니까?"라고 다시 질문하면 서로 눈치를 보다 "성공(부富)입니다"라고 한다. 다시 한 번 "왜 행복을 가장 원하면서 성공에만 투자를 합니까?"라고 질문하면 "성공하면 행복은 자동적으로 따라오니까요!"라고 한다. 하지만 나는 "그건 아닙니다"라고 말하고 싶진 않다. 성공하면, 돈이 많으면 실패한 사람이나 가난한 사람보다 더 행복할 수 있어서다.

나는 긍정심리학과 행복을 연구하는 사람이지만 돈이 없어도 행복하다는 말엔 동의하지 않는다. 내가 치열한 삶을 살아봤기 때문이다. 그렇다고 성공한 사람이, 자신의 목표를 이룬 사람이 모두 행복하냐 하면 꼭 그런 건 아니다.

나는 다양한 분야에서 성공한 사람들을 교육현장에서 만난다. 그들은 누구보다 열심히 노력해 자신이 꿈꾸던 목표와 부를 이루었다. 그런데도 많은 사람이 행복하지 않다고 말한다. 왜 그럴까.

이 글을 쓰는 동안 정년퇴직이 1년 남은 고위 공직자 한 분이 내가 진행하는 긍정심리학 전문가 과정에 등록해 교육받고 있다. 그는 공직자로서 누구보다 국가에 충성하고 도덕적인 삶을 살았으며 성공했지만 행복하지 않다고 했다. 그리고 그렇게 살아온 자신의 삶을 후회하고 있었다. 그래서인지 긍정심리 검사 결과 행복도는 낮고, 부정정서는 높게 나왔다. 그는 그동안 부정정서를 줄이고 행복해지는 방법을 찾고자 많은 교육을 받고 책을 읽었지만 그 방법을 찾지 못하다 우연히 내가 쓴 『긍정심리학이란 무엇인가』를 읽고 무언가 다를 것 같고 도움을 받을 수 있을 것 같아 긍정심리학 전문가 과정에 등록했다고 한다.

그는 왜 행복하지 않을까. 행복을 원했지만 행복을 만들어가는 방법을 모르기 때문이다. 공직자로서 갖추어야 할 도덕성, 국가에 대한 충성심으로 최선을 다하면 행복할 것이라고 믿고 평생을 바쳐온 것이다. 그의 삶이 잘못됐다는 것이 아니다. 그는 공직자로서 훌륭한 삶을 살아왔다. 아쉬운 점은 행복이 무엇인지, 행복을 어떻게 만드는지 미리 알았다면 더 좋았을걸 하는 것이다. 몇 년 전 긍정심리학 전문가 과정에 참가한 수도권 모 대학 상담심리학과 교수도 마찬가지였다. 남편은 공기업 임원으로 퇴직해 전문성을 살려가고 있고, 아들, 딸 모두 서울 소재 대학 나와서 전문직에 종사하고 있는데 그 누구도 집 안에서 행복하다는 말을 안 한다고 했다. 자신도 자주 공허감을 느껴 내 강의를 들으러 왔다는 것이다.

그녀는 왜 행복하지 못하고 공허함을 자주 느낄까. 지금까지 외적인 가치에 치중했기 때문이다. 외적인 가치가 충족되면 행복할 줄 알았는데 충족됐음에도 행복하지 못한 것이다. 성공 중심의 외적 가치는 행복을 만들어주는 중요한 요소이긴 하지만 다소 불완전하다. 상황에 따라 흔들릴 수 있다는 것이다. 다양한 상황에도 유지, 성장시켜주는 것이 행복 중심의 내적 가치다.

행복은 그렇게 단순하지 않다. 삶은 어떤 직업이나 환경에서든 살아가노라면 다양한 변수가 발생한다. 좋은 일도 생기고 나쁜 일도 생긴다. 행복이란 어려운 문제가 발생했을 때 스스로 해결할 수 있고, 좋은 일이 생겼을 때 오랫동안 지속할 수 있는 것이다. 하버드대에서 긍정심리학 행복 강의가 개설 이래 가장 인기를 얻고 있는 이유도 바로 이 때문이다.

행복은 일시적 감정이나 주관적으로 느끼는 마음 상태에 머무는 것이 아니다. 방법이 있고 기술이 있다. 이 방법과 기술을 배우고 연습해 삶 속에서 일어나는 일들을 자신이 해결해가는 것이 행복을 만드는 지름길이다. 긍정심리학에는 행복을 만들어주는 가장 중요한 6가지 요소(긍정정서, 몰입, 관계, 의미, 성취, 강점)가 있다. 이것들을 배워 이 요소에 대한 자신의 정체성을 찾고, 자신의 삶의 문제를 해결하며, 지속적으로 성장해가는 것이다.

이젠, 행복에 대한 올바른 인식과 전환이 필요하다

국내외 많은 전문가는 우리나라 국민이 행복하지 않은 이유로 4가지를 든다. 첫째, 과도한 물질주의, 둘째, 지나친 경쟁, 셋째, 과정과 결과에 대한 그릇된 생각, 넷째, 비교문화다. 오늘날 젊은이들 사이에 삼포세대, 오포세대, 칠포세대라는 자조 섞인 신조어가 유행하듯 경제적 요소도 크게 작용하긴 하지만, 사회 전반적인 측면에선 일리가 있다. 하지만 나는 국민이 행복하지 못한 사회도 문제지만 이보다 더 중요한 이유는 개개인이 갖고 있는 행복에 대한 인식의 오류 때문이라고 생각한다. 인식의 오류란 행복에 대한 막연한 기대와 맹목적 집착, 완벽한 추구를 말한다.

행복을 원한다면 어떻게 해야 할까. 현실을 직시하고, 왜 행복이고,

무엇이 행복이고, 어떻게 해야 행복해질 수 있는지 관심을 갖고 배우며 노력해야 한다. 하지만 열심히 살다 보면 행복해질 거야, 내년에는 행복해질 거야, 몇 년 지나면 행복해질 거야 등과 같이 막연한 기대만 하고 있는 것이다. 막연한 기대는 현실 기피이고 사람을 무기력하게 만들며 지치게 한다. 지나치면 사람을 죽음으로 몰고 가기도 한다.

베트남전쟁에 참전했던 스톡데일Stockdale 장군은 작전 수행 중 포로로 잡혀 1965년에서 1973년까지 8년 동안 악명 높은 하노이 호아로 수용소에 갇혔다. 그는 수용 기간 수십 차례 가혹한 고문과 핍박을 받았지만 혹독한 현실을 받아들이고 극복한다면 반드시 살아서 돌아갈 수 있다는 희망과 함께 매일 아침 운동과 독서로 회복력을 키웠다. 결국 그는 살아서 풀려났다. 하지만 "다음 크리스마스에는 구출될 거야" "다음 추수감사절에는 풀려날 거야"라며 막연하게 기다리던 사병들은 기다리다 지쳐 대부분 죽었다. 막연한 기대가 낳은 비현실적 낙관성의 불행이다.

탈 벤 샤하르Tal Ben Shahar 미국 하버드대 긍정심리학 교수는 행복의 역설을 강조한다. 행복에 너무 집착하면 행복하지 않다는 것이다. 그는 행복을 태양에 비유한다. 우리가 태양을 보고 싶다고 맨눈으로 뜨거운 태양을 보면 눈에 손상을 입을 수 있다. 그럼 어떻게 해야 할까. 샤하르는 무지개를 보라고 한다. 무지개가 태양의 색깔이기 때문이다. 행복도 마찬가지다. 행복을 원한다고 행복에만 집착하지 말고 행복을 과학적으로 만들어주는 요소인 긍정정서, 몰입, 관계, 의미, 성취, 강점을 보라는 것이다. 그 안에는 행복을 만들어주는 긍정도구들이 있기 때문이다.

많은 사람이 행복을 말하고 전하기도 한다. 그래서 자칭 '행복 전도

사'라는 표현을 쓴다. 한때 유명세를 탔던 그 많던 행복 전도사는 지금 다 어디에 있는가. 왜 지속적이고 영원한 행복 전도사는 없을까. 그 나름대로 이유가 있을 것이다. 그중 가장 중요한 이유는 행복에 대한 인식의 오류다. 행복은 완벽해야 한다는 것이다. 그래서 자신에게 조그만 문제가 발생하거나 역경을 겪으면 주저앉거나 포기한다. 완벽한 행복이란 없다. 우리에겐 행복에 영향을 주는 돈, 건강, 가족, 관계, 종교, 교육, 직업 등 주관적·객관적 조건들이 있다. 이 모두를 충족시킬 수 있는 사람이 몇 명이나 될까. 정도의 차이일 뿐 결핍이나 결함 없는 사람이란 있을 수 없다.

완벽한 행복을 추구한다면 나는 정말 행복할 수 없는 사람이다. 아직 경제적 자유를 얻지 못했기 때문이다. 그렇지만 나는 행복하다. 부족한 부분은 충만한 부분으로 채우는 방법을 알고 있고, 내가 원하는 행복을 유지하고 키우기 위한 방법을 매일 실천하려고 노력해서다.

인류 역사상 가장 아름다운 여인상을 꼽으라면 대부분 모나리자를 떠올릴 것이다. 모나리자 웃음은 몇%나 될까. 이를 연구한 과학자들에 따르면 80%라고 한다. 80% 웃음을 지을 때 가장 아름답다는 것이다. 행복을 연구하는 과학자들도 100% 행복도보다 80% 행복도를 가진 사람이 가장 행복하다고 한다. 나머지 20%의 행복도를 얻기 위해 노력하기 때문이다.

전 세계 69개국의 11만8519명을 대상으로 설문 조사를 한 심리학자들은 행복이 수입이나 교육 수준, 정치 참여, 자원봉사 활동, 건설적인 관계 등과 얼마나 밀접한 관련이 있는지 연구했다. 행복 분야에서 가장 존경받는 심리학자 가운데 한 명인 에드 디너Ed Diener는 동료들과 함께 이 연구 결과를 분석한 뒤 그 핵심 내용만을 추린 논문을「심리학 조망 Perspectives on Psychological Science」이라는 학술지에 기고했다.

디너와 그의 동료들은 "적당한 수준의 행복을 달성한 경우, 그보다 행복도가 더 증가하면 삶의 몇몇 부분에 오히려 해를 끼칠 수도 있다"고 지적했다. 자신의 행복도를 9나 10이 아닌 8로 평가한 이들의 경우, 자기 삶에 대해 느끼는 약간의 불만이 교육이나 지역사회, 직장 환경을 개선하고자 하는 동기로 작용할 가능성이 높았다. 계속해서 10점 만점을 받으려고 애쓰는 사람보다 8점이나 9점을 받은 사람이 더 건강할 뿐 아니라 돈이 더 많은 것도 이런 이유 때문일 수 있다는 것이다.

진정으로 행복을 원한다면 이젠 행복에 대한 올바른 인식뿐 아니라 인식의 전환이 필요하다. 첫째, 행복은 만드는 것이다. 고전적인 행복론을 주장하는 독자들은 반론을 제기할 수도 있다. 셀리그만은 "행복은 만들 수 있다"고 말했다. 행복은 좋은 유전자나 행운으로 얻어지는 것이 아니라 바이올린 연주나 자전거 타기같이 부단한 연습과 노력으로 만들 수 있음을 그동안 과학적으로 증명했다. 셀리그만은 2011년 긍정심리학의 새로운 이론을 그의 저서『플로리시』에 발표하면서 "나는 이제 당신의 플로리시를 만들어줄 수 있다"고 했다. 일시적 행복이 아닌 지속적인 행복을 만들어줄 수 있다는 것이다.

둘째, 행복은 경쟁력이다. 1543년 폴란드 천문학자 코페르니쿠스가 우주는 태양을 중심으로 돈다는 지동설을 발표했다. 하지만 사람들은 믿지 않았다. 오히려 핍박을 했다. 하지만 지동설은 결국 사실로 밝혀졌다. 태양을 중심으로 지구가 돈다는 것이다. 이 같은 일들이 최근 심리학에서도 일어나고 있다. 행복이 성공을 만들어준다는 것이다. 디너, 로라 킹Laura King 등 세계적 심리학자들은 오랜 연구를 통해 행복하면 성공도 따라온다는 사실을 밝혀냈다. 행복하면 창의성이 향상되고, 직장에서 성과를 낼 뿐 아니라 연봉도 많이 받는다는 것이다. 학교에서도 성적이 올라가고, 인성이 함양되며, 역경을 극복하는 회복력이 증진되고, 인간관계와 건강 등이 좋아진다는 것이다.

셀리그만이 미국, 영국, 호주의 초·중·고교에서 긍정교육을 시킨 이후 학생들의 언어, 작문, 수학 등 학습 능력이 향상됐으며, 호기심, 학구열, 창의성 등 성격강점과 몰입, 즐거움, 사회적 기술, 즉 연민, 협동, 자기 주장, 자기 통제력 등이 높아졌다. 삼성경제연구소가 직장인들을 대상으로 설문 조사를 한 결과 행복한 직장인이 불행한 직장인보다 직장에서 더 높은 성과를 올리고 성공하는 것으로 나타났다.

나 역시 45세까지 초등학교 졸업이 학력의 전부였다. 행복하고 성공한 삶을 살기 위해 열심히 노력했지만 두 번의 부도를 비롯해 수많은 역경과 좌절을 겪었다. 그러한 시련 속에서도 포기하지 않고 2003년 긍정심리학을 우리나라에 처음 도입하고 직접 긍정심리학의 긍정도구를 매일 실천하면서 행복을 만들어갔다. 그 결과 독학으로 공부를 시작한 지 13년 만에 석사·박사학위를 받고 교수로 임명됐으며 베스트셀러 저자가 됐다. 지금은 심리상담사 외 심리코치로서 심리적 증상을 완화시키고 치료해 많은 사람이 행복을 만들 수 있도록 도와주고 있으며 다음 학기부터는 미국에 본교를 둔 대학교의 한국캠퍼스 학장을 맡는다.

13년 전 가장 행복하지 않은 1%에 속했던 내가 지금은 가장 행복한 사람이 된 것이다. 이제 그 행복을 '너는 가서 많은 사람에게 행복을 만들어주라!'는 소명을 위한 자원으로 활용하고 있다. 그래서 행복은 경쟁력이란 것이다.

이처럼 행복을 과학적으로 연구하는 많은 사람이 개인적 실천으로 증명해 보이고 있지만 아직도 기업 경영자나 교사, 학부모, 개인들은 행복이 성공을 낳고, 행복이 경쟁력이란 사실을 인정하지 않고 오직 성공과 부와 명예만을 위해 달려간다. 성공하면 행복은 자연히 따라온다고 믿는 것이다. 그러다 보니 많은 사람이 지치고 고통스러워한다.

미국 여론조사기관 갤럽에서 삶의 목표, 사회관계, 경제상황, 공동체의 안전과 자부심, 건강 분야를 측정해 발표한 2014년 세계 웰빙지수 국가 순위를 보면 우리나라는 145개국 중 117위로 삶의 만족도가 9.4%였다. 90%가 삶에 고전하거나 고통을 겪고 있다는 것이다. 즉 행복하지 않다는 뜻이다. 정말 우리나라가 이렇게 불행한 나라일까. 절대 그렇지 않다.

나는 이 같은 발표를 보면, 긍정심리학과 행복을 연구하는 사람으로서 정말 마음이 아프다. 우리가 행복이 무엇인지 알고, 행복은 스스로 만드는 것이고 만들 수 있다는 인식과 함께 행복은 경쟁력이라는 인식만 가져도 우리의 행복지수를 아주 많이 높일 수 있어서다. 나는 이 같은 사실을 많은 사람에게 알리고 싶다. 그것이 내가 이 책을 쓰는 이유이기도 하고, '긍정박사 우문식의 행복 만들기 1·2·3운동'을 펼치는 이유이기도 하다.

행복은 최종 목표가 아니다

행복은 일원론이 아니다. 그리스 철학자 탈레스는 만물의 근원은 물이라고 생각했다. 아리스토텔레스는 인간의 모든 행위의 궁극적인 목적은 행복이라고, 니체는 인간의 모든 행위의 궁극적인 목적은 권력이라고 주장했다. 프로이트는 인간의 모든 행위의 궁극적인 목적은 불안감 제거라고 여겼다.

이상은 인류에 공헌한 대표적 위인들이 주장한 일원론이다. 셀리그만은 일원론은 인간의 모든 동기가 단 한 가지로 귀착되고, 또한 변수로부터 대부분의 결과를 도출하는데 변수가 너무 적어 특정 현상의 다양하고 미묘한 차이를 설명하지 못한다고 했다. 오늘날 다양하고 복잡하고 지능화된 사회에서 일원론은 치명적일 수 있다는 것이다.

2012년 발표된 긍정심리학의 최초 이론인 '완전한 행복 이론'에서는 이들 4가지 일원론 가운데 아리스토텔레스의 주장에 수긍했다. 우리가 하는 모든 행위는 행복해지기 위해서라는 것이다. 그래서 긍정심리학의 목표 역시 행복도를 측정해 만족도를 증가시키는 것이었다. 하지만 긍정심리학을 담기엔 행복이란 일원론 변수는 너무 적었다. 그래서 2011년 플로리시를 위한 웰빙 이론에서는 다원론을 제시했고 목표도 플로리시로 수정했다. 긍정심리학의 팔마(긍정정서(즐거운 삶), 몰입(만족한 삶), 관계(좋은 삶), 의미(의미 있는 삶), 성취(성취하는 삶))와 이들의 기반인 성격 강점을 증가시켜 플로리시를 이루는 것이다.

지금까지 행복이 즐거움을 극대화하고 고통을 최소화한 아리스티포스의 쾌락 행복, 내적 자아의 진정성을 의미하는 아리스토텔레스의 자아실현 행복, 정서적 기쁨과 인지적 만족인 디너의 주관적 안녕감(웰빙)과 행복으로 진화돼왔다면 이제는 긍정심리학의 팔마스를 증가시켜 플로리시 행복에 다다른 것이다. 플로리시Flourish란 원어로는 번성, 번창을 의미하지만 긍정심리학에서는 지속적 성장을 의미하기도 한다. 긍정심리학의 팔마스를 통해 행복을 지속적으로 증진시켜 행복의 만개滿開에 이르게 한다는 것이다. 바바라 프레드릭슨Barbara Fredrickson 미국 노스캐롤라이나대 교수는 인간의 플로리시를 좋은 감정feeling good과 좋은 행동doing good 모두를 포함하는 행복 이상의 삶이라고 말했다. 이렇듯 행복은 최종 목적이나 목표가 아닌 플로리시를 위한 과정이다.

나에게 행복이 최종 목적이었다면 자아실현을 통해 쾌락적이고 만족하는 개인의 삶을 살고 있을 것이다. 하지만 나는 이 행복을 비전과 소명을 이루는 데 자원으로 동원하고 있다. 아직까진 진행 중이라 나타나는 것이 없지만 머지않아 다양한 분야에서 그 결과들이 나올 것이다. 그래서 행복은 인간의 최종 목적이 아닌 다른 중요한 목표를 이루기 위해 동원될 수 있는 자원이라는 것이다.

> "진정한 행복은 일상생활에서 자신의 대표 강점을 날마다 발휘해 행복을 만들어가는 것이다. 의미 있는 삶은 행복한 삶에 한 가지가 더해진다. 대표 강점을 발휘하되, 지식과 능력을 선을 촉진하는 데 활용하는 것이다. 그렇게 하면 참으로 의미 있는 삶이 될 것이며, 신을 자기 삶의 궁극적 목표로 삼는다면 숭고한 삶이 될 것이다."
>
> – 마틴 셀리그만의『진정한 행복』중에서

2부

행복은요

● Happiness Can Be Made ●

가장 어려운 질문 "엄마(선생님), 행복이 뭐예요?"

"엄마(선생님), 행복이 뭐예요?" 당신의 자녀나 학생들이 이 같은 질문을 한다면 뭐라고 대답하겠는가. 강의나 교육현장에서 만나는 부모님이나 선생님들은 한결같이 이 질문이 가장 답하기 곤란한 질문 가운데 하나라고 하소연한다. 자신 있게 대답해주지 못하는 것이 당연한지도 모른다. 우리는 지금까지 행복을 원하지만 행복이 무엇인지에 대해 제대로 배우지 못했을뿐더러 제대로 알려고도 하지 않았기 때문이다. 그러다 보니 머리로는 알 것 같은데 정작 설명하지 못하는 것이다.

이미 2000년 전 아리스토텔레스부터 지금까지 수많은 사람이 행복에 대해 말해왔고 책을 썼다. 하지만 긍정심리학이 나오기 전까지는 그 누구도 행복을 지속적으로 유지, 증진시킬 수 있는 과학적인 방법에 대해 이야기하는 사람이 없었다. 대부분 행복은 내 안에 있다, 행복은 가까이 있다, 행복은 마음먹기에 달려 있다 같은 추상적 개념이었다. 그리고 행복하려면 내려놓아라, 멈춰라, 버려라 같은 관조적이고, 좋은 대학, 좋은 직장, 좋은 차, 좋은 집 같은 조건적이며, 맛있는 아이스크림 또는 초콜릿 먹을 때나 이성 간 짜릿한 접촉 같은 감정적이고 감각적인 개념이었다. 이런 것은 행복에 도움은 되지만 대부분 일시적 감정이다. 행복은 이 같은 일시적 감정이 아닌 지속적인 긍정정서이며 개인의 감정과 주관적 관점을 넘어 개인과 공동체의 성공까지 아우르는 광의적 개념이다. 마음만 편안하고 즐겁다고 행복의 전부가 아니라는 것이다.

그렇다면 긍정심리학의 행복은 무엇일까. 긍정심리학의 행복은 정서적 감정, 인지적 만족, 참된 삶, 회복력resilience의 4가지 특성을 가지고 있다.

정서적 감정은 기쁨과 즐거움, 열정, 자신감, 긍정관계 등에서 얼마나 긍정정서를 느끼는가를 말한다. 인지적 만족은 자신의 삶의 영역 속에서 중요한 일, 사랑, 자녀양육, 여가, 성취 등에서 얼마나 인지적으로 만족감을 느끼는가다. 참된 삶은 도덕적이고 윤리적 기준을 뜻한다. 참된 삶의 핵심은 성격(인성)강점이다. 이 강점에는 도덕적 개념과 선한 품성의 개념이 들어 있다. 누구나 살아가면서 크고 작은 역경을 겪는다. 하지만 어떤 사람은 똑같은 역경을 겪고 넘어지는가 하면 또 어떤 사람은 오히려 역경을 극복하고 더 성장한다. 역경을 극복하는 것이 회복력이다.

이 같은 행복을 만들어주는 것이 무엇일까. 바로 긍정심리학이다.

긍정심리학 안에는 과학적으로 검증된 도구들이 있으며 이 도구들을 통해 행복을 만들어준다. 긍정심리학은 행복이 무엇인지 보다, 어떻게 하면 더 행복해질 수 있는지 그 방법을 연구하는 학문이다.

간혹 철학자들은 과학적 행복의 정서적 감정이나 인지적 만족에 문제를 제기하기도 한다. 도덕적이지 못한 방법으로 즐기고, 이루며, 행하는 것으로 기쁨과 만족을 누리는 것이 행복이냐는 것이다. 맞는 말이다.

나 역시 전작에서 그 문제를 제기하며 정직한 삶을 강조했다. 주변에 그런 것이 행복이라고 생각하는 사람이 많기 때문이다.

철학의 핵심 가치는 도덕성이고 종교의 핵심 가치는 사랑이다. 긍정심리학은 철학과 종교에 기반을 둔다. 인간 중심의 심리학이기 때문이다. 그래서 긍정심리학의 행복에서는 참된 삶인 도덕성과 기쁨, 감사, 평온, 흥미, 희망, 자부심 등 긍정정서의 여러 형태 가운데 하나에 국한되지 않고 이들 모두를 아우르는 사랑을 중시한다.

Happiness Can Be Made

행복은 만드는 것이다

긍정심리학의 행복은 조건이 아니라 과학적이고 만들 수 있다. 대표적 근거로는 행복은 진보한다는 '행복 4.0'과 행복을 과학적으로 증명한 '행복 공식'을 들 수 있다.

조너선 하이트Jonathan Heit 전 미국 버지니아대 심리학과 교수이자 현 뉴욕대 스턴경영대학원 교수는 3000년 동안 이어온 세계 10대 위대한 사상(지혜)을 통해 행복 가설을 세우고 세계의 문명이 빚어낸 사상 한 가지씩을 통해 행복을 증명해냈다. 최초의 행복 가설은 '행복은 내가 원하는 것을 얻는 데서 온다'이다. 자신이 원하는 것이 돈이든 명예든 권력이든 손에 넣으면 그것으로 행복해질 수 있다고 믿었다.

'나는 여러 가지 큰일을 성취했다. 궁전도 짓고 여러 곳에 포도원도 만들어보았다. 나는 정원과 과수원을 만들고 거기에 온갖 과일나무도 심어보았다. ……나는 또한 지금까지 예루살렘에 살던 어느 누구도 일찍이 그렇게 가져본 적이 없을 만큼 많은 소와 양 같은 가축 떼를 가져보았다. 은과 금, 임금들이 소유했던 여러 나라의 보물도 모아보았고, 남녀 가수들도 데리고 있었으며, 남자들이 좋아하는 처첩도 많이 거느려보았다. 드디어 나는 예루살렘에 살던 어느 누구보다 더 큰 세력을 가진 사람이 됐다. 지혜가 늘 내 곁에서 나를 깨우쳐주었다. 원하던 것을 나는 다 얻었다. 누리고 싶은 낙은 무엇이든 삼가지 않았다. ……그러나 내 손으로 성취한 모든 일과 이루려고 애쓴 나의 수고를 돌이켜보니 참으로 세상 모든 것이 헛되고, 바람을 잡으려는 것과 같고, 아무런 보람도 없는 것이었다.'(『전도서』 2장 4~11절)

이 글은 『전도서』 저자인 솔로몬 왕이 자신의 삶과 함께 행복과 만족을 추구했던 그동안의 행적을 돌아보며 기록한 것으로 추정된다. 이 글을 보면 그는 원하는 것을 모두 얻으면 행복할 수 있다고 믿고, 물질적 풍요 속에서 행복을 찾으려고 했다. 하지만 정작 원하는 것을 얻어도 행복한 기분은 잠깐일 뿐 이내 공허함과 허탈감을 느꼈다. 따라서 최초의 행복 가설은 힘을 잃었다.

최초의 행복 가설보다 진일보한 가설이 '행복은 안과 밖에 있다'이다. 이 가설이 나오기 전까지는 행복은 마음속에 있다고 생각하는 사람이 많았다. 대표적 인물이 석가모니인데, 석가모니는 마음의 번뇌와 삶에 대한 집착을 버려 마음의 평화를 얻으면 그게 행복이라고 말했다. 지금도 석가모니처럼 행복은 마음속에 있다고 말하는 사람이 적잖다.

일명 '행복 마음론'으로 행복은 구체적 실체 없이 마음속에만 존재하는 것이어서 마음을 편안하게 하면 행복해질 수 있다는 논리다.

서양의 사상가들은 동양의 석가모니와는 다르게 생각했다. 그들은 행복은 자신이 처한 외부 환경을 변화시킬 때 온다고 믿었다. 사람을 사랑하고, 목표나 즐거움을 열정적으로 추구하며, 인생을 최대한 만끽해야 한다고 주장했다. 삶에 대한 열정과 집착은 때론 고통스러울 수도 있지만 행복의 동력이 되기도 한다는 것이다.

석가모니와 서양의 사상가들 가운데 어느 한쪽의 손을 들어주기에는 행복이란 게 그리 단순하지 않다. 행복은 안에서도, 밖에서도 올 수 있는 것이기 때문이다. 또한 안과 밖, 어느 한쪽만으로는 충분히 행복하지 않고 안과 밖이 조화를 이루었을 때 행복이 극대화된다고 보았다.

하지만 두 번째 가설도 하이트에 의해 행복을 정확하게 설명하지 못한다는 것이 증명됐다. 하이트는 2가지 가설을 반박하면서 '행복은 사이에 있다'는 새로운 행복 가설을 제시했다. 다양화되고 복잡한 사회에서는 사이, 즉 관계가 중요하다는 것이다. 내 의식과 행동, 나와 너, 나와 가족, 나와 직장 동료들, 나와 신과의 사이까지 다양한 사이를 분열과 갈등 없이 잘 풀어갈 때 행복해질 수 있다는 것이다.

세 번째 가설은 앞의 두 가설에 비하면 상당히 과학적이며 행복의 실체에 많이 접근했지만 이 또한 행복을 완전하게 설명하지 못한다. 셀리그만과 크리스토퍼 피터슨Christopher Peterson, 소냐 류보머스키Sonja Lyubomirsky는 "행복은 만들 수 있다"고 말했다. 셀리그만은 행복이 좋은 유전자나 행운으로 얻어지는 것이 아니라 바이올린 연주나 자전거 타기

같이 부단한 연습과 노력으로 만들 수 있음을 과학적으로 증명했다.

긍정심리학과 함께 과학도 발달했다. 첨단기술 덕분에 행복 측정은 물론 온갖 정신장애를 측정하고 범주화하며 각 장애의 신경학적 토대를 조사할 수 있게 된 것이다. 이것은 행복을 지속적으로 증진시킬 수 있는 방법과 효과적인 긍정심리치료법 개발로 이어졌다. 셀리그만은 바로 이 신기술을 이용해 긍정심리학의 팔마스와 인간의 즐기는 능력, 문제를 파악하는 능력 등을 측정, 조사할 수 있는 방법을 찾아냈다. 그래서 이제, 행복은 만들 수 있다는 것이다.

나는 지금까지 15년 이상 긍정심리학을 연구하고 있으며 그 속에 있는 실천도구를 내 삶 속에 적용해오고 있다. 세계적인 긍정심리학 석학들의 연구와 내 연구를 종합해볼 때 '행복은 만드는 것이다'라는 결론을 도출할 수 있었다. 그래서 2014년 11월『행복 4.0』을 통해 새로운 긍정심리학의 행복 4.0 개념을 제시했다. 행복 1.0은 '행복은 내가 원하는 것을 얻는 데서 온다', 행복 2.0은 '행복은 안과 밖에 있다', 행복 3.0은 '행복은 사이에 있다', 행복 4.0은 '행복은 만드는 것이다'이다.

류보머스키, 데이비드 리켄David Lykken, 셀리그만은 행복을 과학적으로 증명할 수 있는 '행복 공식'을 발표했다. 행복 공식은 상당히 과학적이다. 다양한 환경과 조건에 처한 사람 누구든지 행복 공식에 따라 움직이면 행복해질 수 있다. 행복을 만드는 공식은 다음과 같다.

$$H = S + C + V$$

여기에서 H Happiness는 실제로 내가 경험하는 지속적인 행복 수준이다. S Setpoint는 이미 설정된 행복의 범위이자 설정값이고, C Circumstances는 삶의 상황(조건)이며, V Voluntary Activities는 개인이 스스로 통제할 수 있는 자발적 행동을 의미한다. 이 중 우리가 주목해야 할 것은 C와 V다. S는 행복에 미치는 영향이 50%로 이미 유전의 영향과 자동조절기 같은 설정된 값으로 바꾸기 어렵다. 따라서 행복을 만들려면 결국 C와 V에 집중해야 한다. 이는 바로 자신의 삶의 상황과 자신이 할 수 있는 자발적 활동이다. 이 공식에서 특이한 점은 삶의 상황이 행복에 미치는 영향은 10%로 그렇게 크지 않다는 것이다. 이는 지금까지 많은 사람이 행복을 조건으로 생각했기 때문이다. 피터슨이 행복과의 상관관계에 대해 연구한 결과도 일반적으로 중요한 조건이 행복과의 상관관계에서 낮게 나왔다.

상황은 자신이 바꿀 수 없는 것과 바꿀 수 있는 것 2가지가 있다. 인종, 성性, 나이, 장애는 바꿀 수 없는 상황이고, 재산, 결혼 여부, 사는 곳은 노력하면 바꿀 수 있는 상황이다. 최소한 자신의 삶의 일정 시기 동안 상황은 일정한 상태를 유지하기에 이들은 자신이 적응할 가능성이 높은 종류의 것들이다. 반면 자발적 활동은 행복에 미치는 영향이 40%로 강점, 긍정정서, 몰입을 활용한 명상, 운동, 신기술 습득 또는 여가를 즐기는 것처럼 자신이 선택하는 것들이다. 이런 활동들은 대부분 노력과 주의를 필요로 한다. 그만큼 자발적 활동을 하기가 쉽지는 않지만 일단 적극적으로 참여해 실천하면 행복을 만들 수 있다.

긍정심리학의 사명

긍정심리학Positive Psychology이 무엇인지 살펴보기 전에 먼저 긍정의 진화 과정을 알아보자. 첫째, 긍정적 사고다. 긍정적 사고 운동은 1880년대 종교계에서 시작됐다. 긍정적 사고는 하나님에게 더 가까이 나아가는 방식이며 하나님을 섬기는 방식이라고 여겼다. 둘째, 긍정마인드다. '긍정마인드를 가져라'라고 주로 조직에서 많이 쓰인다. 긍정마인드에는 하고자 하는, 변화하고자 하는 마음가짐, 즉 의지가 포함된다. 셋째, 긍정심리다. 긍정심리는 사고와 의지뿐 아니라 과학적으로 검증된 방법을 통해 행동으로 실천해 결과를 만들어내는 것이다. 이 같은 긍정심리를 체계적으로 이론화한 것이 긍정심리학이다.

개인이나 조직은 항상 더 낫게, 더 새롭게 변화하기를 원한다. 그러기 위해 새로운 기술을 배우고, 새로운 행동을 시도하며, 낡은 습관을 버리려 한다. 하지만 이 같은 변화는 대부분 실패로 끝난다. 왜 그럴까. 사고와 마인드에 의한 통제와 의지로만 하려고 하기 때문이다. 즉 긍정적 사고와 긍정마인드로 하려고 하는 것이다. 긍정적 사고는 개인적인 생각이라 일관성이 없고, 긍정마인드는 의지는 있지만 그 의지만으로 습관화나 변화가 이루어지지 않는다. 의지는 한계가 있다. 의지는 시간이 지남에 따라 고갈되기 때문이다. 변화를 성공적으로 이루려면 검증된 과학적 방법을 연습과 실천으로 익숙해지도록 습관화해야 한다. 그렇게 만들어주는 것이 긍정심리학이다.

그렇다면 긍정심리학의 '긍정'의 실체는 무엇일까. 바로 좋은 것, 올바른 것, 선한 것, 최상의 것을 뜻한다. 좋은 것은 정서적 기쁨, 인지적 만족, 좋은 관계 등을 말하며, 올바른 것은 자신의 양심을 따르는 것, 남의 물건을 훔치지 않는 것, 거짓말을 하지 않는 것, 남을 흉보지 않는 것, 피해를 주지 않는 것 등 도덕적 개념이라 할 수 있다. 선한 것은 타인에게 호의를 베푸는 것, 착한 일을 하는 것, 기부하는 것, 봉사하는 것 등 선행을 뜻한다. 즉 의미 있는 삶이라 할 수 있다. 최상의 것은 긍정심리학의 목표인 플로리시를 의미하며, 플로리시란 인간의 모든 능력이나 잠재 능력까지 발휘하고 좋은 감정과 좋은 행동 모두를 포함하는 행복 이상의 것으로 인간이 누리고 이룰 수 있는 최상의 상태에 이르는 것을 말한다. 긍정심리학은 막연하고 일시적인 생각과 의지가 아닌 지속적으로 성장시켜 개인과 조직에 최상의 결과를 만들어내는 것이다.

긍정심리학은 탄생부터 죽음까지 그 사이에서 일어나는 모든 사건과 경험에 있어 좋은 삶과 올바른 삶, 선한 삶, 최상의 삶이 무엇인지 과학적으로 연구하는 학문이다. 따라서 긍정심리학의 긍정은 어떤 현상을 엄격한 과학적 실험과 검증을 거쳐 그것이 신뢰할 만하고 또 반복적으로 입증이 가능하다는 것을 보여준다. 다시 말하면 어떤 것이 여러 차례 연구를 통해 입증됐고 또 동일한 상황에서 여러 번 반복해 입증할 수 있기에 다음에도 그렇게 될 가능성이 높다는 것이다. 반면 긍정적 사고는 전부 지극히 사적인 생각과 개인 차원의 권장 방법으로 이루어져 있다. 일관성도 부족해 상황에 따라 이랬다저랬다 변하기도 한다. 효과가 없을 경우 당신이 긍정적이지 않았기 때문이라고 주장하는 것이다.

긍정심리학은 행복한 삶을 지속적으로 오랫동안 살고 싶어 하는 사람들이 과학적 근거에 의해 유용한 지식체계를 쌓은 것인 반면, 긍정적 사고는 사람들이 자신의 잘못으로 자신에게 어떤 일들이 일어났다고 생각하게 만든다. 어떤 일이 잘못됐을 때 긍정적으로 생각하지 않았기 때문이라고 여기는 것이다. 일반적으로는 그들은 자신에게 일어나는 일들을 자기 마음대로 조종할 수 있다고 생각한다. 긍정적으로 생각하면 긍정적으로 된다는 것이다.

말로만 수없이 긍정을 외치고 긍정적으로 생각하는 것만으로는 부족하다. 의지만 가진다고 이루어지는 것도 아니다. 의지는 시간이 흐르면 소멸되는 소모품과도 같은 것이다. 긍정이 어떻게 작용하고 어떤 결과를 만들어내는가를 과학적 근거에 의해 긍정의 지식체계를 구축하고 실천하는 것이 중요하다. 그렇다면 긍정심리학이란 무엇일까.

긍정심리학은 1998년 당시 미국심리협회 회장이던 셀리그만이 창시했다. 그는 2006년 미국심리협회 회장 선거 역사상 가장 큰 표차로 회장에 당선됐는데 그는 이미 '무기력 학습'과 '낙관성 학습'의 발견으로 심리학계로부터 폭넓은 신뢰와 지지를 받고 있었다. 긍정심리학의 목표는 플로리시이고 사명은 예방이다. 이 목표와 사명을 찾고자 셀리그만은 미국심리협회 회장에 당선된 이후 골몰하던 중 자각과 체험을 통해 그가 원하던 것을 찾았다.

긍정심리학이 탄생하게 된 계기는 2가지가 있다. 첫째, 심리학 학문이 제2차 세계대전 이후 인간이 가진 문제와 그 치료 중심으로 이루어지고 있다는 사실을 셀리그만이 자각하면서다. 둘째, 회장에 당선된 후 그렇게 찾으려고 했던 '예방'이란 사명을 딸 니키를 통해 찾으면서다.

먼저 심리학의 부정적 측면인 불균형에 대해 살펴보자. 제2차 세계대전 이전의 심리학은 3가지 의무가 있었다. 첫째, 정신질환을 치료하는 것, 둘째, 모든 사람이 생산적이고 충만하게 살도록 돕는 것, 셋째, 재능을 찾아내고 기르는 것이다. 제2차 세계대전 이전까지만 해도 이 같은 심리학의 의무가 긍정과 부정이 균형 있게 이루어지고 있었다. 하지만 제2차 세계대전 이후의 심리학은 균형이 깨지며 부정 쪽으로 급격히 기울고 말았다. 심리학이 제2차 세계대전 이후 인간이 가진 문제와 그 치료 방법에 중점을 두었기 때문이다.

이런 병리학적 관점은 오랫동안 중요한 문제로 대두됐으며 정신질환을 이해하고, 치료하며, 예방하려는 많은 노력이 있어왔다. 그러나 질환 치료에만 관심을 두다 보니 문제가 발생했다. 대부분 기존 심리학은 인간에게 올바르고 긍정적인 것이 무엇인지에 대한 연구를 간과했다.

긍정심리학은 이 같은 불균형을 바로잡고, 미국인들 사이에 만연한 질병모델 가설에 도전할 때임을 제안하고자 했으며, 인간의 긍정적 심리적 측면과 미덕, 강점을 과학적으로 연구하기 시작했다. 인간의 잠재력 향상에 관심을 가지는 심리학자들은 질병모델과는 구분되는 다른 가설을 구상할 필요가 있으며 질병모델만을 연구하는 학자들의 것과는 다른 질문을 던져야 한다는 것이다.

셀리그만은 인간에게는 질병, 질환, 고통이 발생하는 것처럼 강점과 미덕, 탁월함도 주어진다고 했다. 따라서 긍정심리학은 약점만큼 강점에, 인생에서 최악의 것을 회복하는 것만큼 최고의 것을 설계하는 것에, 불행한 이들의 삶을 치유하는 것만큼 건강한 사람들의 삶을 충만하게 하는 것에 관심을 가져야 한다고 말했다.

또 하나는 셀리그만의 딸 니키가 그의 사명을 찾게 해준 것이다. 회장에 취임한 지 6개월 후 그는 시카고에서 예방 교육을 위한 특별위원회 소집과 함께 기획회의를 열었다. 이 회의에 참석한 위원 12명과 권위 있는 몇몇 연구자는 이구동성으로 예방학에서 정신질환을 어떻게 규정할 것인지에 대한 의견을 쏟아냈다. 하지만 그에게는 지겨우리만큼 따분한 시간이었다. 그런 이야기라면 지금까지 귀가 따갑도록 들어왔다. 셀리그만이 기대했던 기획회의는 성과 없이 끝났다.

그로부터 2주일 후 그는 만 5세인 니키와 정원에서 잡초를 뽑으면서 니키를 통해 자신의 사명을 발견했다. 그는 아이들에 관한 책과 논문을 여러 편 썼지만, 정작 자신의 아이들에 대해서는 아는 게 별로 없었다. 그날도 정원을 가꾸면서 학회 수뇌부 구성에 몰두하고 있었다. 할 일은 많고 늘 시간에 쫓기다 보니 정원에서 잡초를 뽑을 때조차 여유 부릴 새가 없었다. 하지만 니키는 잡초를 뽑아 하늘 높이 던지고 노래하며 춤을 추기도 했다. 딸아이의 그런 모습이 하도 어수선해 "니키, 조용히 좀 못 해!" 하고 냅다 고함을 지르자, 니키는 집 안으로 들어갔다. 조금 뒤 다시 정원으로 나온 딸이 그에게 다가와 말했다.

"아빠, 할 얘기가 있어요."

"무슨 말인데, 니키?"

"아빠는 제가 다섯 살이 되기 전까지 어땠는지 기억하세요? 그때 제가 굉장한 울보였잖아요. 날마다 징징거릴 정도로. 그래서 다섯 번째 생일날 결심했어요. 다시는 징징거리며 울지 않겠다고. 그런데 그건 지금까지 제가 한 그 어떤 일보다 훨씬 힘들었어요. 만일 제가 이 일을 해냈다면 아빠도 신경질 부리는 일을 그만둘 수 있잖아요?"

고작 5세밖에 안 된 딸이 그도 미처 몰랐던 문제점을 정확히 짚어낸 것이다. 그는 망치로 머리를 한 대 맞은 듯한 충격을 받았다고 했다. 아이를 키운다는 건 그 아이가 지닌 단점을 고치는 게 아니라는 큰 깨달음을 주었기 때문이다. 니키는 스스로 해나갈 능력이 있다. 아버지로서 그가 할 일은 니키의 조숙함을 강점으로 개발해주는 것이다. 성격강점의 사회성 지능이라는 이런 강점이 딸아이 삶의 밑거름이 되게 도와주는 것이다. 자신의 강점을 완벽하게 개발한다면 그것은 자신의 약점이나 험난한 세상살이를 이겨낼 수 있는 힘이 될 테다.

그는 비로소 아이를 키울 때 아이의 단점이나 약점을 고치는 것보다 훨씬 더 중요한 일이 있다는 사실을 깨달았다. 바로 자녀의 강점과 미덕을 간파하고 개발해줌으로써 아이가 자신에게 알맞은 일을 찾아 긍정특징을 최대한 발휘하도록 이끌어주는 것이다.

사회구성원들이 자신에게 꼭 알맞은 자리를 찾아 저마다 강점을 최대한 발휘할 때 사회 전체의 이익을 이룰 수 있다고 한다면 심리학의 임무는 더없이 막중하다고 할 수 있다. 어린 딸이 긍정심리학의 사명이 무엇인지를 일깨워준 것이다. 긍정심리학의 사명은 예방이다.

긍정심리학의 목표

긍정심리학은 진화한다. 긍정심리학을 처음 발표한 2002년 '진정한 행복 이론'에서는 긍정정서(즐거운 삶), 몰입(만족하는 삶), 삶의 의미(의미 있는 삶)에 중점을 두었고, 주제는 행복이었으며, 목표는 만족한 삶이었다. 행복도를 측정해 삶의 만족도를 높이는 것이다.

2011년 셀리그만은 새로 발전된 이론인 플로리시를 위한 웰빙 이론을 발표하면서 긍정심리학의 목표도 플로리시로 바꿀 것을 제안했다. 긍정심리학의 새로운 주제는 웰빙이고 목표는 플로리시라는 것이다.

셀리그만은 긍정심리학이 처음 탄생할 당시만 해도 긍정정서, 삶의 만족, 행복, 웰빙을 공용어로 사용해도 무방하다고 했다. 하지만 10년 후 웰빙 이론에서는 이 용어들이 엄격히 구분되며 행복 자리에 웰빙이 자리를 잡았다. 긍정심리학을 행복 그릇에 담기엔 한계가 있다는 것이다.

긍정심리학을 연구하면서 매번 고민을 하는 부분이 용어 선정이다. 긍정심리학에선 행복 대신 웰빙이란 용어를 쓰지만 우리나라에서는 대중을 대상으로 웰빙이란 용어를 쓰기가 쉽지 않다. 웰빙이란 의미가 왜곡되는 경향이 많기 때문이다. 하지만 행복을 만들기 위해선 웰빙에 대한 올바른 이해가 필요하다.

웰빙의 대표적 이론으로는 에드 디너의 주관적 웰빙subjective well-being과 제니 후퍼 등 영국 심리학자들의 심리적 웰빙psychological well-being이 있다. 주관적 웰빙은 개인이 처한 상황에 따라 어느 정도 좌우되지만, 직장, 건강, 관계 등 삶의 중요한 영역에 대해 개인이 스스로 내리는 주관적인 인지적 평가, 삶에 대한 만족도가 모두 담겨 있고, 기쁨이나 몰입 등 긍정정서도 포함된다. 심리적 웰빙은 삶에 대한 활력과 호기심, 자제력, 가치, 의미 있는 목적을 추구하는 동기를 갖는 것을 뜻한다. 캐럴 리프Carol Ryff는 심리적 웰빙을 심리적 욕구를 충족시켜주는 것으로, 자기 수용, 개인적 성장, 인생의 목적, 자율성, 긍정 인간관계, 환경에 대한 지배라고 말했다. 긍정심리학의 플로리시를 위한 웰빙은 주관적 웰빙과 심리적 웰빙을 모두 포함한다고 할 수 있다. 웰빙은 육체적, 정신(심리)적, 관계적, 성취적, 도덕적 삶의 유기적 조화라 할 수 있기 때문이다.

플로리시를 위한 새로운 웰빙 이론은 긍정정서Positive Emotion, 몰입Engagement, 관계Relationship, 의미Meaning, 성취Accomplishment의 5가지 핵

심 요소로 구성되며, 이 핵심 요소를 각 요소의 첫 글자를 따서 팔마PERMA(영원, 영속)라고 한다. 성격강점Character Strength은 '진정한 행복 이론'에서는 몰입에 속해 있었으나 새로운 이론에서는 5가지 요소 전체의 기반이다. 그래서 팔마에 강점을 포함시켜 팔마스PERMAS라고 한다.

플로리시를 위한 6가지 웰빙 요소를 간단하게 살펴보면 다음과 같다. 첫째, 긍정정서다. 긍정정서는 우리가 느끼고, 나타내고, 생각하고, 행동하는 것, 즉 사랑, 기쁨, 희열, 평안, 감사, 용서, 자신감, 신념, 낙관성 등을 말한다. 지속적으로 이 같은 정서들을 이끌어내는 삶을 '즐거운 삶'이라고 부른다. 정서는 어떠한 기획이나 목표를 세울 때 의식적이든 무의식적이든 판단하는데 이때 자동적으로 유발된다. 이 정서는 다시 긍정정서와 부정정서로 나뉘는데 긍정정서에는 과거, 현재, 미래의 긍정정서가 있다. 긍정정서는 시간이나 환경이 바뀌어도 지속적으로 나타나는 특성이 있다. 긍정정서 경험은 기분을 좋게 만들어주고, 기분이 좋으면 머리가 맑아지며, 아이디어가 많이 떠올라 창의성을 향상시킨다. 긍정정서는 사고를 유연하게 하고 확장시켜주기 때문이다.

긍정정서 경험은 수용성과 자발성을 증진시킨다. 이렇듯 긍정경험은 일시적으로 생각과 행동의 목록을 확장시켜준다. 지속적으로는 자원을 구축해주는데, 자원에는 유산소운동 등을 더 열심히 하게 하고, 스트레스 등 부정정서로 인한 감염성 질환을 예방하게 해주는 신체적 자원, 분노, 불안, 무기력, 우울증 등을 완화하는 심리적 자원, 친밀감, 신뢰감, 소통, 상호작용을 증진시키는 사회적 자원이 있다. 이 같은 긍정정서의 확장 및 구축은 지속적으로 상향적 선순환을 일으켜 조직 전체에 긍정정서를 확산시켜 개인과 조직을 변화시킨다. 그래서 프레드릭슨은 긍정정서 경험을 나선형 상승이라고 한다.

둘째, 몰입이다. 몰입(관여)은 어떤 활동에 깊이 빠져 시간이나 공간, 타인의 존재, 심지어 자신에 대한 생각까지도 상실한 심리 상태로 현재 하고 있는 일에 심취한 무아지경 상태를 말한다.

이때의 느낌은 마치 하늘을 자유롭게 날아가는 것처럼, 잔잔하게 물이 흐르는 것처럼 편안하다. 이렇게 몰입하는 삶을 '만족하는 삶'이라고 한다.

몰입은 헝가리 출신의 긍정심리학자 미하이 칙센트미하이Mihaly Csikszentmihalyi가 체계적으로 이론화한 것으로, 특징과 몰입경험, 관여를 통해 더 창조적이고 적극적이며 만족감을 얻어 평범한 사람이 비범한 능력을 발휘하게 도와준다. 몰입도가 높을 때 만족도가 상승하고 창의성과 학습 능력이 증가하며 자발적으로 조직에 충성하게 해 조직 성과를 높여준다. 칙센트미하이의 몰입경험 방법으로는 정확한 목표, 신속한 피드백, 기회와 능력의 균형, 집중하기 등이 있다.

셋째, 긍정관계다. 가장 행복한 사람과 성공한 사람의 특징은 폭넓은 인간관계다. 긍정관계는 긍정정서나 몰입, 의미, 성취를 수반하기 때문이다. 마지막으로 큰 소리로 웃었을 때가 언제인가. 말할 수 없이 기뻤던 순간은? 당신의 삶에서 '절정'의 순간들을 떠올려보자. 그 모든 순간은 타인과 함께했을 때 이루어졌을 것이다. 이렇게 타인과 함께하는 삶을 '좋은 삶'이라고 한다.

인간의 진화에 관한 대표적인 2가지 최신 이론 모두 긍정관계 자체와 자발적 관계의 중요성을 지적한다. 50만 년 전 600cc였던 인류의 두개골은 현대에 이르러 1200cc로 두 배로 늘었다. 인간의 뇌가 이렇게 커진 이유는 무엇일까. 뇌가 커진 이유에 대한 인기 있는 이론은 인간이 도구와 무기를 만들 수 있게 하기 위해서라는 것이다. 도구를 사용해 물리적 세계를 다루려면 정말로 똑똑해야 한다. 하지만 영국 이론심리학자인 닉 험프리Nick Humphrey는 다른 이유를 내놓았다. 커다란 두뇌는 물리적 문제가 아닌 사회적 문제를 해결해준다는 것이다.

집단 토론이나 상담을 할 때 어떻게 하면 영미의 주장을 기분 나쁘지 않게 반박하고, 민성이가 불쾌해하지 않게 지적하며, 수정이가 창피해하지 않으면서 자신의 오류를 인정하게끔 설득할 수 있을까. 이것은 극도로 복잡한 문제다. 순식간에 무기와 도구를 설계할 수 있는 컴퓨터도 풀지 못한다. 하지만 인간은 매일 매순간 사회적 문제를 해결해야 하고 해결해낸다. 인간의 전전두엽은 수십억 개의 신경망을 쉬지 않고 가동해 발생 가능한 모든 사회적 문제를 모의실험한 다음 가장 적절한 행동 방침을 선택한다. 따라서 커다란 뇌는 인간관계의 모의실험 장치이며, 진화함에 따라 조화로우면서도 효과적인 인간관계를 고안하고 실행하는 바로 그 기능 때문에 커다란 뇌를 선택해왔다.

좋은 삶을 위한 사회적 문제를 해결할 수 있는 긍정관계 기술에는 멋진 나 만들기, 상대방을 강점으로 보기, 칭찬과 감사하기, 용서와 이해하기가 있으며, 긍정도구로는 시간의 선물, 적극적이며 건설적인 반응 기술, 확신에 찬 의사소통 방식이 있다.

넷째, 삶의 의미다. 삶의 의미가 행복에 어떤 영향을 줄까. 셀리그만은 수천 명을 대상으로 무엇을 추구했을 때 삶이 가장 만족스러웠는지를 조사했다. 결과는 놀라웠다. 쾌락의 추구, 긍정감정의 추구, 즐거운 삶의 추구, 관여의 추구, 당신을 위한 시간의 멈춤도 아니었다. 의미의 추구가 가장 삶을 만족시키는 데 가장 중요한 역할을 한 것으로 나타났다. 셀리그만은 처음에 이런 결과가 나오자 믿지 않았다. 하지만 15번을 반복해 조사해도 같은 결과가 나오자 사실을 인정했다.

홀로코스트Holocaust 당시 나치 수용소에서 살아남을 확률은 통계적으로 28명 가운데 한 명이 채 되지 않았다고 한다. 그런데 살아남은 사람들에게는 공통점이 있었는데 자기가 살아야 할 분명한 이유나 삶의 의미를 갖고 있었다는 것이다. 『죽음의 수용소에서』 저자인 빅터 프랭클Viktor Frankl 박사 역시 그중 한 사람이다. 그는 성공한 정신과 의사로 학생들을 가르치고 학회에서 강연하던 사람이었지만, 수용소에서는 다음 끼니를 걱정하고 살아남는 게 삶의 전부였다고 한다. 프랭클 박사는 이 경험을 바탕으로 자기 존재의 의의와 가치를 깨닫게 하는 의미치료를 개발하기도 했다. 삶의 의미가 없으면 희망을 포기한 죄수처럼 무기력하게 사라지고 말 것이다.

의미란 자아보다 더 중요하다고 믿는 어떤 것에 소속되고 그곳에 기여하는 것을 말한다. 인생의 의미와 목적을 추구하는 삶을 '의미 있는 삶'이라 한다. 자신의 욕구보다 더 높은 것을 추구한다는 것이다.

의미 있는 삶을 위한 4가지 요소로는 친절, 기부, 종교생활, 직업이 있다. 직업의 정체성에는 생계직, 전문직, 천직이 있다. 의미 있는 삶을 사는 사람은 어떤 곳에서 어떤 역할을 맡든 그 일을 천직으로 생각한다. 의사라고 해서 모두 천직으로 여기고, 청소부라고 해서 모두 생계직이라고 생각하지 않는다. 돈만 생각하는 의사가 있고, 환자의 생명을 더 중요하게 생각하는 청소부가 있다.

다섯째, 성취다. 성취란 성공, 성취, 승리, 정복을 말한다. 사람들은 오직 이기기 위해서나 물질적 추구만이 아닌 그 자체가 좋아서 그것을 추구하기도 한다. 일시적인 상태로는 업적이며 확장된 형태로는 성취다. 성취를 위해 업적에 전념하는 삶을 '성취하는 삶'이라 한다.

승리하기 위해 실력을 키우고 문제를 해결하며, 몰입하기 위해 게임을 하는 사람들이 있다. 이들은 게임에서 이기면 굉장한 희열감을 느낀다. 그것을 '아름다운 승리'라고 부른다. 그러나 게임을 잘했다면 지더라도 기분이 좋다. 오직 이기기 위해서만 게임을 하는 전문 플레이어들도 있다. 패배할 경우 게임을 아무리 잘했어도 그들은 극도의 실망과 슬픔에 빠진다. 그러나 승리한다면, 비록 '추악한 승리'라 해도 그 일은 굉장한 일이다. 어떤 사람들은 이기려고 속임수를 쓰기도 한다. 그 경험은 의미를 부여하지도 못한다. 게임이 자아보다 더 중요한 것은 결코 아니기 때문이다. 성취의 삶을 사는 사람들은 자신이 하는 것에 자주 몰두하고, 종종 즐거움을 추구하며, 승리할 때 긍정정서를 느끼고, 더 중요한 것을 얻으려고 승리하기도 한다.

"신은 저를 빨리 달릴 수 있게 만드셨어요. 그래서 달릴 때마다 저는 신께서 기뻐하시는 걸 느낍니다." 영화 〈불의 전차〉에서 8회 파리올림픽에 영국 육상 국가대표로 출전한 에릭 리델 역을 맡은 배우의 대사다. 나는 2년 전에 이 영화를 봤다. 영화를 보면서 주인공에 비해 나 자신이 너무 작게 보여 울었던 기억이 난다.

지금까지 성취 공식은 '성취=기술×노력'이었다. 기술은 대부분 속도와 느림, 학습 속도에 의한 인지적 지능이며, 노력은 투자된 시간을 말한다. 그래서 1만 시간의 법칙이 설득력을 얻었다. 하지만 긍정심리학이 밝힌 놀라운 사실은 노력으로 들어가는 지점에 성격특질인 자기 통제력과 집념(끈기, 열정)이 들어간다는 것이다. 이 집념을 그릿GRIT이라고 한다. 그릿이란 장기적 목표를 달성하기 위한 끈기와 열정의 결합체다.

여섯째, 성격강점이다. 성격강점은 개인의 성격적·심리적 특성을 말한다. 특성에는 긍정적·부정적 특성이 있으며 성격강점은 긍정적 특성이다. 성격강점은 시간과 환경이 바뀌면 변하지 않으려는 특성이 있지만 학습과 환경에 의해 바뀔 수 있다. 성격강점은 6가지 미덕과 24가지 강점으로 이루어져 있다. 미덕은 전 세계 두루 퍼져 있는 철학적·종교적 미덕 200가지 중 6가지를, 강점은 1만8000개 목록 중 24가지를 선정한 것이다. 이 강점은 6가지 미덕을 정의하고 함양시켜준다.

성격강점을 24가지로 선정한 이유는 첫째, 대부분의 문화권에서 중요하게 여기는가, 둘째, 목적을 위한 수단으로써가 아닌 그 자체로 가치가 있는가, 셋째, 학습에 의해 변화할 가능성이 있는가에 따른 것이다. 예를 들어 시간 개념은 자본주의 국가에선 아주 중요한 강점이지만 인도나 아프리카 문화에서는 중요하게 여기지 않는 특성이기에 제외됐다. 그렇다면 6가지 각 미덕에 대한 강점으로는 어떤 것이 있는지 알아보자.

지혜와 지식 더 나은 삶을 위해 지식을 습득하고 활용하는 것과 관련된 인지적 강점이다. 창의성, 호기심, 학구열, 개방성(판단력), 예지력 등.

용기 내적·외적 난관에 직면하더라도 추구하는 목표를 성취하고자 하는 의지를 실천하는 정서적 강점이다. 용감성, 정직, 끈기, 열정 등.

사랑과 인간애 사람을 보살피고 친밀해지는 것과 관련된 대인관계 강점이다. 사랑, 친절, 사회성 지능 등.

정의감 개인과 집단 간 상호작용을 건강하게 만드는 공동체 생활과 관련된 사회적 강점이다. 협동심, 공정성, 리더십 등.

절제력 지나침으로부터 보호해주는 긍정특성으로 독단에 빠지지 않고 무절제를 막아주는 중용적 강점이다. 용서, 겸손, 신중성, 자기 통제력 등.

영성과 초월성 현상과 행위에 대해 의미를 부여하고 커다란 세계인 우주와의 연결성을 추구하는 초월적 또는 영성 강점이다. 감상력, 감사, 희망, 유머, 영성 등.

이들 성격강점엔 도덕적 개념과 선한 품성의 개념이 포함돼 있다.

긍정심리학은 미래를 지향한다

통상적인 심리학에 따르면 흔히 어린 시절 기억이나 상처가 성인기에도 영향을 미친다고 한다. 하지만 셀리그만은 어린 시절 경험이 실제로는 성인기 삶에 거의 또는 전혀 영향을 미치지 않는다는 사실을 입증했다. 유아기에 받은 깊은 상처가 성인기의 성격 형성에 영향을 미친다고 해도 그것은 감지하기 힘들 정도로 아주 작을 뿐이다. 셀리그만은 성인기에 겪는 장애는 유년기의 불행한 경험 때문이 아니므로 성인기에 나타나는 우울, 불안, 불행한 결혼생활이나 이혼, 약물중독, 성적장애, 자녀 학대, 알코올중독, 분노 등의 원인을 어린 시절의 불행에서 찾는다는 것은 타당성이 없다고 말한다. 이 놀라운 사실을 깨닫는 것만으로도 자신을 과거에서 해방시킬 수 있으며, 더 행복한 삶을 만들 수 있다.

1950년대 말 인지치료 창시자인 아론 벡Aron Beck이 프로이트학파의 정신분석학 과정을 마치고 우울증 환자의 집단 치료를 담당할 때였다. 정신역학 이론대로라면 우울증 환자들이 자신의 과거를 솔직히 털어놓고 자신을 괴롭혔던 모든 상처와 상실감에 대해 상담하면 카타르시스를 느끼고 따라서 우울증을 치료할 수 있다. 벡은 우울증 환자에게 과거의 상처를 표출하고 곰곰이 되짚어보게 하는 데까지는 아무런 문제가 없다는 것을 알았다. 그런데 문제는 우울증 환자가 과거의 고통스러운 경험을 드러내다 이따금 혼란을 일으켰으며, 벡은 그들의 혼란을 바로잡아줄 방법을 찾을 수 없었다는 점이다. 이렇게 환자가 혼란을 일으키고 자살기도 같은 치명적인 위기에 빠진 사례가 발생했던 것이다. 그는 우울증의 치료를 현재와 미래에 대한 생각을 바꿈으로써 우울증 환자를 자신의 불행한 과거에서 해방시키는 데 목적을 두고 인지치료를 창시하게 됐다.

나는 강의가 없는 날엔 긍정심리 상담(코칭)을 한다. 내게 상담을 원하는 내담자 대부분은 이미 상담을 받아본 경험이 있는 사람들이다. 그중엔 2~3년간 상담받아온 내담자도 있고 자신의 심리 증상을 치료하기 위해 몇 년씩 상담 공부를 한 내담자도 있다. 이들을 상담하다 보면 한결같이 과거에 얽매여 있으며 과거에서 문제를 찾고 해결하려 한다. 5월에 상담한 한 여성은 초등학교 때 겪은 사건 하나 때문에 50대 중반인 지금까지 심리적 고통을 겪고 있었다. 문제를 해결하기 위해 과거의 원인을 찾는 것은 중요하다. 하지만 더 중요한 것은 긍정자원을 찾아 행복을 만들어주고, 문제를 해결해 지속적으로 성장하게 해주는 것이다. 이것이 긍정심리학이 하는 일이다.

인간은 과거에 지배당하기보다 종종, 어쩌면 더 자주 미래를 지향한다. 따라서 기대, 계획, 의식적 선택을 측정하고 구축하는 과학은 습관, 충동, 환경의 과학보다 더욱 강력하다. 우리가 과거에 지배당하지 않고 미래를 지향한다는 것은 무척 중요하다는 것이다. 하지만 이는 사회과학의 유산과 심리학의 역사에 정면으로 배치된다. 그럼에도 그것은 긍정심리학의 기본적이고도 절대적인 전제다. 긍정심리학은 과거에 지배당하지 않고 미래를 지향하기 때문이다

> "긍정심리학은 순간적으로 사라질 쾌락만을 맛보며 아무런 의미와 가치를 찾을 수 없는 삶에서 플로리시한 삶으로 새롭게 나아갈 수 있는 길을 안내하는 밝은 희망의 메시지를 전해준다. 이 길은 우리를 기쁨과 만족이라는 산기슭을 오르고, 강점과 미덕이라는 산마루를 지나, 마침내 삶의 의미와 가치, 목적을 이루어주는 '플로리시'라는 우뚝 솟아 있는 봉우리에 닿게 해준다."
>
> – 마틴 셀리그만

3부

행복은 만드는 거예요

Happiness Can Be Made

Happiness Can Be Made

행복 만들기

가정환경 4남 4녀 중 다섯째

학력 45세까지 초등학교 졸

사업 부도 40, 56세 때

인생 위기 수많은 가정 위기와 관계 위기

독학으로 공부 시작 45, 48, 52, 55, 59세

결과 공부 시작 13년 만에 박사학위 취득, 대학교수, 베스트셀러 저자

변화 긍정심리학의 행복

신념 행복은 만드는 것이다

비전 전 국민에게 행복을 만들어주자

소명 너는 가서 많은 사람에게 행복을 만들어주라!

위는 지금까지 내가 살아온 삶의 과정과 결과다. 충청북도 충주에서 4남 4녀 중 다섯째로 태어나 45세까지 초등학교 졸업 학력으로 살아왔다. 40, 56세에 두 번의 부도가 나고 경제적 어려움으로 수많은 가정 파탄 위기와 관계 위기에 빠졌지만, 45세에 독학으로 공부를 시작해 46세 고입, 47세 대입 검정고시에 합격해 48세에 대학에 들어가고 52세에 대학원에 진학해 55세에 석사학위, 59세에 박사학위를 받고 교수로 임용됐으며 베스트셀러 저자도 됐다.

나의 삶을 돌아보면 기쁨과 만족보다 힘겹게 이겨내고, 헤쳐 나가며, 딛고 일어서는 과정에서 겪어야 했던 아픔과 고통의 시간들이 자국자국마다 고여 있는 것 같다. 다행히도 그러한 삶의 여정 속에서 나를 지켜주고 이끌어주었던 것은 '나는 할 수 있다' '항상 최선을 다하자'라는 긍정의 힘이었다. 이 긍정의 힘이 긍정심리학을 만나면서 좀 더 구체적이고 전문화돼 내 삶을 오늘날에 이르게 했다. 긍정심리학을 만나기 전까지 가장 행복하지 못한 1%에 속했던 내가 지금은 가장 행복한 사람 중 한 사람이 된 것이다.

나는 열악한 환경에서 자랐지만 성공하고 싶었고 행복하고 싶었다. 그래서 누구보다 열심히 살았다. 하지만 열심히 노력만 한다고 자신이 원하는 삶이 되는 것은 아닌 것 같다. 자신이 원하는 삶과 목표를 이루어주는 별도의 길이 있고, 방법이 있으며, 검증된 도구가 있다. 나는 이 사실을 스스로 터득하는 데 50년이 더 걸렸다. 삶의 전 과정이든 일부이든 스스로 터득한다는 것은 결코 쉬운 일이 아니다. 누군가 주변에서 자신을 지지해주고 이끌어주는 사람이 있다면 그것은 큰 축복이다. 나는 주변에 그런 사람이 없이 혼자 인생을 살아왔다. 그러다 보니 수많은 시행착오와 역경을 겪어야만 했다. 다행히 2003년 긍정심리학을 알게 되고, 2006년 셀리그만 교수를 만나 긍정심리학을 본격적으로 공부하고 연구하면서 긍정심리학이 내 멘토가 된 것이다. 50년 이상 그렇게 찾았던 멘토를 만난 것이다. 이제 앞으로 50년은 내가 원하는, 더 행복한 삶을 만들어갈 수 있을 것 같다.

많은 사람이 행복은 조건이라고 말한다. 그래서 그 조건을 찾기 위해, 맞추기 위해 앞만 보고 달린다. 하지만 도중에 막다른 길이나 가도 가도 끝없이 펼쳐진 길을 만나면 절망하거나 지쳐서 포기하고 만다. 그때부터 자신은 불행하다고 생각한다. 앞서 소개한 나의 사례에서 보듯 행복이 조건이라면 나는 행복할 수 없는 사람이다. 하지만 나는 지금 행복하다.

실패는 성공의 어머니란 말이 있다. 인생에서 실패 경험이 중요하다는 것이다. 그래서 일부러 실패 경험을 많이 해보라고 말하기도 한다. 나는 두 번의 사업 부도를 비롯해 여러 번의 실패를 경험했다. 최선을 다하다 실패한 경험은 도움이 되지만 그렇다고 실패를 통해 경험을 얻으려고 일부러 실패할 필요는 없다는 것이 나의 생각이다. 실패에는 많은 물적·심리적·사회적 부작용이 수반되기 때문이다. 실패를 두려워하지 말고 도전하되 실패를 하지 않도록 예방하는 것이 더 중요하다. 따라서 행복 역시 불행하기 전에 행복을 만드는 것이 중요하다.

행복은 만드는 것이다. 불행하지 않다고 해서 행복한 것이 아니고, 행복하지 않다고 해서 불행한 것이 아니다. 행복은 막연한 기대나 맹목적 집착, 완벽을 추구해 만들어지는 것이 아니다. 행복은 스스로 노력과 실천을 통해 만드는 것이다.

사람은 누구에게나 행복하고 성장할 수 있는 내재적 능력을 갖고 있다. 이를 부정하거나 잊고 있을 뿐이다. 긍정심리학에는 내재적 능력을 찾아주고 키워주는 6가지 요소인 긍정정서, 몰입, 관계, 의미, 성취, 강점이 있다. 이 요소 안에는 그뿐아니라 행복을 만들어주는 긍정도구들이 있는데 이 도구들을 통해 행복을 만드는 것이다. 이 긍정도구들은 쉽고 재미가 있다. 그래서 누구나 흥미를 갖고 자발적으로 개입시킬 수 있다. 긍정심리치료는 회기마다 이 긍정도구를 개입시켜 증상을 치료하고 성장시켜 주는 것이다. 행복은 자연히 따라오는 것이 아니라 만드는 것이다. 그래야 지속가능하고 키울 수 있다. 그렇다면 어떻게 행복을 만들까.

긍정도구 1
행복 워밍업(캐럴라인 밀러)

- 요즘 사람들은 ( )가 메말랐다.
- 지역별로 고유한 ( )가 있다.
- 한국인은 고유한 ( )를 가지고 있다.
- 요즈음 회사 ( )가 왜 이래?
- 이 그림에서는 이국적인 ( )가 풍긴다.

괄호 안에 들어갈 단어는 무엇일까. 바로 정서다. 정서는 이렇게 우리가 어디에 있든 늘 우리와 함께한다. 모든 정서는 감정, 감각, 생각, 행동이라는 4가지 요소로 구성돼 있다. 정서는 우리가 어떤 계획을 하거나 목표를 이루어가는 과정에서 의식적·무의식적 판단에 의해 유발되는데, 기쁨과 즐거움, 만족, 희망 등 긍정정서와 분노, 화, 슬픔, 불안 등 부정정서로 나뉜다. 이 정서는 시간과 환경이 바뀌어도 지속적으로 나타나는 마음의 상태라고 한다.

긍정정서와 부정정서는 서로 독립적이다. 독립적이라는 것은 기분이 좋아 함박웃음을 짓다 갑자기 그곳에서 분노가 폭발하지 않는다는 것이다. 왼손에서 부정정서가 올라오면 오른손에선 긍정정서가 올라온다. 그렇다고 부정정서가 사라졌다고 긍정정서가 자동적으로 유발되는 것은 아니다. 하지만 긍정정서는 부정정서를 상쇄한다. 스트레스, 무기력, 우울감 등 부정정서가 유발될 때 기쁨, 즐거움, 자부심, 감사 등 긍정경험을 개입시키는 것이다.

긍정정서 배양에 의한 긍정경험은 일시적으로 사고와 행동을 확장시키고 지속적으로 신체적·심리적·사회적 자원을 구축해준다. 이 자원들은 개인과 조직에 선순환 역할을 하며 창의성, 수용성, 자발성을 향상시켜 마음과 생각의 문을 스스로 열게 하고 우리를 더 낫게 변화시켜준다.

정서는 진실하다. 어떤 생각을 하고 판단하느냐에 따라 정서가 결정되는 것이다. 그래서 나는 진심 어린heart felt 긍정정서를 많이 강조한다. 진심 어린 긍정정서란 마음에서 진심으로 우러나오는 기쁨, 즐거움, 만족 등을 말한다.

나는 강의를 시작하기 전 항상 옆 사람과 형식적으로 입으로만 하는 인사가 아닌 마음속에서 우러나오는 진심 어린 마음으로 "행복하세요"라며 인사를 나누라고 한다. 웃음은 기쁨과 즐거움, 만족 등 긍정정서의 특성이기 때문이다. 많은 사람이 행복해서 웃는 것이 아니고 웃어서 행복하니까 웃는다고 말한다. 프레드릭슨은 이런 웃음을 가짜 웃음이라고 했다. 내가 행복해서 마음에서 진심으로 우러나와서 웃는 것이 진짜 웃음이라는 것이다.

프레드릭슨은 거짓 진술이나 억지로 웃는 웃음은 화나 분노를 느낄 때와 같이 심혈관계에 치명적인 코티솔 호르몬을 생성시킨다는 사실을 밝혀냈다. 가짜 웃음과 거짓말로 "나는 행복하다"고 백날 말한들 그 사람은 행복한 사람이 될 수 없다. 마음 깊은 곳에서 우러나오는 진심 어린 긍정정서만이 내면의 토양을 긍정적으로 바꾸어주고, 행복을 만들어주며, 행복을 지속시키고 증진시킬 수 있다는 것이다.

오늘 하루 동안 당신에게 일어난, 사소하지만 좋은 일들을 잠깐 생각해보자. 누구나 일상생활에서 수시로 경험하는 사소한 것들이 실은 행복을 만들 수 있는 간단한 방법이다. 당신은 미처 생각하지 못했는가. 하지만 다른 사람들은 이미 이런 긍정경험을 통해 행복을 만들고 있다.

다음의 긍정도구는 긍정심리학과 인생 목표 설정 이론을 최초로 결합한 『베스트 인생목표 이루기』 저자인 캐럴라인 밀러Caroline Miller가 개발한 것이다.

- 아침 식사를 준비해 쟁반에 올린 다음 사랑하는 사람에게 직접 가져다준다.
- 오후 시간에 동료들에게 초콜릿이나 차 한 잔을 가져다준다.

- 횡단보도를 건너는 어르신이 있다면 불안해하며 건너지 않도록 그분과 똑같은 속도로 30cm 뒤에서 걸어간다.
- 지하도나 육교 계단에서 어르신의 짐을 들어주거나 손을 잡고 도와준다.
- 익숙하지 않은 음악 장르의 공연을 보러 가거나 뭔가 새롭고 색다른 일을 시도해본다.
- 관심 있는 책을 읽고 중요하다고 생각하는 문장 10개를 옮겨 적어본다.

횡단보도를 건너는 어르신이 있다면 30cm 뒤에서 걸어가라. 그분은 도중에 신호등이 바뀔까 봐 불안할 것이다. 하지만 누군가 뒤에 있다는 사실만으로도 안심하고 편안한 마음으로 횡단보도를 건널 수 있을 것이다. 그냥 따라가지만 말고 '내가 이 어르신이 편안한 마음으로 건널 수 있도록 무언가 역할을 하고 있구나' 하고 생각하면 뿌듯한 느낌이 들 것이다.

나는 매일 아침마다 아내의 아침 식사를 챙겨주면서 긍정정서를 배양한다. 출근길 톨게이트 요금소 직원에게도 진심 어린 마음으로 반갑게 인사하면서 행복 워밍업을 한다. 나는 안양의 한 외곽고속도로를 통해 평촌의 연구소로 출근한다. 그때마다 톨게이트를 통과하는데 그곳에는 통행료를 받는 직원이 있다. 나는 통행료를 지불할 때 차를 최대한 가까이 댄다. 직원의 수고를 조금이라도 덜어주기 위해서다. 그리고 돈을 건네면서 직원에게 밝게 인사를 한다. "안녕하세요, 좋은 아침입니다!" 그 직원은 인사를 받을까, 안 받을까. 대부분 받지 않는다. 기분이 나쁠 수도 있지만 신경 안 쓰고 거스름돈을 받으며 또 인사를 한다.

"감사합니다. 행복한 하루 되십시오!" 이번엔 인사를 받을까. 받을 것 같지만 역시 대부분 안 받는다. 일반적으로 이 정도 되면 유쾌한 기분은 아닐 수 있다. 하지만 나는 개의치 않는다. 내가 그렇게 하고 싶어서 스스로 한 것이기 때문이다.

세상은 주고받기 게임이다. 그래서 교환 이론이란 것도 생겼다. 하지만 행복은 주고받기 게임이 아닌 주는 게임이다. 주고받기를 원한다면 행복은 당신으로부터 점점 더 멀리 떠날 것이다.

이렇듯 행복은 자연스럽게 오는 것이 아니라 내가 스스로 의식적으로 만드는 것이다. 지금까지 특별한 의미와 가치를 부여하지 않고 의무 또는 친절 차원에서 행했던 일이라도 이젠 의미를 부여하고 스스로 긍정정서를 배양해 행복을 만들어가자.

Happiness Can Be Made

긍정도구 2
긍정소개(최선을 다한 순간)
(마틴 셀리그만, 테이얍 라시드)

자신의 삶에서 최선을 다한 순간이나 가장 절정의 순간, 위기를 극복한 순간을 생각해보고 적어보라. 자신의 삶의 10대 뉴스를 정할 때 1번으로 말하고 싶은 순간, 내 생애 최고의 한 컷이라 말할 수 있는 순간, 감당할 수 없을 것 같던 역경을 딛고 일어섰던 순간 말이다.

인생의 터닝포인트turning point, 황홀한 기분을 만끽했던 순간, 환희를 느꼈던 순간, 사랑에 푹 빠졌던 순간, 좋은 음악을 들었던 순간, 책이나 그림을 보고 갑자기 '필'이 팍 꽂혔던 순간, 무언가 창조적인 생각을 해냈던 순간, 멋진 결과를 만들어낸 순간, 훌륭한 것을 이룬 후 성취감과 자부심을 느꼈던 순간, 아니면 어려운 상황에서도 자신의 가치를 지켰던 순간도 좋다. 생각했던 것 중 하나를 선택해 그 순간으로 돌아갔다고 상상해보고 기록해보라. 당시에 느꼈던 감정, 감각, 생각, 행동 등을 최대한 자세히 되살려야 한다. 특히 그때 자신의 감정을 다시 느끼기 위해 최선을 다하라.

긍정소개는 스트레스를 받거나 역경이 닥쳤을 때, 우울하거나 분노가 유발됐을 때 긍정정서를 배양해 개입시켜 행복을 만드는 데 도움을 받을 수 있는 도구다. 또한 늘 부정적인 상태일 때 과거의 긍정경험을 통해 긍정과 부정의 균형을 맞추어주는 도구이기도 하다. 최선을 다한 순간이나 절정의 순간, 역경을 극복한 순간은 당신이 느낄 수 있는 최고의 순간이고, 삶에서 가장 행복한 순간이며, 최고의 기쁨을 맛볼 수 있는 순간이다. 3분 동안 회상해보고 자신의 경험을 시작과 중간 긍정적인 결말로 구성해서 기록하고 읽어보라. 그리고 토론해보라. 다음은 나의 긍정소개다.

나는 45세까지 초등학교 졸업 학력으로 사회생활을 했다. 충북 충주에서 4남 4녀 중 다섯째로 태어나 초등학교만 겨우 졸업한 데는 사정이 있다. 내가 초등학교 6학년일 때 이미 객지생활을 하던 형님이 두 분 계셨는데 자주 집에 내려와 물질적·정신적으로 부모님을 많이 힘들게 했다. 그때마다 부모님은 밤잠도 못 주무시며 한숨을 내쉬곤 했다. 그런 부모님을 지켜보면서 어린 나이이긴 하지만 부모님을 편히 모셔야겠다는 생각에 주위의 반대에도 중학교 진학을 포기했다. 이후 공부가 너무 하고 싶어 기회를 찾았지만 한번 잃어버린 기회는 쉽게 오지 않았다.

초등학교 졸업 학력이긴 했지만 내 삶을 업그레이드하고 싶었고 행복하게 살고 싶었다. 그래서 정말 누구보다 열심히 살았다. 그렇지만 세상은 내가 원하는 나를 만들어주지 못했다. 수많은 열등감과 좌절, 실패를 겪어야만 했다. 30대 후반에 접어들면서 나 자신과 현실을 진단해봤다. 결론은 '나같이 가난하고 못 배운 사람이 성공하고 행복하게 살기는 힘든 사회다. 그렇다면 정치를 하자. 국회의원이 돼 나 같은 사람들도 행복하게 살 수 있는 사회를 만들어보자'였다.

40대가 되면서 정치, 문화, 체육 등 사회생활이 활발해졌다. 하지만 늘 콤플렉스가 있었다. 학력이었다. 학력의 필요성을 절실하게 느꼈다. 국회의원이 되기 위해선 최소한 대학 졸업장은 있어야 된다고 생각했기 때문이다. 어떻게 할 것인가. 그 당시 학력 문제를 해결할 수 있는 방법으로는 직접 검정고시 도전, 검정고시 대리시험, 외국에서 졸업장 만들어오기 등 몇 가지가 있었다. 직접 검정고시 도전은 30년 전 시골 초등학교만 나온 나로서는 자신이 없었고, 이미 지역사회에 많이 알려졌기 때문에 그 사실이 밝혀지면 사회활동에 치명타가 될 수 있었다. 그렇다고 브로커를 통해 외국에서 졸업장을 만들거나 다른 사람이 대신 검정고시를 보게 하는 것은 기독교인으로서 양심의 가책이 느껴졌다.

45세가 되던 2000년 4월, 정도를 걷기로 하고 큰 용기를 내 안양 시내에 있는 한 검정고시학원 문을 두드렸다. 담당자는 이것저것 물어보더니 못 받아주겠다고 했다. 왜 그러느냐고 했더니 자기 학원 합격률이 떨어지기 때문이란다. 한마디로 나를 검정고시에 합격할 가능성이 없는 사람으로 본 것이다. 허탈했다. 얼마나 어렵게 내린 결정인데, 단번에 거절당하다니. 내심 화도 나고 나 자신이 처량하게 느껴지기도 했다.

하지만 포기할 수 없었다. 독학하기로 결심하고 교보문고에서 검정고시 책을 사다 공부하는데 20여 일 동안 속이 답답하고 머리가 아파 식사도 제대로 못 하고 잠을 잘 수도 없었다. 공부가 너무 어려웠기 때문이다. 30년 전 시골 초등학교에서 공부한 것이 전부인 실력으로 영어와 수학 공부를 하려니 이만저만 어려운 게 아니었다. 마땅히 물어볼사람도 없어 혼자 머리를 싸매고 날마다 깊은 절망감을 느끼면서 공부할 수밖에 없었다.

1년 후인 2001년 4월, 시험을 보러 수원의 한 중학교 시험장에 갔다. 시험을 잘 볼 수 있을지도 걱정스러웠지만 혹시라도 아는 사람을 만날까 봐 바짝 긴장이 됐다. 모자를 푹 눌러썼는데도 불안감은 가시지 않고 오히려 더 신경 쓰였다. 너무 긴장한 탓이었을까. 시험지를 받아 보았는데, 아무것도 보이지 않았다. 기도를 했다. '하나님, 그동안 열심히 했는데 아무것도 보이질 않습니다. 집중할 수 있게 도우시고 합격할 수 있게 도와주세요. 하나님 영광과 하나님 나라 확장을 위한 도구가 되겠습니다.' 기도를 마치자 시험지가 보이기 시작했다. 매 시험 시간마다 기도로 시작했다.

다행히 합격했다. 이제 나도 중학교 졸업장이 생긴 것이다. 지난 1년을 돌이켜보면 정말 어려운 과정이었다. 결심을 하고 처음 시작하는 것도 어려웠지만 공부하는 과정도 정말 쉽지 않았다. 당시 모든 사람이 나를 대학교를 졸업한 것으로 알았기 때문에 당당하게 고입 검정고시 공부를 할 수 없었다. 집에서도, 사무실에서도 누가 볼까 봐 전전긍긍하며 도둑질하듯 공부했다. 인기척이나 부스럭 소리만 나도 책을 책상서랍 또는 침대 밑으로 감추곤 했다.

그동안 수도 없이 '중학교만 나왔어도 얼마나 좋았을까' 하고 생각했다. 가슴에 사무치도록 중학교 교복이 입고 싶기도 했다. 중학교 교복 차림의 사진을 갖고 싶어 떨리는 마음으로 사진관에 전화를 걸어 중학교 교복과 모자가 있는지 확인하고 사진관 계단을 10여 차례 오르락내리락했지만 결국 양심의 가책을 느껴 문을 열지 못하고 포기했던 20대 시절이 영화의 한 장면처럼 스쳐 지나갔다. 그랬는데 그토록 꿈에 그리던 중학교 졸업장이 생겼으니 그 기쁨은 이루 말할 수 없었다.

기쁨도 잠시, 바로 대입 검정고시 책을 사다 공부를 시작했다. 고입 검정고시를 준비할 때보다 압박감은 더 컸다. 한 번에 전 과목 합격해야 했기 때문이다. 한 과목이라도 과락이 생기면 2년이 될 수도 있고 3년이 될 수도 있다고 했다. 당시 나는 국회의원 되는 것이 꿈이었고 2008년 18대 국회의원 출마를 목표로 삼았다. 출마할 때 다른 것은 몰라도 대학원 학력은 있어야 승산이 있다고 생각했기에 대입 검정고시에 꼭 합격해야 했다.

시험을 사흘 남겨두고 더 완벽하게 마무리하고 싶었다. 필요한 모든 교재와 용품을 챙겨 인근 호텔로 갔다. 그 전까지는 낮에는 일하고 밤에는 평촌 학원가 골목에 있는 독서실에서 공부했다. 처음 이틀 동안은 잘됐다. 그러나 시험 하루를 앞두고 심한 열이 나고 몸살이 겹쳐 정신이 혼미해지고 몸이 있는 대로 늘어졌다. 원인은 강한 압박과 스트레스에 의한 부정정서였다. 당시에는 그걸 몰랐다. 지금 그런 상황을 지금 맞는다면 즉시 긍정정서를 개입시켜 단숨에 부정정서를 상쇄해 컨디션을 정상으로 만들어 놓았을 것이다.

시험 날 아침 나는 최악의 컨디션으로 시험장에 갔다. 첫 시간은 국어로 늘 책과 함께하고 독서를 좋아해서 그런지 가장 자신 있는 과목이었다. 그런데 문제가 풀리질 않았다. 갑자기 시험에 떨어질 수도 있다는 위기의식을 느끼며 힘겹게 시험을 마쳤다. 다음 날 오전 9시 한 인터넷포털사이트에서 정답 발표가 예정돼 있었다.

그날 새벽부터 안절부절 안정을 찾을 수 없었다. 왜 그렇게 시간이 안 가는지……. 발표까지의 시간이 지난 며칠보다 더 길게 느껴졌다. 드디어 오전 9시. 가슴이 두근거리고 손에 땀이 나면서 순식간에 온몸이 땀으로 흠뻑 젖었다. 불안했던 국어는 다행히 가까스로 합격했다. 영어도……. 수학만 빼고는 모두 합격이었다. 수학은 가장 자신이 없었기에 맨 마지막에 답을 맞춰보았다. 총 20문제였는데 한 문제 한 문제 맞춰볼 때마다 피가 말랐다. 마지막 세 문제를 남겨두었을 때 긴장은 극에 달했다. 두 문제를 더 맞혀야 합격이었기 때문이다. 20개 문제 중 18번 문제는 맞혔고 19번 문제는 틀렸다. 마지막 한 문제가 내 운명을 결정짓는다고 생각하니 답을 맞춰보는 게 너무 떨렸다. 힘겹게 정답을 확인한 순간 나는 쾌재를 불렀다. 맞힌 것이다. "와, 합격이다. 나도 이제 대학 갈 수 있다." 기쁨의 눈물이 하염없이 쏟아졌다. 못 배운 서러움, 가난의 서러움이 배인 세월이 주마등처럼 스쳐 지나갔다.

이렇게 2000년에 공부를 시작해 2001년 고입 검정고시, 2002년 대입 검정고시에 합격한 후 2003년 대학에 입학했다. 공부에 대한 열정은 식을 줄 몰랐다. 대학을 졸업한 이후에도 2007년 대학원에 입학했고, 2010년 박사학위 과정을 밟기 시작해 2014년 박사학위를 받고 대학교수와 베스트셀러 저자가 됐다.

국회의원이 되고자 공부를 시작했지만 2003년 행복을 과학적으로 만들어주는 긍정심리학과 2006년 긍정심리학 창시자 셀리그만을 만나고 나서 정치를 포기하고, 긍정심리학을 본격적으로 연구하기 시작해 지금에까지 이르게 됐다. 그 순간순간과 과정들이 힘들긴 했지만 돌아보고 음미하면 참 행복하다. 나는 심리적으로나 육체적으로 힘들 때마다 지난날 최선을 다한 순간을 회상하면서 그 긍정경험을 개입시킨다.

이 긍정개입 도구는 자신의 삶에서 최선을 다한 순간이나 결정적 순간, 역경을 극복한 순간을 떠올려 쓰고 이야기하는 것이다. 그로 인해 이 도구는 자부심, 성취감, 만족감 등 긍정정서를 키워 행복을 만들어주고, 미래의 불안감과 두려움을 이겨낼 용기와 자신감을 키워준다. 또한 심리치료(상담/코칭)에서 내담자에게 긍정경험을 하게 함으로써 부정적이고 비관적으로 편향된 감정을 완화시켜주고 균형을 이루게 해준다.

긍정도구 3
재미와 베풂(마틴 셀리그만)

사람은 자신의 쾌락보다 타인의 행복한 삶을 생각하는 마음을 가질 때 더 오랫동안 만족감을 느낀다. 이를 입증하고자 셀리그만은 '재미와 베풂'이라는 활동을 고안해냈다. 이 활동은 잠깐만 해봐도 그 핵심을 파악할 수 있다. 셀리그만은 학생들과의 짧은 토론에 이어 연습활동을 소개했다. 활동 주제는 친구들과 어울리기, 영화 보기, 쇼핑하기, 방금 만든 아이스크림 먹기 등 재미를 즐기는 활동과 어르신을 대신해 눈 치워주기, 동생의 학교 숙제 도와주기, 가족을 대신해 빨래나 설거지하기 등 도움을 주는 활동이다.

학생들은 재미와 베풂 중 어떤 활동을 더 만족스러워할까. 학생들은 서로를 보며 깔깔대면서 웃었다. 재미가 더 만족스러울 것이라 믿었기 때문이다. 실제로 80% 이상이 재미가 만족스러울 것이라고 답했다.

셀리그만은 학생들에게 과제를 내주었다. 재미와 베풂 중 한 가지씩 수행하고 리포트를 작성하는 것이다. 학생들은 동전을 던져 어떤 활동을 먼저 할지 정하고, 두 활동 모두에 같은 시간을 할애하며, 수행한 내용을 짧게 기록했다. 이 활동은 학생들에게 재미는 순간적으로 즐겁지만 금방 사라지는 쾌락이고, 베풂은 지속적으로 오랫동안 사라지지 않는 만족이라는 인생의 교훈을 주었다. 80% 이상이 베풂에서 더 만족감을 느꼈다는 것이다.

한 여학생은 초등학교 3학년인 조카로부터 수학을 가르쳐달라는 부탁을 받고 그 조카를 도와준 후의 기분을 다음과 같이 설명하며 놀라워했다.

"그날 내내 저는 평소보다 다른 사람의 말을 호의적으로 들어주었고 마음도 넉넉해졌어요. 그리고 사람들이 저를 훨씬 많이 좋아하는 것같이 느껴졌어요."

이처럼 베풂은 재미와는 다른 '만족감'을 준다. 행복해지기 위해 돈을 많이 버는 법을 배우려고 펜실베이니아대 와튼스쿨에 지원했지만, 결국 쇼핑하면서 돈을 쓸 때보다 다른 사람들을 도와줄 때가 훨씬 더 행복하다는 사실을 깨달았다고 고백하는 학생도 있었다.

베풂은 재미보다 강하다. 재미로 얻을 수 있는 기쁨이 순간적이라면 베풂을 통해 얻는 만족감은 오래간다. 때론 친절을 베푸는 행위에 푹 빠져 시간 가는 줄도 모른다. 결국 베풂은 더 만족스럽고 오래 지속되는 행복을 만드는 데 큰 역할을 한다고 볼 수 있다. 이 긍정도구는 우리나라 학생들에게 적극적으로 권하고 싶다.

하이트가 들려주는 한 학생의 이야기는 우리의 가슴을 뭉클하게 한다.

"어느 눈 오는 밤에 구세군 숙소에서 일을 마치고 집으로 돌아가고 있을 때였어요. 어떤 할머니가 자신의 집 앞 진입로에서 눈을 치우고 있는 모습이 차창 밖으로 보였죠. 그때 한 남학생이 기사에게 버스에서 내리게 해달라고 부탁하더군요. 그래서 전 그의 집으로 가는 지름길이 있는 모양이라고 생각했어요. 그런데 그게 아니었어요. 차창 너머로 그 학생이 삽을 들고 있는 모습이 보였거든요. 아, 그때 제 목에서 어떤 뜨거운 것이 울컥 올라오면서 눈물이 나오기 시작했어요. 저는 만나는 사람마다 꼭 이 이야기를 들려주고 싶었어요. 그가 참 낭만적이고 아름답게 느껴졌으니까요."

긍정도구 4

꿀과 식초(마틴 셀리그만)

오늘날 놀라운 변화는 이사, 이직, 이전 등 이동이 증가하고, 자동차, 휴대전화, 전자기기 등 소유한 품목이 많으며, 이를 사용하는 방법이 복잡하다는 것이다. 그래서 행정적으로 처리해야 할 일도 많고, 사용 시 발생하는 문제를 해결해야 할 일도 많다. 인터넷이 발달하기는 했지만 아직도 많은 부분을 직접 전화나 상담, 창구를 통해 처리해야 한다. 이때 담당 직원과 통화하기도 만나기도 어렵고 설령 통화가 되거나 만난다 하더라도 아직도 관료적이고 형식적인 사람들이 있다. 이런 사람들을 마주하면 답답하고 짜증이 나며 화가 치밀어 오르기도 한다. 이럴 때 도움을 받을 만한, 셀리그만이 고안한 긍정심리학 긍정도구가 있다.

다음번에 관료주의나 형식주의와 싸우러 갈 때는 심호흡을 크게 한 번 하고 명랑해지기로 결심하자. 당신이 직접 얼굴을 마주 보거나 ARS(자동응답시스템)를 통해 20분 이상 혼자 업무를 처리한 후 겨우 통화하게 되는 직원과 상대할 때는 그의 인내심에 경의를 표하라. 다른 사람들을 돕는 위치에 있는 상대방이 정말 훌륭하다고 말하자. 그리고 그 사람에게서 좋은 점을 하나 찾아내 칭찬해주자.

이렇게 식초 대신 꿀을 사용한다면 당신이 원하는 것을 보다 성공적으로 얻게 될 것이다. 결국 '직원'도 사람이다. 그리고 그들이 끊임없이 고객의 불만사항을 접수, 처리하다 보면 실수할 수도 있을 것이다. 만약 당신이 친절하게 대한다면 상대방을 기분 좋게 할 수 있고 그런 분위기가 당신에게 이득으로 다가올 것이다. 설령 아무런 도움을 못 받았다고 해도 최소한 당신의 기분은 더 좋아질 것이다. 마음에서 우러나오는 진심 어린 긍정정서를 경험했기 때문이다. 입장을 바꾸어 당신이 서비스 직원이나 창구 직원이라 해도 그렇다. 이 같은 연습활동은 실제 실험을 통해 효과를 확인할 수 있다. 누군가를 만나기 전에 동전을 던져 앞면이 나오면 친절하게, 뒷면이 나오면 관료적이나 형식적으로 대해보자. 수십 번 시도해본 후 결과를 모두 취합해 결론을 도출해보자.

조직에서도 친절을 베푸는 데 몇 가지 어려움이 있을 수 있다. 첫째, 특히 전화통화를 하면서 부탁을 받거나 논쟁을 해결하느라 너무 많은 시간을 할애하면 업무에 지장을 초래할 수 있다. 둘째, 어떤 사람들은 당신의 친절함에 너무나 잘 반응해 두 사람 모두 대화의 접점과 원래의 용건에서 벗어날 수 있다. 셋째, 당신은 속과 겉이 다른 위선자인가라는 질문에서, 사람들은 의도적인 것보다 자연스럽게 일어난 행복을 얻기를 바란다는 것이다. 우리는 본모습에 솔직하기를 바라지만 어느 순간 화가 날 때 갈등이 생긴다. 이 같은 감정을 억누르고 '친절하게 대하는 것'은 솔직한 것인가, 아닌가. 위선인가, 아닌가. 이에 대한 명쾌한 해답은 없다.

조직생활을 하는 사람들의 감정에는 2가지가 있다. 하나는 있는 그대로 느끼는 실제적 감정이고, 또 다른 하나는 겉으로 드러낸 전시적 감정이다. 전시적 감정은 본능적 감정이라기보다 조직에서 업무를 수행하는 데 필요한 학습된 감정이다. 문제는 조직생활에서 이 두 감정이 충돌할 때가 많다는 것이다. 이들이 충돌할 때 스트레스를 받고 분노나 화, 불평 등 부정정서가 유발된다. 실제적 감정을 속이고 전시적 감정으로 상대를 대하는 일을 감정노동이라 하고 그런 곳에서 일하는 사람들을 감정노동자라고 한다. 이들은 고객 또는 상사와의 관계나 조직에서 원하는 감정을 어쩔 수 없이 표현해야 한다. 특히 최근 서비스산업의 비중이 커지면서 사람들과의 관계가 중요시되다 보니 항공사, 호텔, 백화점뿐 아니라 시청, 구청, 군청, 세무서 등 관공서 공무원도 감정노동을 해야 한다.

친절은 이런 갈등 상황에서 감정적 인식이나 표현보다 사회적 약속의 한 부분이 돼야 한다. 즉 운전하면서 방향지시등이나 경적을 신중하게 사용하는 것이 당신을 위선자로 만드는 것이 아닌 것처럼 이 약속이 당신을 위선자로 만드는 것은 아니다. 긴 비행시간을 마치고 나서 스튜어디스는 비행기에서 내리는 손님들에게 일일이 밝게 인사를 한다. 물론 그들도 손님만큼이나 피곤할 것이다. 하지만 그들은 직업상 웃어야 한다. 백화점 고객에게 밝고 환하게 인사하는 것도, 민원창구 민원인에게 친절하고 따뜻하게 인사하는 것도 마찬가지다. 이것은 위선자가 아닌 고객에게 친절해야 한다는 사회적 약속이기 때문이다.

아내로서 집안일을 하는 것도, 남편으로서 늦은 시간까지 직장에서 근무하는 것도, 부모로서 아이들 양육하는 것도 모두 사회적 약속인 것이다.

최근 우리 사회에서 감정노동, 감정노동자란 표현을 많이 쓰는데 대부분 부정적 인식을 주고 있는 것 같아 안타깝다. 그로 인해 왠지 해당 분야에 근무하는 사람들은 스스로 피해의식을 갖고 있는 것처럼 보인다. 이런 것은 행복에 도움이 되지 않는다. 피해의식은 부정정서를 유발하기 때문이다.

얼마 전 한 텔레비전 프로그램에서 서비스업종에 근무하는 여성이 퇴근해 집에 돌아오자마자 핸드백을 집어던지고 분노하며 우는 것을 본 적이 있다. 마음이 아팠다. 얼마나 힘들었으면 그럴까 하는 동정심도 생겼다. 물론 관리자나 경영자도 잘해야 한다. 이른바 '갑질' 같은 것은 사라져야 한다. 중요한 것은 직원 개개인이 지금 내가 하고 있는 일을 어떻게 바라보느냐다. 피해자라 생각하면 스트레스 받고 무기력하고 억울하고 분해서 화를 참기 힘들 것이다.

수혜자로 생각을 바꾸어보자. 이들은 상대방에게 도움을 주고 기분 좋게 해주며 더 행복하게 해주는 역할을 하고 있기 때문이다. 의미 있는 삶이란 자신보다 더 높은 곳, 타인, 공동체 등에 소속돼 무언가 역할을 하고 있는 것이다. 서비스 분야에서 근무하는 직원이나 공무원들도 꿀과 식초 중 꿀을 사용하는 것이 좋다. 상담을 하거나 민원창구를 찾는 것은 다소 불만이 있기 때문이다. 이들은 조그만 일에도 목소리를 내거나 화를 낸다. 진정으로 행복하고 의미 있는 삶을 원한다면 이들을 위해 꿀단지를 준비하자.

긍정도구 5
좋은 하루 만들기(크리스토퍼 피터슨)

우리는 누군가와 헤어지면서 인사할 때 대부분 "좋은 하루 되세요"라는 말을 많이 한다. 특별한 의미를 부여하지 않고 으레 하는 말이지만 기분은 좋다. 이 '좋은 하루 만들기'는 피터슨이 착안해 많은 사람의 실험을 통해 입증된 긍정도구다.

좋은 하루를 보내려면 실제로 무엇을 해야 할까. 사람들마다 서로 다른 답을 내놓곤 하는데 이 연습활동은 두 단계로 나눌 수 있다.

1단계에서는 좋은 하루를 보낸다는 것이 무엇인지를 정해야 한다. 그리고 나서 하루 중 좋게 하는 것과 좋지 않게 하는 것이 무엇인지 주의 깊게 관찰하는 것이 필요하며, 관련된 특성이 무엇이고 규정할 수 있는지 살펴보아야 한다.

2단계에서는 만약 이런 것을 확인할 수 있다면 기분 좋게 하는 요소를 극대화하고 불쾌하게 하는 요소를 최소화함으로써 어떻게 앞으로 변화시킬 수 있는가를 탐색해야 한다.

좋은 하루 만들기에 대한 간단한 전제들이 여기 있다. 좋은 삶은 어떠한 상태나 기질, 습관이 보다 쉽게 표출될 수 있는 사회적·제도적 환경뿐 아니라 종종 그것을 가능하게 하는 심리학적 상태와 기질 그리고 습관의 관점에서 논의된다. 하지만 좋은 삶에 이르는 또 다른 방법이 있다. 그것은 우리의 평범하고 일상적인 활동, 즉 우리의 상태나 기질, 습관 그리고 보다 광범위한 환경과 관련이 없는 행위다. 물론 이런 모든 것이 우리의 행위뿐 아니라 행복에도 영향을 미칠 것이다.

그러나 피터슨은 당신이 연습활동을 통해 구체적인 행동을 실천할 것을 제안한다. 예를 들어 만약 부모님께 안부를 묻는 전화통화를 했다거나, 운동했다거나, 일기를 썼다거나, 봉사활동을 한 것이 좋은 하루였다고 말할 수 있다면 그런 일을 하는 시간을 늘리고 그렇지 않은 시간은 줄이자.

이런 연습이 어쩌면 진부해 보일 수도 있으나 기분 좋은 하루를 보내기 위해 무엇을 해야 하는지 생각해볼 수 있는 좋은 방법이다. 만약 이런 것을 추상적인 것으로만 생각했다면 구체적인 수준에서 이것이 적절한 해답은 아닐 수도 있다. 따라서 공책이나 엑셀 워크시트에 하루 동안 무엇을 했는지 작성해보라. 어떤 사람은 시간대별로 일지 형식으로 쓰는 것을 쉽게 생각하는가 하면, 또 어떤 사람은 자신의 하루를 두드러지게 드러난 행동의 관점에서 분석하는 것을 더 선호한다. 즉 하루를 마무리하는 시점에서 총체적 평가를 해보는 것이다.

10: 인생에서 가장 훌륭했던 하루

9: 굉장했던 하루

8: 훌륭했던 하루

7: 아주 좋았던 하루

6: 좋았던 하루

5: 평균적이거나 평범했던 하루

4: 평균 이하였던 하루

3: 나빴던 하루

2: 끔찍했던 하루

1: 인생에서 최악이었던 하루

적어도 2주, 가능하면 3주 동안 이런 식으로 해보자. 모두 마칠 때까지는 기록을 되돌아보지 말고, 마친 다음에 되돌아가 하루 패턴과 주간 패턴을 살펴보라. 좋았던 날을 그런 날에 무엇을 했는지의 관점에서 좋지 않았던 날과 비교해보라. 그러고 나서 자신을 좋게 만들어주는 것이 무엇인지와 좋지 않게 만들어주는 것이 무엇인지 각 5개를 골라 좋게 하는 것을 더 늘리고 좋지 않게 하는 것을 줄여나가라. 이 같은 훈련을 한 모든 사람은 하나의 양상이 명백히 드러난다고 말했으며, 때론 이것이 그들을 놀라게 했다.

아주 좋은 하루를 보내는 자신만의 특별한 방식을 활용한다는 것이다. 이 연습활동의 핵심은 자신만의 방식을 찾아 그것을 기초로 자신만의 전략을 개발하는 것이다. 그런 다음 그 전략에 의해 평범한 날을 좋은 날로 바꾸는 것이다.

자신을 좋게 하는 것이 무엇인지 확인했다면 현재 1점에서 10점까지 중 어디에 해당하는지 체크하고 3개월 후 다시 한 번 체크해보자. 그러면 더 좋은 하루를 만들면서 긍정정서와 행복을 키워나가는 것이 된다.

긍정도구 6

감사일기(잘 됐던 일 3가지)

(마틴 셀리그만)

감사하기에는 많은 방법이 있다. 중요한 것은 지속적으로 긍정정서를 배양하려면 과학적으로 검증된 방법을 사용하는 것이 좋다는 것이다. 일시적으로 기분만 좋게 해주는 감사 방법은 지속적으로 실천하기도 어렵고 큰 도움이 되지 않는다. 감사 방법 중 비교적 쉽게 실천할 수 있고 과학적으로 효과가 검증된 것으로 '감사일기'(잘 됐던 일 3가지)와 '감사방문'이 있다. 긍정심리학에서는 이 2가지 도구를 적극적으로 추천한다.

2005년 『타임』지는 긍정심리학을 커버스토리로 다루었다. 이때 셀리그만이 가장 심각한 우울증 환자 50명을 대상으로 우울증 검사와 행복도 검사를 한 다음 감사일기를 쓰도록 한 내용이 소개됐다. 이들의 평균 우울증 점수는 34점이었다. 그 정도면 '극단적' 우울증 범주에 속하는데, 바로 그런 사람들은 가까스로 침대 밖으로 나와 컴퓨터 앞에 앉았다 다시 침대 속으로 들어가는 일상을 반복한다. 그들은 각자 감사일기 쓰기를 실천해 일주일 동안 매일 그날 감사한 일 3가지와 왜 감사한지 이유를 함께 적었다. 그 결과 그들의 평균 우울증 점수는 34점에서 17점으로, 즉 극단적 우울증에서 경미한 우울증으로 크게 내려갔고 행복 백분위 점수는 15점에서 50점으로 올라갔다. 50명 중 47명이 이제 덜 우울하고 더 행복해졌다.

셀리그만은 지난 40년 동안 심리치료와 약물로 우울증을 치료했지만 이런 결과를 목격한 적은 한 번도 없었다고 한다.

인천 어느 병원 정신건강병동에 40대 중반 여성이 입원해 있었다. 이 여성은 전업주부로 사업을 하는 남편과 함께 행복한 나날을 보내고 있었다. 그러던 어느 날 남편이 교통사고로 갑자기 사망하자 이 여성도 "이제 내 인생도 끝이야"라고 선언했다. 그녀는 우울증, 불안감이 깊어지면서 결국 정신분열 증세로 정신건강병동에 입원했다. 여러 처방과 치료를 시도했지만 차도가 없었다. 그러던 어느 날 나에게 긍정심리학을 배우고 강사 과정까지 마친 병원 수간호사가 그녀에게 감사일기 쓰는 방법을 가르쳐주었다. 처음에는 거절했지만 간곡한 설득으로 시작하게 됐는데 몇 개월 후 증상이 완화돼 퇴원하기에 이르렀다.

많은 사람이 하루하루를 무의미하거나 우울하게 살아간다. 이제부터 하루 중 잘 안 됐던 일보다 잘 됐던 일, 즉 감사한 일을 의식적으로 생각해보자. 하루하루가 의미 있고 가치 있는 날들이 될 것이다. 꼭 거창한 것이 아니더라도 찾아보면 감사할 일은 얼마든지 있다. 혹시 잊고 있던 친구로부터 전화를 받진 않았는가. 며칠 동안 밤새워가며 준비한 프레젠테이션을 성공적으로 끝마치진 않았는가. 친구가 건강한 아이를 무사히 출산하지는 않았는가.

아마 한두 가지 정도는 좋은 일이 분명 있을 것이다. 그동안 당연하게 생각해왔던 일이 실은 감사한 일이고 축복이다. 이런 감사한 일을 매일 3가지씩 적고 왜 잘 됐는지 이유를 쓰면 그 자체로 훌륭한 감사일기가 된다. 게다가 감사의 의미를 더 깊이 느낄 수 있기 때문에 효과적이다. 예를 들어 학교에서 교수한테 칭찬받았다면 '꼬박 밤새워가며 발표 준비를 열심히 한 것을 인정해주셨기 때문에'라고 적을 수 있다. 남편이 퇴근길에 아이스크림을 사 왔다면 '내가 퇴근길에 아이스크림을 사 오라는 말을 잊지 않았기 때문에'라고, 우문식 교수의 '긍정심리학의 행복 만들기' 강의를 들었다면 '우문식 교수의 행복 강의를 들으면서 행복 만드는 방법을 배웠으니까'라고 쓰면 된다.

처음엔 다소 어색할 수도 있다. 하지만 2주 정도만 쓰면 익숙해지고 6개월 정도가 되면 중독이 될 것이다. 꾸준히 감사일기를 쓰다 보면 설령 긍정정서를 적게 타고난 사람이라도 얼마든지 긍정정서를 높일 수 있다.

나의 경우 부도가 나고 사업적으로, 가정적으로, 개인적으로 어려운 시기를 이겨내는 과정에서 감사일기가 큰 도움이 된 것 같다.

이 감사일기는 유치원생에서 80세 어르신까지 남녀노소 누구나 쓸 수 있으며 가족이 함께할 수도 있다. 심리치료가 필요한 우울, 불안, 불안 등 부정정서가 높은 사람에게 큰 도움이 되는 도구이기도 하다. 특히 자녀에게 이 방법을 알려주고 매일 함께 감사일기를 쓴다면 자녀는 더 즐겁고 자신감 넘치며 행복한 아이가 될 것이다.

긍정도구 7
감사방문(마틴 셀리그만)

감사방문은 감사하는 마음을 담아 쓴 편지를 들고 상대방을 직접 방문하는 것이다. 그만큼 진심으로 감사를 표현하는 게 어떤 것인지 알게 해준다.

먼저 가만히 눈을 감고 지금까지 살아오면서 고마움을 느꼈던 사람을 떠올려보자. 밀린 업무를 도와주거나 퇴근길에 차를 태워준 정도의 고마움이 아니라 당신 인생에서 그 사람이 존재한다는 것만으로도 고마운, 소중한 사람을 생각해보자. 어렵고 힘든 시기에 다시 일어설 수 있도록 용기를 준 친구, 방황할 때 또는 조언이 필요할 때 도움을 준 멘토나 스승, 공부할 수 있도록 궂은일 마다하지 않고 뒷바라지를 해준 부모님, 그리고 경제적으로 어려울 때 도움을 준 사람들……. 고마운 사람이지만 지금까지 감사함을 표현하지 못했던 사람을 기억해보자. 고마운 사람의 얼굴을 떠올리는 것만으로도 마음이 뭉클해지면서 자신의 인생이 불행했던 것만은 아니라는 생각이 들 것이다.

그 마음 그대로 감사편지를 써보자. 편지는 가능한 한 A4용지 3분의 2 분량인 700자 정도로 구체적으로 쓴다. 그 사람이 당신을 위해 어떤 말을 했는지, 어떤 행동을 했는지, 그것이 자신의 인생에 어떤 영향을 끼쳤는지 자세히 쓰자. 그리고 자신이 지금 그 일에 감사하고 있다는 사실을 알리고 그 사람이 해준 것을 얼마나 자주 고맙게 생각하는지도 언급하는 게 좋다. 진작 감사를 표하고 싶었지만 여건이 허락하지 않았음도 쓰자. 편지를 다 썼다면, 이제 연락을 하고 완성된 편지를 품고 그 사람을 방문하러 가자. 그러고는 그 사람과 마주 앉아 편지를 읽는다. 편지를 읽으면서 어떤 느낌이 드는지, 또 듣고 있는 상대방의 표정과 반응은 어떤지, 그 느낌에 주목하면서 편지를 다 읽은 다음 그 내용과 두 사람이 느낀 감정을 서로 나누자.

피터슨에 의하면 감사방문은 100% 편지 받은 사람을 감동시키고, 눈물 흘리게 만들며, 편지를 쓴 사람도 만족감을 느낀다고 한다. 셀리그만도 이 감사방문만을 통해 6개월 동안 더 행복해진다고 한다.

나에게는 고마운 분이 많다. 그중 가장 고마운 분은 어머니다. 어머니는 내가 어릴 적 늘 "넌 잘생겼어. 신익희 선생 닮았어!"라고 말씀하셨다. 그래서 난 정말 내가 잘생긴 줄 알았다. 신익희 선생은 제헌국회 초대 국회의장이었고 3대 민주당 대통령후보였다. 그런 분을 닮았다니 나 스스로가 우쭐하지 않았겠는가. 그래서 초등학교밖에 나오지 않았지만 어디를 가더라도 기죽지 않고 당당하고 열정적으로 나를 표현할 수 있었다. 초등학생 이전부터 어머니가 내게 해주셨던 그 말씀, "넌 잘생겼어. 신익희 선생 닮았어!"가 오늘날의 나를 만들어준 것이다. 하지만 나에게 그렇게 큰 영향을 주신 어머니에게 감사하다는 말을 살아생전 못 했다. 몇 년 전에 돌아가셨기 때문이다. 가끔 어머니 영전을 방문해 감사편지를 읽어드리고 한참 이야기를 나눈다. 그럴 때면 어머니가 보고 싶고 생각이 나서 울기도 많이 울었지만 마음의 뿌듯함과 큰 기쁨을 느낀다. 그 느낌이 오래 지속됐고 지금도 그 편지를 읽을 때마다 행복하다.

보고 싶은 엄마에게

엄마, 나 왔어, 문식이. 잘 계셨어? 엄마 보고 싶어 왔지. 나 자주 안 온다고 서운했어? 서운하게 생각하지 마! 나 매일 아침저녁으로 엄마하고 책상 앞에서 얘기하잖아. 기도도 하고…….

엄마, 어릴 때 항상 나보고 신익희 선생 닮았다고 했지. 잘생겼다고……. 엄마의 그 말이 나에겐 얼마나 큰 힘이 됐는지 몰라. 내가 초등학교밖에 안 나왔는데도 사회활동을 활발하게 할 수 있었던 건 엄마의 그 말 덕분이었어. 나는 잘생겼고, 신익희 선생 닮았다고. 그래서 어디를 가나 기죽지 않고 늘 당당하고 자신이 있었지.

엄마가 더 오래 사셨으면 좋았을 텐데……. 엄마가 그 전에 늘 부러운 듯 얘기했잖아. "누구는 괴동학교 나왔디야!" 그런데 내가 대학 나오고, 박사가 되고, 대학교수도 됐어! 엄마 좋지? 오늘따라 엄마가 더 보고 싶다. 엄마가

기도해주는 모습도 생생하게 떠오르고.

엄마 고마워! 엄마의 그 말 "너는 잘생겼어. 신익희 선생 닮았어!"가 오늘의 나를 만든 거야. 진작 엄마 살아 계실 때 감사의 마음을 전했어야 했는데 이제야 하네. 엄마, 미안해! 그 대신 앞으로 더 노력해 많은 사람에게 행복을 만들어주는 사람이 될게. 그래서 이 다음에 하늘나라 가서 엄마 만나면 더 멋진 아들 모습 보여줄게.

엄마 사랑해!!

–셋째 아들 문식이가

다음은 긍정심리치료 15회기 상담을 받고 있는 한 내담자의 감사편지다. 이 내담자는 내면의 긍정자원을 많이 갖고 있음에도 그 강점들을 발휘하지 못하고 심리증상을 겪으며 상담을 받고 있는 40대 중반의 여성이다. 최근 들어 그녀의 증상을 더욱 악화시키는 것은 고3인 둘째 아들 정규다. 학교생활을 기피해서다. 어떻게 해서라도 졸업시키려는 엄마의 간절함과는 달리 정규는 학교생활보다 게임에만 몰두했다. 급기야 출석일수가 아슬아슬한 지경에까지 이르게 됐다. 밤새도록 게임을 하다 새벽에 잠들면 그날 등교하지 못하거나 지각하기 일쑤였기 때문이다. 이러한 환경에 익숙하다 보니 때론 심각한 상황임을 인식하면서도 전혀 개선되지 못했다.

이런 정규에게 최근 조금씩 변화가 일어나기 시작했다. 내담자는 지금까지 이 문제를 부정적으로 접근했지만 긍정심리치료 15회기 상담을 받으면서 긍정적인 접근을 시도했다. 그녀는 지난 회기에 정규가 처한 상황을 심각하게 이야기했다. 나는 아직 몇 회기 뒤에 있는 감사편지를 써볼 것을 권했다. 지금이 정규에게 아주 중요한 시기라고 판단했기 때문이다. 때마침 그 주에 정규 생일도 끼어 있다고 했다. 내담자는 정규에게 감사편지를 썼다.

생일날 아침, 미역국 등 정규가 좋아하는 음식을 차려주고 학교에 보낸 후 외출하려던 내담자의 계획은 수포로 돌아가는 듯했다. 정규가 지금은 졸리니 10시에 깨워달라기에 엄마가 외출해서 없다고 하니까 12시에 깨워달라고, 12시에도 없다고 하니까 그럼 전화로 깨워달라면서 자기 방으로 들어가려 했기 때문이다. 지금까지 하는 행동으로 보아 오늘도 학교 가기는 힘들겠다는 생각을 했다. 억장이 무너졌다. 내담자가 잠깐 준비한 감사편지만이라도 읽어주겠다고 하자 정규는 그냥 달라고 했다고 한다. 하지만 내담자는 엄마가 읽어주겠다고 하고 정규 앞에서 직접 읽어주었다. 감사편지는 우편이나 e메일로 보내는 것보다 상대방 앞에서 직접 읽어주어야 효과가 있기 때문이다.

사랑하는 아들 정규에게.

사랑하는 나의 아들 정규야!

나의 작은아들 정규야, 생일 축하해.

정규가 엄마, 아빠의 아들로 태어나줘서 엄마는 얼마나 감사한지 몰라. 몸 건강하고, 마음 또한 건강하게 자라주어서 너무나 감사하고.

우리 정규가 한동안 학교를 안 가거나 무단지각에 무단조퇴까지, 성실하지 못한 학교생활을 해서 엄마는 너무 가슴 아프고 힘들었단다.

그런데 요즘은 아침에 알아서 일어나 씻고 준비하며, 지각하지 않고 학교를 가려고 해서 엄마가 얼마나 기쁘고 감사한지 몰라.

정규야! 인생을 살다 보면 때론 내가 하고 싶지 않아도 해야만 하는 것들이 있기도 해. 왜냐하면 인생은 혼자 사는 게 아니기 때문이지. 더불어 살아야 하고 사회에 속해 살아야 해. 그런 면에서 학교란 지식과 기술을 배우는 것도 중요하지만 타인과 공동체, 자연과 함께 살아가는 방법과 생활규칙을 몸으로 배우고 익히는 중요한 곳이기도 하지.

그래서 우리 정규가 학교생활을 성실하게 하면 얼마나 좋을까 하는 바람이 엄마에게는 늘 있단다. 우리 정규는 어릴 때 정말 성실하게 잘해왔지. 한동안 다소 아쉬운 부분도 있었지만 최근 들어 잘하려고 노력하는 정규를 보며 앞으로도 잘할 것이라는 믿음이 드네. 그렇게 해주면 엄마는 너무너무 행복할 것 같아.

사랑하는 정규야.

엄마는 언제나 우리 정규 편이야. 기쁠 때나 슬플 때나 힘들 때나 정규의 가장 가까운 곳에서 언제나 정규와 함께한다는 것을 잊지 말길 바랄게.

정규야! 학교 가기가 다소 힘겨울 때가 있더라도 엄마랑 함께 노력해서 학교 잘 마치고 행복한 미래를 만들어가자.

정규야, 다시 한 번 생일 축하해.

사랑해!

2019년 5월 31일

편지를 읽고 나서 내담자는 아들 정규를 꼭 안아주었다. 정규가 어떻게 했을 것 같은가. 잠자러 방에 들어가려던 정규는 곧바로 세수를 하고 학교를 갔다고 한다. 이 이야기를 하던 내담자의 눈시울이 어느새 붉어져 있었다.

이 감사편지는 한글을 터득한 유치원생부터 어르신까지 누구나 할 수 있다. 특히 부모님께 써보자. 용돈보다 더 큰 행복을 주고받을 것이다. 집 안 행사 때 활용해도 좋다. 긍정심리학 전문가 과정에 참가한 한 고등학교 선생님은 어머니 칠순잔치 때 5남매가 모두 감사편지를 써서 읽어드렸다고 한다. 어땠을 것 같은가.

긍정도구 8
최선을 다한 나(로버트 디너)

아무리 좋은 감사하기 방법이라도 모든 경우에 완벽하게 들어맞지는 않는다. 자신이 처한 환경에 가장 알맞게 사용하려면 그것을 수정해야 한다. 부정정서가 팽배한 리더들이 차가운 눈으로 매출과 순이익을 철저히 확인하는 조직에서 당신이 감사하기 방법을 권장하고 있다고 상상해보라. 그러면 내 말이 충분히 이해될 것이다. '최선을 다한 나'는 주로 직장에서 매일 감사일기를 쓰지 못하는 사람들 또는 감사하기 힘든 환경에 있는 사람들이 활용하기 좋은 방법이다.

기업들은 이달의 직원 또는 최우수 영업사원 선정 등 직원들의 노고와 실적에 감사하는 프로그램을 통해 이 방법을 이미 사용하고 있을지도 모른다. 하지만 한 조사에 따르면 미국 직장인의 65%가 지난 1년 동안 뛰어난 업무성과를 올리고도 인정받은 적이 한 번도 없다고 밝혔다. 아직도 조직에선 인정에 인색한 것이다. 이 방법은 이달의 직원 선정처럼 성과 인정하기, 강점 확인하기, 칭찬하기, 감사하기 등의 형태로 활용될 수 있다. 또한 직장에서 잘 풀린 일, 타인의 미덕, 지지 또는 도움을 받은 상황을 인식하고 감사하는 새로운 습관을 갖게 도와줄 수 있다.

고마운 순간을 인식하는 것보다 훨씬 더 중요한 것은 고맙다는 말 한마디를 실제로 표현하는 것이다. 책상 위에 감사카드를 놓아두거나 따로 시간을 내 동료에게 고맙다고 이야기하는 등 감사한 마음을 구체적으로 표현하는 것이 중요하다. 특히 이 방법은 리더들에게 많은 도움이 될 것이다.

다음의 질문을 자신에게 던져보자.

- 직장이나 학교에서 오늘 일을 가장 잘한 사람은 누구인가?
- 위기에 잘 대처한 사람은 누구인가?
- 누가 솔선수범했는가?
- 지지해준 사람은 누구인가?
- 그들의 공로를 얼마나 인정해주었는가?
- 이렇게 잘 풀린 일을 생각할 때 어떤 느낌이 드는가?
- 그 일에 실제로 고마움을 표현하면 어떤 느낌이 드는가?

질문에 하나씩 답하다 보면 무심히 지나가고 말았을 하루가 커다란 의미로 다가온다. 그러면서 전에는 보지 못했던 삶의 기쁨이 보이기 시작할 것이다.

다음은 2년 전 내가 진행한 긍정심리학 교육과정을 이수한 한 대기업 임원의 사례다. 그 임원은 행복을 만들어주는 긍정도구 중 최선을 다한 나에 관심이 많았다. 신바람 나게 과제를 발표하던 모습이 지금도 생생하다. 그는 마케팅 부문을 총괄하는 임원이었다. 책임 영역이 넓다 보니 매일 크고 작은 사건이 벌어졌다. 그러다 보니 스트레스를 받지 않는 날이 거의 없었다. 그가 받은 스트레스는 아침마다 진행하는 팀장 회의에서 팀장들에게 고스란히 전달됐다. 조직생리상 어쩔 수 없었는지 모르지만 그도 이런 모습이 고통스럽다. 독실한 기독교인인 그는 조직에서의 삶과 밖에서의 삶의 모습이 완전히 다르다. 밖에서는 자상하고 인자한 성품으로 존경받는 그였지만 조직에서는 불도그처럼 사나운 상사였다.

하지만 긍정심리 교육을 받고 나서 완전히 달라졌다. 전에는 조직에서 일어나는 거의 모든 일에 부정적이고 문제 중심으로 접근했는데 지금은 긍정적이고 성과 중심으로 접근하고 있다. 그러다 보니 출근할 때나 퇴근할 때나 늘 마음이 불편하고 무거웠는데 이제는 즐겁고 가벼워졌다. 회의 시간에도 분위기가 완전히 달라졌다. 그 전에는 회의 시작 전부터 끝날 때까지 살벌한 분위기로 진행됐지만, 지금은 팀장들에게 최선을 다한 나의 항목을 적용시켜 칭찬하고 격려하고 인정하고 감사를 전하며 화기애애한 분위기 속에 마친다. 그러다 보니 팀장들과의 관계도 긍정적인 관계로 증진되고 조직에 대한 충성심도 더 높아졌다.

한 조직의 주요 임원이 보인 이 같은 변화는 조직 전체로 확산돼 조직성과로 이어지고 있다. 조직에 나선형 상승효과가 일어나고 있는 것이다. 이들 모두 더 만족스럽고 행복해졌다.

긍정도구 9
용서하기(에버렛 워딩턴)

분노, 화, 경멸 같은 정서는 개인이나 조직에서 가장 먼저 버리고 싶은 부정정서다. 이 정서는 너무 강력해 잊고 버리고자 많은 노력을 하지만 쉽게 되지 않는다. 하지만 개인의 건강과 행복, 조직의 팀워크와 성과를 위해선 반드시 버려야 할 부정정서다.

누군가에게 모욕, 무시, 배신, 사기, 폭행을 당하거나 피해를 입으면 마음속에서 분노, 화, 적대감 같은 부정정서가 솟구칠 것이다. 다른 사람으로부터 침해나 고통을 당한다면 분노가 치밀고 화가 나는 것은 당연하다. 하지만 이런 부정정서는 일차적으로는 자신을 더욱 힘들게 만들고, 더 나아가 주변 사람과 자신이 포함된 조직에도 해를 끼치기 때문에 가능한 한 빨리 해소하는 것이 좋다.

부정정서는 사고의 폭을 축소시켜 행동반경에 제한을 주기도 하지만 건강과 관계에도 악영향을 미친다. 건강에 어떤 영향을 주는지 알아보자.

레드퍼드 윌리엄스Redford Williams 미국 듀크대 행동의학연구센터 교수는 "분노와 질병을 연결해주는 생물학적인 경로가 무척 다양하다"고 말했다. 최근 한 연구에 따르면 분노 수준이 높은 사람은 대사증후군에 걸릴 가능성이 크며, 혈당이 높아지고 인슐린 저항이 생긴다고 한다. 또한 혈액 내 지방이 많아지고 체중이 증가해 당뇨 발생 확률도 높아진다고 한다.

분노는 심혈관계질환의 주요 요인이 되기도 한다. 분노를 표출하면 교감신경계가 활성화되고 심혈관계 반응이 격렬해진다. 그래서 자주 분노하면 혈압이 상승하고 동맥벽이 손상을 입는다. 이것이 손상되면 인트로킨6가 분비되고 이는 간으로 가서 C반응세포를 분비시킨다. C반응세포는 심장질환의 주요 위험 요인이다. 따라서 오랫동안 자주 화를 내면 심장마비에 걸릴 가능성이 매우 커진다.

분노를 표출하지 않고 속으로 참아도 몸이 망가진다. 만성적으로 화를 참으면 암세포를 죽이는 NK세포의 활동이 억제된다. 화를 낼 때와 마찬가지로 동맥벽도 손상된다. 또한 지방을 많이 분비해 콜레스테롤 수치가 높아지고, 혈액 안 혈소판을 더 많이 응고시켜 동맥혈관이 막힐 위험이 크다. 결국 분노를 내부에 꼭꼭 가둬두면 그 감정이 자신을 서서히 병들어 죽게 만든다는 것이다.

분노가 건강에 악영향을 미친다는 연구 결과는 수없이 많다. 의과

대생 255명을 대상으로 노골적인 적대감을 측정하는 성격 검사를 실시한 결과 가장 화를 잘 내는 사람은 가장 적게 화를 내는 사람보다 의사 생활을 한 지 25년 후 심장질환에 걸릴 확률이 다섯 배나 높은 것으로 나타났다. 또한 나이 들어 심장마비에 걸릴 위험이 가장 높은 사람은 고함을 잘 치는 사람, 참을성 없는 사람, 쉽게 분노를 터뜨리는 사람인 것으로 밝혀졌다.

분노, 화, 적대감은 대인관계에도 치명적이다. 늘 상대에게 불만을 갖고 보복할 기회를 노리고 있기 때문에 조직에서 친밀한 협업 상호작용의 동기를 저하시킨다. 협업 상호작용 시 소통의 질을 저하시켜 팀워크를 저해하고 조직성과 향상에 악영향을 불러일으킨다.

이처럼 분노는 건강과 관계를 해치고 행복한 삶을 방해한다. 그렇다면 어떻게 해야 분노를 가라앉힐 수 있을까. 시간이 가고 세월이 흐른다고 분노가 가라앉지는 않는다. 분노를 해결하는 유일한 방법은 '용서' 뿐이다.

하지만 자신에게 깊은 상처를 준 사람을 용서하기란 쉽지 않다. 그럼에도 용서는 꼭 필요하다. 용서는 개인의 내적 변화뿐 아니라 관계 변화도 불러오기 때문이다. 그래서 용서는 가까운 사람들과의 관계를 회복시키고, 억울함과 화 같은 부정정서의 소용돌이에 휘말리는 것을 피할 수 있게 한다. 또한 용서는 부정정서를 긍정정서로 바꾸어주기 때문에 조직 내에서 긍정정서의 확장 및 구축 효과를 얻을 수 있다.

일터에서 회사나 팀, 상사, 동료에게 갖고 있는 분노, 화, 적대감, 보복, 불만 같은 부정정서를 털어내지 못하면 개인의 행복은 물론 긍정적인 조직문화를 만들거나 조직성과를 내기가 힘들다는 것이다. 이 같은 부정정서는 사람을 죽음으로 몰고 가기도 하지만 일터 역시 죽음의 일터로 몰고 갈 수 있다. 앞으로 행복한 직장생활을 위한 조직문화를 활성화하려면 일터에서도 용서라는 미덕이 필요하다. 용서는 자애와 자비다. 그래서 모든 종교에서도 용서를 강조한다.

우리는 분노, 화, 적대감, 보복, 불만 같은 너무 무거운 과거의 부정정서의 짐을 지고 간다. 용서란 과거는 과거대로 인정하는 한편 현재를 보듬고 미래를 향해 나아가는 것이다. 따라서 용서는 스스로 마음의 짐을 벗어버리는 방법이다. 증오, 분노, 앙갚음, 책망 따위에서 자유로워지지 못하면 자신을 스스로 괴롭히는 격이 된다. 해묵은 상처는 자기 자신을 과거에 얽어매는 쇠사슬이 돼 발길을 붙잡고 늘어진다.

용서를 베풀려면 마음이 너그러워져야 한다는 것은 잘못된 생각이다. 용서는 이를테면 마음의 경제학이다. 단 한 번만 지불함으로써 몇 해에 걸쳐 쌓이고 쌓인 마음의 고통을 말끔히 씻어낼 수 있는 비용이 바로 용서다. 이것은 금융투자에서 딱 한 번의 손실을 감수하는 것과 같다. 용서하기를 거부하는 행위는 지금까지 자신이 받은 수없이 많은 상처에 대한 피해를 고스란히 감내하겠다는 뜻이나 다름없다. 나아가 이자로 불어나는 부정적인 마음을 끝까지 지니고 살겠다는 태도다.

누군가 무심결에 저지른 일은 용서하기 쉽다. 특히 함께 지내온 아주 가까운 사람이라면 선뜻 용서할 수 있다. 하지만 작정하고 자신에게 피해를 입힌 사람을 과연 용서할 수 있을까. 사랑하고 아끼는 부모나 형제가 무심코 저지른 실수 때문에 입은 상처는 '옥에 티' 정도로 생각할 수 있지만, 의도적으로 되풀이해 상처를 준 사람을 정녕 용서할 수 있을까. 때론 정말 용서하기 힘든 것들이 있다. 굳게 믿었던 사람이 너무도 깊은 상처를 입혀 도저히 용서할 수 없다고 느껴질 때는 어떻게 해야 할까.

긍정심리학 교육과정 중 용서하기를 실습하는 시간이 있다. 대부분 처음부터 참여하지만 그중에는 참여를 안 하는 사람도 있다. 너무 상처가 깊어 가해자를 생각하면 분노가 폭발해 참여하지 못하는 것이다. 이들은 우리 아이를 죽이고, 우리 가정을 파탄내고, 내 인생을 망쳐놓은 사람을 어떻게 용서할 수 있겠느냐며 울분을 터뜨린다.

충분히 이해가 된다. 도저히 용서할 수 없는 사람을 용서하기란 정말 쉽지 않다. 그럼에도 용서해야 할 이유는 분명하다. 용서는 가해자를 위한 것이 아니라 자기 자신을 위한 것이기 때문이다. 용서하는 것이 자신을 해코지한 사람을 이롭게 하든 아니든 그것은 상관없다. 자신의 삶의 질만 생각하면 그만이다. 용서는 자기 자신을 확신하는 데서 비롯된다. 묵은 상처에서 벗어날 때 비로소 자기 삶의 무게가 가벼워진다.

분노하고 미워하는 마음을 10년, 20년 끌고 간다면 얼마나 고통스럽겠는가. 게다가 분노와 미움이란 쌓일수록 커지는 법이다. 용서하지 못하는 건 은행에 갚아야 할 이자가 늘어나는 것과 같다. 그래서 용서는 마음의 경제학이다. 이뿐만 아니라 쓰라린 과거의 기억을 떠올리면서 얼마나 많은 시간을 허비하고 있는가. 현재를 느끼고 미래를 기대하며 준비해야 할 시간을 빼앗기고 있는 것이다. 감정이라는 게 영원히 지속될 것 같지만 일정 기간이 지나면 되돌아간다. 어느 기간이 지나면 분명 평온함을 되찾을 수 있다. 중요한 건 당신이 절대 용서할 수 없다는 생각을 버리고 어렵겠지만 그래도 용서할 수 있다고 마음을 누그러뜨리는 것이다.

일반적으로 쉽게 용서하지 못하는 이유를 몇 가지 꼽아보면 다음과 같다. 첫째, 용서는 불공평하다고 생각하기 때문이다. 가해자에게 앙갚음할 동기를 약화시키고 또 다른 희생자를 예방하는 데 필요한 정당한 분노를 억제시킨다는 것이다. 둘째, 용서는 가해자에게 사랑을 베푸는 행위인데 피해자가 사랑의 결핍으로 사랑을 바라는 것처럼 비쳐지기 때문이다. 셋째, 복수는 정당하고 당연한 일인데도 용서는 그런 복수를 방해한다고 생각하기 때문이다.

그러나 용서는 고통을 완화시키거나 심지어 긍정적인 기억으로 전환시키기도 해서 마침내 더 큰 생활만족도를 얻게 한다. 용서하지 않는다고 해서 그 자체가 가해자에게 복수를 하는 것도 아니며, 용서할 경우에는 자기 자신을 과거의 고통에서 해방시키기 때문이다.

용서에 이르는 길REACH

"어머니가 살해됐어요. 카펫도 벽도 온통 피범벅이에요."

1996년 새해 아침 '용서란 무엇인가?'에 대해 써온 심리학자 에버렛 워딩턴Everett Worthington 박사는 동생 마이크로부터 이런 전화를 받고 얼굴이 새파랗게 질렸다. 허둥지둥 녹스빌 본가에 도착한 박사는 자신의 노모가 쇠막대기와 야구방망이에 맞아 돌아가셨다는 걸 알게 됐다. 어머니의 음부에는 술병이 꽂혀 있었고 집 안은 난장판이 돼 있었다. 그가 그토록 용서라는 화두에 매달렸던 것이 근원을 알 수 없는 영감 때문이었던가. 셀리그만은 이 용서의 대가가 갈고닦아 정립한 '용서에 이르는 길'은 마치 숭고한 도덕 교육의 본향에서 캐낸 토산물 같다고 말했다.

정말 용서를 하고 싶은데 뜻대로 되지 않는 사람도 있을 것이다. 정말 잊기 힘든 기억을 잊거나 용서하기 힘든 누군가를 용서하고 싶다면 다음의 방법이 도움이 될 것이다. 워딩턴 박사는 쉽지도 않고 단숨에 하기도 힘들지만 용서에 이르는 길을 5단계로 나누어 설명하는데 이것을 '리치REACH'라고 부른다.

RRecall: **받은 상처를 돌이켜 생각하자** 상처를 치유하고 용서하려면 먼저 당신이 받은 상처를 현실로 불러내야 한다. 아프고 쓰라리겠지만 가능한 한 객관적인 자세를 취해야 한다. 당신에게 상처를 준 사람을 나쁜 사람이라거나 악한으로 생각해서도, 자기 연민에 휩싸여서도 안 된다. 천천히 마음을 가라앉히고 그때의 사건을 되짚어보자.

EEmpathize: **감정이입을 하자** 당신에게 상처를 준 그 사람은 대체 왜 그랬다고 생각하는가. 그 이유가 무엇인지 상대방의 입장을 헤아려보려고 노력해보자. 상대방에게도 나름 이유가 있었을 것이다. 쉽지는 않겠지만 해명할 기회를 줬을 때 상대방이 할 법한 이야기를 생각해보자. 어쩌면 공포에 질려 있었거나 심각한 불안에 휩싸여 스스로 통제하지 못했을 수도 있다. 다음의 설명을 참고하면 도움이 될 것이다.

- 가해자는 자신의 생존이 위협당한다고 느낄 때 무고한 사람을 해칠 것이다.
- 남을 공격하는 사람은 대개 그 자신이 공포, 불안, 고통에 휩싸여 있기 십상이다.
- 사람들은 자신의 본성 때문이 아니라 어쩔 수 없는 상황에서 남을 해치는 경우가 있다.
- 사람들은 대개 다른 사람을 해칠 때는 제정신이 아니다. 그 때문에 마구잡이로 폭력을 휘두른다.

대부분의 사람은 피해를 당하면 모든 책임을 가해자에게 귀인시킨다. 한번 입장을 바꿔 생각해보자. '나에겐 책임이 없는가?' 하고 말이다. 10년 전 대학생일 때 남자친구에게 성폭행을 당한 여성이 지금까지 그에 대한 분노를 지니고 있다 심리증상을 일으켜 심리상담을 받았다. 감정이입을 통해 그 당시를 자세하게 묘사하게 했다. 상담이 진행되면서 자신이 원인 제공을 했다는 사실을 발견했다. 자신이 먼저 키스를 하고 만졌다는 것이다.

AAltruistic Gift: 용서는 이타적 선물임을 기억하자 다른 누군가에게 용서를 받은 경험이 있는가. 그때를 떠올려보자. 용서를 받았을 때 어떤 기분이 들었는가. 용서를 받지 못했다면 평생 괴로워했을 수도 있지 않았겠는가. 그래서 용서는 당신이 그 사람한테 받은 일종의 선물이나 마찬가지다. 그런 마음으로 당신에게 상처와 모욕을 준 그 사람을 용서해보

자. 당신에게 줄 수 있는 최고의 선물이기도 하다. 그러나 용서하는 것은 이기심의 발로가 아니다. 오히려 용서라는 선물은 피해자가 가해자에게 베푸는 것이다. 용서가 진정한 선물이 되려면 스스로 마음의 상처와 원한을 극복할 수 있다고 다짐해야 한다. 선물을 주면서도 원망을 떨쳐내지 못하면 자유를 얻지 못할 테니 말이다.

C_{Commit}: **공개적으로 용서를 밝히자** 당신이 용서했다는 사실을 다른 사람에게 알려보자. 상대방에게 용서하는 편지를 쓰거나 일기, 시, 외침으로 용서를 표현할 수도 있다. 아니면 당신이 친구에게 한 용서에 대해 털어놓자. 이렇게 하면 당신의 마음을 지키는 데 도움을 받을 수 있을 것이다.

나는 실습 시간에 주로 내면 깊이 자리 잡고 있는 용서할 대상에 대한 분노, 원망, 저주의 감정을 진솔하게 끄집어내 이야기하도록 한다. 그다음 용서편지를 쓰게 한다. 자신이 원하는 대로 써도 되지만 몇 가지 기준에 맞추어 쓸 것을 권유한다. 먼저 용서편지를 쓰는 이유와 무엇에 분노하고 있는지를 구체적으로 쓴다. 그리고 가해자의 행동이 피해자에게 어떤 영향을 주었는지와 가해자의 입장과 행동을 이해하려 한다고 쓴다. 마지막으로 앞으로 계속되는 분노에 어떻게 대응할지와 용서하겠다는 내용을 쓴다. 가능하면 앞으로 모든 것이 원하는 대로 잘되길 바란다는 진솔된 마음을 전하도록 한다. 용서편지는 머리가 아닌 가슴으로 쓰는 것이 좋다. 편지는 가해자에게 보내지 말고 일정 기간 보관해두면서 가끔 읽어봐라. 그리고 가해자에 대한 부정적인 정서가 일어나지 않는다고 생각할 때 촛불에 태워버려라.

HHold**: 용서하는 마음을 굳게 지킨다** 용서가 어려운 것이 용서를 했다가도 그 사건에 대한 기억이 어느 순간 불쑥 되살아나곤 하기 때문이다. 용서란 원한을 말끔히 지워 없애는 게 아니라 기억 끝에 달려 있는 꼬리말을 긍정적으로 바꾸는 것이다. 거듭 말하지만 용서하지 않는다는 사실만으로 가해자에게 보복하는 것은 아니다. 원한을 곱씹으며 기억에 얽매이기보다 기억에서 헤어나기 위해 노력해야 한다. 직접 작성한 용서 편지를 읽으면서 "나는 용서했다"고 되뇌면 이 단계를 극복하기가 한결 쉬울 것이다.

Happiness Can Be Made

긍정도구 10

음미하기(브라이언트, 베로프)

잠깐 하던 일을 멈추고 현재 자신이 그릴 수 있는 모든 풍경을 음미해보자. 자신의 과거를 음미해보고, 자신의 현재를 음미해보고, 자신의 미래를 음미해보자. 옛 친구를 만나 즐겁게 그 시절을 돌아보며 대화를 나눠본 때는 언제였는가. 뜨거운 온천물에 몸을 담그고 편안하고 여유롭게 현재를 즐겨본 건 언제였는가. 먼 거리 맛집을 찾아가 맛있는 음식을 행복하게 먹었을 때는 언제였는가. 마지막으로 여행을 준비하거나 즐거운 모임을 기다리면서 흥분되고 설레는 기분을 느껴본 건 언제였는가. 기억이 까마득하다면 그만큼 숨 가쁘게 살아왔다는 이야기다. 즉 충분히 느낄 수 있는 행복을 놓치고 살아왔다는 것이다.

지금까지 살아오면서 가장 행복했던 순간을 떠올려보자. 열심히 노력해 대학 입시 합격자 발표를 듣던 순간, 첫 월급을 타서 당당히 부모님께 용돈을 드렸던 순간, 가족이나 친구 등과 멋진 여행을 갔던 순간, 사랑하는 사람과 결혼식을 올리던 순간, 아이가 처음 걸음마를 배우던 순간, 학부모가 되던 순간, 가장 가치 있게 성취한 순간……. 이렇게 행복했던 순간을 평소 얼마나 자주 회상하는가. 만약 신혼여행의 추억이 담긴 앨범을 자주 들춰보는 사람이라면 행복한 사람일 가능성이 높다. 인생의 소중한 장면이 담긴 사진을 냉장고에 붙여놓거나 스크랩북을 만들어 자주 회상하는 사람 역시 마찬가지다. 행복한 사람들은 자신에게 처한 부정정서를 잘 다스릴 뿐 아니라 긍정경험을 충분히 음미하면서 행복을 키워나간다.

음미하기 창시자인 브라이언트Bryant와 베로프Beroff 미국 로욜라대 교수가 음미하기와 관련해 실험을 한 적이 있다. 가장 행복했던 순간이나 좋은 경험을 음미하는 사람, 가장 행복했던 순간이나 좋은 경험을 떠올리되 그 기억과 관련된 기념품을 보면서 음미하는 사람, 아무 기억도 음미하지 않는 사람, 이렇게 세 집단으로 나눠 실험한 것이다.

실험에서는 기념품을 보면서 그때의 좋은 기억을 음미한 사람이 가장 행복해했다고 한다. 아무 기억도 음미하지 않는 사람에 비하면 월등한 행복을 느꼈다는 것이다. 지금 사무실 책상이나 집 안을 둘러보자. 책상 위에 친구들과의 졸업여행 사진이 놓여 있거나 지난 휴가여행에서 사 온 물건이나 바닷가에서 주워 온 돌멩이 같은 기념품이 보이는가. 그렇다면 좋은 경험을 충분히 음미하면서 행복을 느끼고 있는 것이다.

과도한 물질주의, 치열한 경쟁, 과정보다 결과만을 중시하는 사회, 속도와 미래지향성만을 중시하는 가치관이 우리 삶에 속속들이 스며들어 경제적 부유함과는 별개로 우리의 정신적 현재는 빈곤해졌다. 휴대전화에서 우주선에 이르기까지 현대 첨단기술은 대부분 더 빨리, 더 고급스럽게, 더 많은 일을 해내게 하는 것들이다. 끊임없는 시간 절약과 미래에 대한 설계 요구 때문에 우리는 현재라는 광대한 터전을 잃고 있다.

브라이언트와 베로프는 작은 농원을 만들고 이 농원을 현재라는 터전을 잃어버린 현대인이 현재를 발견하고 즐길 수 있도록 '음미하는 곳savoring'이라고 이름 지었다. 음미란 지금까지 의미를 부여하지 않았던 주변의 사람, 사물 등을 되새기고 새로운 의미를 부여해 즐기는 것을 말한다.

음미하기는 과거의 좋은 경험만 떠올리는 건 아니다. 평소 음식을 먹을 때 허겁지겁 먹는가, 아니면 충분히 맛과 향을 느끼면서 천천히 먹는가. 길을 걸을 때 무심히 걷는가, 아니면 주변을 자세히 살피면서 걷는가. 등산할 때 오로지 정상만 목표로 올라가는가, 아니면 나무와 계곡, 바람을 느끼면서 올라가는가. 멀리 떨어져 있는 부모나 자식의 편지를 대충 읽는가, 아니면 함께 있는 것처럼 다정하고 따뜻하게 읽는가. 저녁에 친구들과 모임이 있을 때 아무 느낌 없이 약속 장소에 나가는가, 아니면 설레고 흥분되는 기분으로 그 시간을 기다리는가.

만약 후자를 택했다면 이미 생활 속에서 충분히 음미하면서 살아가고 있는 것이다. 이렇게 음미하기는 과거를 긍정적으로 돌아보고, 현재를 충분히 즐기며, 미래를 기대하는 모든 걸 말한다. 당신의 과거, 현재, 미래의 긍정정서를 모두 높여줄 수 있는 방법이다. 이렇게 했을 때 당신의 인생이 얼마나 풍요롭고 풍부해지겠는가. 당신이 음미하는 순간 하찮고 보잘것없게 여겨지던 모든 게 의미 있는 것으로 다가오게 된다.

나는 '음미하는 곳'에서 브라이언트와 학생들이 오감을 총동원해 걷고 있는 모습을 떠올리는 것만으로도 행복해진다. 눈으로 보고, 귀로 듣고, 입으로 맛보고, 코로 냄새 맡고, 피부로 감촉을 느낀다는 건 그 자체로 살아 있음을 느끼는 일이다. 음미하기란 지금까지 당신이 무관심하게 스쳐 지나갔던 모든 것에 관심을 기울이는 것이다. 행복은 자신에게만 모든 관심을 쏟는 게 아니다. 세상에 관심을 갖고 더 깊은 눈을 지니게 될 때 자신의 행복도 더욱 커지는 것이다.

브라이언트와 베로프에게 음미한다는 것은 곧 즐거움을 발견하고 만족을 느끼는 찰나를 포착하려는 의식적인 노력이다. 브라이언트가 산을 오르다 틈틈이 쉬면서 음미하는 예를 살펴보자.

> 나는 차가운 공기를 깊이 들이마셨다 천천히 내쉰다. 그때 어디선가 코를 찌르는 냄새가 풍겨 이리저리 둘러보니 내가 딛고 선 바위 틈새에서 자라고 있는, 하늘거리는 라벤더 한 송이가 눈에 들어온다. 나는 눈을 지그시 감고 저 아래 골짜기에서 불어오는 바람 소리를 듣는다. 높다란 바위에 걸터앉아 온몸으로 따뜻한 햇살을 받으며 황홀경에 빠져보기도 한다. 그리고 이 순간을 영원히 추억할 작은 돌멩이 하나를 주워 온다. 까칠까칠한 것이 사포 같다. 문득 돌멩이의 냄새를 맡아보고 싶은 이상한 충동에 사로잡혀 코

를 킁킁거린다. 케케묵은 냄새가 물씬 풍기는 것이 아득히 먼 옛날을 떠올리게 한다. 아마도 이 땅이 생긴 이래 그 자리를 죽 지켜왔으리라.

음미하기의 5가지 방법

평소 음미하기가 익숙하지 않은 사람이라면 다음의 방법을 시도해보자. 이 5가지는 브라이언트와 베로프가 대학생 수천 명을 대상으로 실험한 결과 알아낸, 음미하기를 증진시키는 방법이다. 이들 방법을 이용해 당신에게 일어난 좋은 일을 더 자주 음미해보자. 그러면 이전보다 한층 행복하고 풍요로운 인생이 느껴질 것이다.

첫 번째 음미하기: 공유하자 경험을 함께 나눌 수 있는 사람을 찾아 그 순간을 얼마나 소중하게 여기는지 들려주자. 기쁨은 나누면 배가된다. 친구와 만나면 텔레비전 프로그램 이야기만 하는가. 이제 당신의 좋은 경험을 들려주자. 그러면 당신은 더 행복해지고 친구와의 관계도 친밀해질 것이다. 이렇게 공유하기는 다른 사람의 사회적 지지를 통해 자신의 긍정정서를 높인다.

두 번째 음미하기: 추억을 만들자 등산길에 작은 돌멩이를 주워 오거나, 휴대전화나 컴퓨터 바탕화면에 행복한 순간의 사진을 띄워놓거나, 책상에 친구들과 찍은 사진을 놓아두자. 휴대전화나 스크랩북, 앨범을 뒤적이면서 행복했던 순간을 떠올리는 것도 좋다. 기념품을 볼 때마다 행복했던 그때의 느낌이 되살아날 것이다. 추억 만들기는 긍정적

경험을 나중에 잘 회상할 수 있도록 노력을 기울이는 것이다.

세 번째 음미하기: 자축하자 좋은 일이 생기면 수줍어하거나 기쁨을 억제하지 말고 마음껏 기쁨을 누리자. 실적이 좋다거나 발표를 훌륭하게 해냈다면 그 일에 다른 사람들이 얼마나 깊은 인상을 받았는지 되새기고 결과를 위해 노력을 기울인 자신에게 칭찬하고 격려해주자. 자축하기는 자신에게 생긴 긍정적인 사건을 스스로 기뻐하고 축하해주는 것이다.

네 번째 음미하기: 집중하자 자신이 하는 일에만 집중하고 나머지는 완전히 차단한다. 수프를 만들어 먹을 때를 생각해보자. 잠시 딴 데 정신을 파는 사이 수프가 눌어붙는다. 실내음악을 들을 때도 오로지 음악에만 집중하기 위해 눈을 지그시 감아보자. 온전히 집중하지 못하면 다른 일에도 지장을 준다. 집중하기는 지금 하는 일에만 몰입하고 나머지는 완전히 차단하는 것이다.

다섯 번째 음미하기: 심취하자 자신이 하고 있는 일에 전념한 채 다른 것은 생각하지 말고 오로지 느끼기만 한다. 다른 일을 떠올리거나, 현재 자신의 일이 어떻게 진척될지 궁금해하거나, 더 좋은 방법을 궁리하느라 마음을 흩뜨리지 않도록 한다. 음미하기는 분석하기가 아니라 느끼는 것이다. 심취하기는 어떤 일을 하든 거기에만 전념해 기쁨을 최대화하는 것이다.

최근 다양한 TV 채널에서 맛있는 음식을 먹는 장면이 많이 나온다. 나는 이런 장면을 보면 그 맛있는 음식을 먹으면서 좀 더 음미하면 얼마나 좋을까 하는 생각에 늘 아쉬움이 남는다. 음미는 심미적 정서를 배양한다. 심미적 정서란 사물이나 자연을 발견해 관찰하고 상상하고 음미하면서 느끼는 것을 말한다. 이 정서는 자신을 풍요롭게 만들고 고상한 삶으로 변화시켜준다. 이제 방송 프로그램에서도 음미하며 먹는 장면이 나왔으면 좋겠다. "아 맛있다!" 하고 국물을 후루룩 마시거나 입이 찢어질 정도로 한입 집어넣는 것이 아니라 '음, 이 향기, 이 느낌, 이 맛, 이 색깔' 하며 즐기며 먹는 모습 말이다

긍정도구 11

자신감(자기 효능감) 키우기(우문식)

자신감이란 어떠한 것을 할 수 있다는 자신의 능력에 대한 믿음과 목표를 성공적으로 수행할 수 있다는 확신이다. 따라서 자신감이 강한 사람은 단순히 목표를 세우는 것에서 끝나는 것이 아니라 자신에게는 그 목표를 이루는 데 필요한 능력이 있고 달성하는 방법을 배울 수 있다고 믿는다. 또한 본인의 의지대로 인생을 살아가면서 스스로의 행동을 제어하고 자신의 운명을 개척할 능력이 있다고 생각한다. 자신감이 강한 사람은 어려움이 닥쳐도 의연하게 대처한다. 어려움을 어떻게든 피해야 하는 불가능하고 무시무시한 위협이 아니라 정복해야 할 도전 과제로 받아들인다. 설령 실패를 겪어도 신속한 회복력과 건전한 시각을 지니고 있기에 금방 일어서고 자신에게 문제가 있다며 스스로를 탓하지 않는다. 이런 사람들에게 미래는 늘 설레고 긍정적인 모습일 수밖에 없다.

자신감은 대부분 타고나는 것보다 자신이 성취한 크고 작은 성공의 경험을 통해 나타난다. 자신감을 잃는 것도 마찬가지로 크고 작은 실패의 경험이나 사건을 통해 나타난다.

자신감을 잃거나 무기력해질 때가 언제인가. 대부분 겪게 되는 예를 몇 가지 살펴보자. 첫째, 누군가에게 제안하거나 요구했는데 거절당할 때다. 이성 간 프러포즈, 좋은 아이디어, 어려운 상황에서 한 부탁 등을 상대방이 들어주지 않으면 무기력해진다. 둘째, 불인정이다. 상사에게든, 친구에게든, 가족에게든 능력이나 신뢰, 인격 등을 인정받지 못할 때다. 셋째, 상대적 결핍이다. 외모, 실력, 부富 같은 조건을 비교하며 상대적으로 결핍을 느낄 때다. 넷째, 기대나 확신을 갖고 시도하고 도전했는데 연속적으로 실패했을 때다.

이럴 때 나타나는 현상을 긍정심리학에선 무기력 학습이라고 한다. 실패를 하면서 대부분의 사람은 위 예 중 한두 가지는 경험하게 된다. 그리고 그 경험을 통해 아직도 무력감에 빠져 있는 사람도 있을 수 있다. 하지만 현재 자신감이 없고 무기력하다고 걱정하지 않아도 된다. 방법을 터득하고 노력하면 누구나 얼마든지 자신감을 키울 수 있기 때문이다. 다만 자신감을 키우려면 결단력과 집중력, 성실한 태도, 끈기, 스스로의 믿음에 대한 확신이 필요하다. 자신감을 키우는 것은 이해하기는 쉽지만 실행하기가 쉽지 않아서다. 다음의 방법을 이용하면 자신감을 키울 수 있을 것이다.

첫째, 역할모델을 만든다. 성취형 사람들은 대부분 성공한 이들의 전기를 열심히 읽는 것으로 알려졌다. 사회적으로 크게 성공한 사람도 훌륭한 역할모델이 될 수 있지만 주변 사람들 중 역할모델을 찾는 것도 중요하다. 멀리 있는 역할모델보다 늘 가까이서 보고 배울 수 있는 사람이 더 많은 도움이 되기 때문이다. 실제로 운동선수들 중 자신과 같은 목표를 이룬 다른 운동선수와 함께 훈련해 놀라울 정도로 발전하고 성공한 예가 많다.

둘째, 치어리더를 곁에 둔다. 항상 자신을 믿어주고 격려와 적절한 조언을 해줄 수 있는 사람, 신뢰해주는 사람이 곁에 있다면 스스로의 능력에 대한 믿음이 커지고 다른 상황에서라면 감히 시도하지 않았을 일에 위험을 무릅쓰고 도전하게 된다. 멘토나 코치, 경험 많은 연장자가 우리의 정서 발달에 영향을 끼치고 적절한 치어리더가 곁에 있을 때 큰 힘을 얻는 것도 바로 이런 이유에서다.

셋째, 스트레스를 적절히 관리한다. 자신감이 높지 않은 사람들은 우울한 기분과 신체적인 고통을 이유로 최선을 다하지 않는 경우가 많다. 스트레스나 신체 증상을 적절히 관리하는 법을 배우면 좀 더 긍정적인 기분으로 목표를 달성할 때까지 끈기 있게 노력할 수 있다. 평소 긍정경험을 많이 하고 감사일기, 좋은 하루 만들기, 음미하기 같은 긍정도구를 일상에서 실천하면 큰 도움이 될 것이다. 긍정정서는 면역력 강화와 함께 회복력을 키워주기 때문에 심리적 고통을 완화시키고 활력을 되찾을 수 있게 해준다.

넷째, 성취경험을 해본다. 자신감을 키우는 데 성공한 경험만큼 효과적인 것도 드물다. 자신을 진정으로 믿을 수 있도록 하기 위해 직접 성취경험을 해보는 것이다. 내가 존경하는 분 중 한 명은 사회에 적응하지 못하는 청소년을 위한 대안학교와 찾아가는 상담소 등을 운영하는 최연수 목사님이다. 이 분의 지론은 청소년에게 성취경험을 시켜주는 것이라고 한다. 요즘 청소년은 도전정신이 너무 부족하고 나약하다는 것이다. 그래서 조그만 성취라도 경험할 수 있도록 긍정심리학을 배우고 긍정심리 기반으로 다양한 성취 프로그램을 운영하고 있다. 성취는 꼭 큰 것이 아니어도 괜찮다. 작더라도 성취했다는 그 자체의 경험이 중요하다. 하나의 큰 목표를 세운 후 여러 개의 작은 조각으로 나누어 그것을 하나씩 달성하면서 성취경험을 하는 것이 중요하다

다섯째, 지속적으로 학습한다. '앎'만큼 자신감을 키워주는 것도 없다. 앎이란 책이나 교육을 통한 지속적인 학습으로 이루어진다.

나의 사례를 하나 소개하겠다. 2005년 나는 개인 자격으로 우리나라 최초로 빌 클린턴 전 미국 대통령을 초청해 김영삼, 김대중 전 대통령과 정계·재계·학계 인사, 외교 사절 등 800명이 참석한 가운데 『빌 클린턴의 마이 라이프』 출판기념회를 열었다. 내가 운영하는 출판사에서 국내 번역, 출간했기 때문이다.

큰 행사를 성공적으로 치른 후 바오로 2세Paulus II 등 세계 유명 인사의 책을 많은 계약금을 주고 출간했다. 그런데 기대한 만큼 성과를 내지 못했다. 연이은 실패에 출판사는 위기를 겪게 됐다. 나 또한 자신감을 잃고 무기력증에 빠졌다. 이때 고향 후배가 오랜 역사를 갖고 있는 한 교육 프로그램을 추천했다. 교육비용도 부담됐지만 늘 쫓기는 상태

라서 마음의 여유가 없었기에 썩 내키지 않았다. 그렇지만 신뢰하는 후배였기에 큰맘먹고 교육에 참여했다. 약 3개월 동안 진행됐는데 그 교육이 무기력한 나를 자신감 넘치는 나로 만들어주었다. 배움은 정직하다. 절대로 배신하지 않기 때문이다.

여섯째, 성격강점을 찾는다. 성격강점은 성격적·심리적으로 나타나는 긍정특성이다. 성격강점 검사를 책으로 해보면 9~10점이 나오는 강점이 대부분 3~7가지가 된다. 그중 대표 강점 특징과 가장 잘 맞는 강점이 자신의 대표 강점이다. 인터넷으로 검사할 때도 가장 점수가 많이 나오는 강점 7가지를 상위 강점이라고 하는데 그중 대표 강점 특징과 가장 잘 맞는 강점이 자신의 대표 강점이다. 대표 강점은 대체로 5가지다. 이 대표 강점들이 자신의 정체성이다.

당신은 자신에 대해 무엇을, 얼마나 알고 있는가. 자신에 대해 모르고 확신이 없으니까 미래가 불안하고 초조해지는 것이다. 대표 강점은 당신의 소유물이다. 시간과 환경이 바뀌어도 지속적으로 나타내려는 특성이 있기 때문에 대부분 평생 함께 있어준다. 이 같은 대표 강점을 소유한다고 했을 때 미래에 대한 두려움보다 자신감이 솟아나게 된다.

일곱째, 낙관적인 설명양식을 사용한다. 낙관성 학습의 설명양식은 사건이 일어난 이유를 스스로에게 습관적으로 설명하는 방식이다. 설명양식에는 비관적인 설명양식과 낙관적인 설명양식이 있다. 낙관적인 설명양식은 비관적인 사람을 낙관적으로, 무기력한 사람을 자신감 넘치는 사람으로 만들어준다. 무기력한 사람들은 비관적인 설명양식을 갖고 있다. 대부분의 사람이 자신을 낙관적이라고 생각한다. 낙관성은 무조건 긍정이나 막연한 낙관이 아니다. 사고의 정확한 원인을 찾는 것이다. 낙관적인 설명양식이 그 역할을 통해 비관적인 습관을 낙관적으로 바꾸어 자신감을 키워준다.

긍정도구 12

부정정서 낮추기(바버라 프레드릭슨)

이 책은 행복을 만들어가는 방법을 알려주는 책이다. 행복을 만들려면 긍정정서가 필요하다. 그런데 왜 부정정서를 다룰까. 상대적이기도 하지만 부정정서를 줄이는 것이 긍정정서를 높이는 가장 빠르고 효과적인 방법이기 때문이다. 긍정심리학의 목표는 부정정서를 줄이는 것이지, 완전히 없애는 것이 아니다. 부정정서가 유용할 때도 있기 때문이다. 예를 들어 누군가의 죽음에 슬퍼하고, 불의와 싸우기 위해 분노하며, 자신이나 자녀에게 해를 입힐지 모르는 것에 두려움을 갖는 것은 도움이 된다. 이 같은 부정정서는 우리를 현실을 직시하게 하고 정직성을 유지할 수 있게 해준다. 따라서 긍정심리학의 진정한 목표는 부적절하거나 무익한 부정정서를 줄이는 것이다.

긍정심리학자이며 긍정정서의 확장 및 구축 이론 창시자인 프레드릭슨은 무익한 부정정서를 줄이기 위한 수많은 기술을 축적하고 검증해 왔다. 프레드릭슨의 부정정서를 줄이는 몇 가지 기술을 소개한다.

첫째, 부정사고를 반박하라. 부정사고를 반박하면 부정정서의 싹을 잘라버릴 수 있다. 부정사고를 반박할 때 우리는 약간의 실망과 희망이 뒤섞인 느낌을 받는다. 그 반박에 실패하면 실망에 빠지게 되며 그것은 순식간에 불안과 절망, 수치심, 공포심 등으로 자라난다. 이렇게 무성하게 자란 부정정서 속에는 희망이나 긍정정서가 생겨날 공간이 없다. 부정정서 속에 꼭꼭 갇혀버리고 마는 것이다.

그렇다면 부정사고에 대한 반박에 성공하려면 어떻게 해야 할까. 왜곡된 부정사고를 반박하는 법을 배우는 것이 중요하다. 이 기술은 인지행동치료의 핵심이기도 하다. 꼭 정신질환을 가진 환자들만 이 기술의 혜택을 볼 수 있는 것은 아니다. 누구나 이 기술을 사용해 사실을 견지하면서 부정정서가 다가오지 못하게 할 수 있다. 이 왜곡된 부정사고 반박 방법은 긍정도구 24 '무기력 극복하기'의 ABCDE 반박하기와 같다.

둘째, 반추의 손아귀를 뿌리쳐라. 우리 머릿속에서는 종종 혼란을 빚는다. 배우자와 싸웠다든가 하는 뭔가 좋지 않은 일이 생기면 그 일을 자꾸만 되뇌게 된다. '나한테 이기적이라고 한 건 무슨 뜻일까?' '내가 정말로 이기적인가?' '이러다 이혼하게 되는 건 아닌지 몰라' '난 혼자 살아야 될 운명일까?' '남편 말이 맞으면 어쩌지?' '어쩌면 그는 더는 나를 사랑하지 않는지도 몰라' '내가 정말로 그렇게 애교가 없나?' 하는 생각이 꼬리에 꼬리를 물기 때문이다.

학자들은 이런 사고양식을 '반추反芻'라고 부른다. 반추는 부정사고와 부정정서를 계속해서 되뇔 때 일어난다. 조그만 걱정을 반추하다 보면 그 걱정이 불안발작으로 확대된다. 약간의 슬픔에 반추를 더하면 우울증으로 악화된다. 분노에 대해서도 마찬가지다. 내면적으로 경험한 좌절과 분노, 격노가 반추의 부추김으로 신체적 폭력이나 언어적 폭력으로 비화되기도 한다. 반추는 순수한 부정정서의 누룩에 의해 무익한 부정정서로 커다랗게 부풀려져 우리 머릿속을 가득 메운다.

이처럼 반추는 좀처럼 긍정정서에 공간을 허용하지 않는다. 부정사고를 반박할 수 있도록 내버려두지 않는다는 것이다. 그래서 당신이 처한 상황의 진실을 파악하려면 또렷한 시야가 요구된다. 당신이 맞닥뜨린 상황을 객관적으로 생각하기 위해서는 먼저 내리막길로 미끄러지기를 멈추고 반추의 손아귀를 뿌리쳐야 한다. 다행히도 그럴 수 있는 과학적으로 검증된 방법이 있다. 바로 인식이다. 반추의 해로운 사이클이 시작될 때 그것을 알아볼 수 있는 능력이 필요하다. 또 끊임없는 생각의 되새김질이 아무런 이득도 가져다주지 못한다는 것을 깨달을 필요가 있다. 그제야 비로소 완전히 다른 무언가 하기를 선택할 수 있기 때문이다.

셋째, 부정정서의 지뢰를 제거하라. 평상시 하루 일과를 돌아보자. 그리고 어떤 상황이 부정정서를 가장 많이 유발시키는지 스스로에게 질문해보자. 그렇게 함으로써 부정정서의 지뢰를 찾을 수 있다. 그때가 출퇴근시간인가, 식사시간인가, 아니면 특정 가족 구성원이나 직장 동료와 함께할 때인가. 지뢰를 찾았다면 다시 자신에게 물어보자. 그것이 필요한 부정정서인가, 무익한 부정정서인가, 아니면 둘 다인가.

상황을 면밀하게 검토하라. 그리고 또렷한 시각으로 바라보도록 주의하라. 그래야 필요한 부정정서와 불필요한 부정정서를 구분할 수 있다. 필요한 부정정서는 사실을 있는 그대로 받아들이며 우리를 계속해서 앞으로 나아가게 한다. 소중한 사람을 잃었을 때 눈물이 나는 게 당연하다. 울음은 우리가 슬픔을 털고 일어서도록 하는 데 필요한 것인지도 모른다. 마찬가지로 잘못된 행동에 대해 죄책감을 느끼는 것은 교훈적인 경험이 될 수 있다. 이런 종류의 부정정서는 우리로 하여금 건강과 생산성을 유지하도록 도와준다.

반면 불필요한 부정정서에서는 얻을 게 아무것도 없다. 그것은 당면한 상황에 비해 엄청나게 크기 때문에 쉽게 눈에 띈다. 불필요한 부정정서는 과도하고 과다하며 전혀 비율에 맞지 않게 부풀려져 있어 보기 흉하다. 어쩌면 거기에는 우리 쪽의 자기중심적인 술책이나 생각 없는 언어적 공격 또는 자기 편달의 채찍질 소리가 반영된 것인지도 모른다.

무익한 부정정서를 목격하면 그런 활동이나 상황이 다시 반복될 가능성이 있는지 스스로에게 물어보라. 만약 그렇다면 그런 무익한 부정정서를 꼭 되풀이할 필요가 있는지 생각해보라. 어쩌면 아예 피할 수도 있을 것이다. 물론 부정정서를 유발하는 모든 상황을 다 피할 수 있는 것은 아니다. 출퇴근길하기나 세탁하기, 치과 가기 등이 그런 일들이다.

필요하다면 과도한 부정정서를 유발하는 상황의 의미를 바꿀 수도 있다. 33가지 긍정도구 중 무기력 극복하기가 그런 일을 한다. 그 도구들은 한 가지 의미를 다른 의미로 대체하도록 해준다. 당신의 경우 치과에 가는 것을 고통의 잔치로 볼 수도 있고, 불쾌한 경험을 이기는 도전이나 건강을 지키기 위해 필요한 하나의 수단으로 받아들일 수도 있다.

이런 식의 재해석은 불필요한 부정정서를 제거한다. 일상생활에서 반복적으로 발생하는 무익한 부정정서의 원천을 감지했다면, 어느 순간에 가장 먼저 긍정 의미를 부여할 필요가 있는지 알 것이다.

넷째, 자신의 대중매체 섭취를 평가하라. 매일 아침 당신이 받아보는 신문의 헤드라인은 긍정적인 제목인가, 부정적인 제목인가. 셀리그만이 1967년부터 2000년 초까지 미국에서 발행된 주요 신문 기사에 나오는 단어를 분석한 결과 압도적인 비중으로 등장한 단어가 '화'다. '걱정' '불안'이 그 뒤를 이었다. 최근 들어 '우울'이란 단어도 많이 등장하는 추세라고 한다. 반면 '기쁨'이나 '즐거움'이란 단어는 고작 410번밖에 등장하지 않았고, '행복'은 1710번, '삶의 만족'은 2580번 나왔을 뿐이다. 전체적인 비율을 보면 부정 단어 3개가 긍정 단어 3개보다 21배나 많았다고 한다. 왜 대중매체는 이렇게 부정적일까.

프레드릭슨은 '폭력적인 기사가 많을수록 시청률이 잘 나온다'는 말은 뉴스 보도국의 공공연한 비밀이라고 말한다. '부정정서가 관심을 붙잡고, 사람들의 이목을 끌며, 계속해서 보게 한다'는 것은 이미 학문적으로 입증된 사실이라는 것이다. 이 점을 마케팅 담당자들도 오래전부터 알고 있었기 때문에 부정정서는 줄곧 전면을 장식하고 있다.

신문과 방송 등 각종 언론매체에 의해 양산되는 부정정서는 종종 폭력성보다 포착하기가 쉽지 않다. 예를 들어 시각적 매체에서 표현하는 날씬함, 성적 능력, 아름다움, 인종에 대한 암묵적인 메시지를 생각해보라. 가족이나 친구, 학교나 직장보다 대중매체가 훨씬 많이 우리에게 무엇이 기대되며 무엇이 '표준'인가를 가르친다. 시청자는 자신이 표준에 부합하지 않는다는 느낌을 자주 받게 된다. 이것은 수치심을 일으켜 또래와의 교감을 저해할 수 있으며 그렇지 않다 하더라도 일상의 즐거움을 축소시킨다.

우리는 먹는 음식에 대해 하나의 문화로 생각하고 지대한 관심을 갖게 됐다. 불필요한 독소의 섭취를 원하지 않으면 유기농 식품을 구입한다. 건강에 해로운 지방을 피하고 싶으면 영양성분표를 참고한다. 그러나 대중매체의 해로운 메시지는 아무 생각 없이 섭취하고 있다. 무익한 부정정서 수치를 높이는 반복적인 활동이 있는지 검토하면서, 매체의 섭취 도중과 후에 어떤 느낌이 드는지 주의 깊게 관찰해보라. 당신이 느낀 모든 부정정서가 다 필요한 것이었는가. 일부는 불필요한 것이 아니었는가. 불필요한 부정정서라는 포화지방을 줄이기 위해 매체 섭취를 어떻게 변경할 수 있는가. 한 예로, 프레드릭슨이 찾아낸 해결책은 온라인으로 뉴스를 보는 것이라고 한다. 그렇게 하면 제목을 훑어보고 나서 무엇을 '먹을지' 선택할 수 있어서다. 매체 섭취에는 양면성이 있다. 우리에게 정보와 즐거움을 주기도 하지만, 종종 긍정정서 비율을 떨어뜨리는 대가를 치르게 하기도 한다.

다섯째, 부정적인 사람들에게 슬기롭게 대처하라. 누군가 매일같이 당신 앞에 나타나 쓸데없이 부정적인 이야기를 늘어놓는다면 어떨까. 그 사람은 매사 불만이 많은 옆자리의 직장 동료일 수도 있고, 걸핏하면 화를 폭발시키곤 하는 직장 상사일 수도 있다. 아니면 배우자가 당신의 기분에 찬물을 끼얹는 데 한몫하는지도 모른다.

프레드릭슨은 이렇게 부정적인 사람들을 어떻게 대해야 하느냐는 질문을 수없이 받는다고 한다. 그럴 때 그녀는 어떤 상황에서든 불필요한 부정정서를 억제할 수 있는 3가지 기본적인 방법 중 하나를 택하라고 말한다. 그 3가지 방법은 사회적 상황을 변경하는 것, 상황에 다른 각도로 접근하는 것, 상황의 의미를 바꾸는 것이다. 부정적인 사람들과의 접촉을 피하는 것도 가능하겠지만, 그것은 가장 마지막에 취할 방법이다. 이들 방법으로는 자신에게 내재된 변화의 능력을 충분히 이끌어낼 수 있기 때문이다.

프레드릭슨은 학자들을 위한 7일간의 명상회에 참여했을 때 커다란 교훈을 얻었다고 한다. 스승들은 참가자들에게 명상 장소에 제시간에 와서 공식적으로 집단 수행이 끝날 때까지 자리를 뜨거나 해 다른 사람을 방해하는 일이 없도록 하라고 거듭 당부했다. 그런데도 프레드릭슨 옆자리의 남자는 명상 시간마다 매번 10분 정도 늦게 올 뿐 아니라 제멋대로 중간에 나가버리는 바람에 주변 사람들의 달콤한 수행을 방해하곤 했다.

주 중반에 스승 중 한 명이 이 문제를 직접적으로 거론했다. 그 스승은 먼저 우리가 느끼는 분노를 마음으로 받아들이라고 했다. "분노는 상대방에게 그렇게 행동하지 말라고 고함치고 싶은 충동을 일으킵니다. 욕을 해대고 싶게 만듭니다." 하지만 스승은 그러는 대신 화가 나는 상황에서 아무 판단도 하지 않고 아무 반응도 보이지 않는 연습을 할 기회를 준 것에 대해 늦게 오고 중간에 자리를 뜬 사람에게 속으로 감사하라고 권유했다. 감사하는 마음이 연민을 일으키고 평온을 되찾아 줄 거라는 말이었다.

프레드릭슨은 이 단순한 방법이 얼마나 효과적인지 깨닫고 크게 놀랐다고 한다. 매번 시도할 때마다 그 방법은 짜증스러움을 잠재우고 미소를 떠올리게 해주었다는 것이다.

긍정정서의 가치는 긍정정서의 양이 부정정서의 양에 비해 상대적으로 얼마나 많으냐에 따라 좌우된다. 또한 부정정서가 긍정정서보다 더 강하게 느껴진다는 '부정편향' 역시 부정정서를 줄이려는 노력이 보다 빠른 효과를 가져다줄 수 있음을 입증한다. 같은 양일 때 나쁜 것이 좋은 것보다 더 영향력이 강하기 때문이다. 어쩌면 생각보다 우리의 긍정정서 비율은 부정정서의 일일 섭취량에 의해 더 많이 좌우되는지도 모른다. 이 도구를 통해 부정정서를 낮추는 방법을 실천해 긍정정서를 키우길 바란다.

긍정도구 13
몰입 경험하기(미하이 칙센트미하이)

칙센트미하이는 사람들의 즐거움으로 2가지를 꼽았다. 하나는 육체적 즐거움이다. 평균적으로 사람들은 가장 행복한 시간으로 식사시간을 꼽는다. 성관계도 식사 못지않게 큰 즐거움으로 꼽는다. 하지만 이 같은 육체적인 즐거움은 오래 지속시키기 어렵다. 질리는 것이다. 칙센트미하이는 육체적 즐거움보다 더 큰 즐거움을 지속적으로 줄 수 있는 것을 발견했다. 바로 몰입한 상태다.

몰입flow은 어떤 활동에 깊이 빠져 시간이나 공간, 타인의 존재, 심지어 자신에 대한 생각까지도 잊는 심리 상태로 현재 하고 있는 일에 심취한 무아지경 상태를 말한다. 칙센트미하이는 자신의 사촌형의 사례를 들어 몰입에 대해 이야기한다.

"얼마 전 부다페스트에 있는 이복형님을 찾아갔거든요. 형님은 정년 퇴임한 후 일삼아 광물을 관찰하지요. 그런데 형님이 이런 말씀을 하시더군요. 며칠 전 아침을 먹고 나서 수정을 꺼내 현미경으로 살펴보고 있는데, 내부 구조가 갈수록 어두워 보이기에 구름이 해를 가린 모양이라고 생각했다고요. 그래서 고개를 들어 하늘을 보니 벌써 날이 저물어 있었다고 하더군요."

칙센트미하이는 몰입을 체계화하기 위해 전 세계 각계각층의 남녀노소 수천 명을 인터뷰하면서 이런 질문을 던졌다. "삶에서 가장 큰 만족을 얻었을 때는 언제이고, 그때의 기분은 어떠했나요?"

오토바이 500대와 함께 움직이는 일본 교토의 10대 오토바이족은 다음과 같이 대답했다. "우리가 오토바이를 몰 때 처음에는 완전히 난장판이에요. 그러다 순조롭게 달리기 시작하면 공감대가 형성돼요. 그때부터 속도를 최대로 높이기 시작하는데, 지상 최고의 황홀경에 빠지게 되죠."

한 발레리나의 대답도 비슷했다. "모든 것이 내 뜻대로 잘되면 무아지경에 빠져 온몸이 땀범벅이 될 정도로 혼신의 힘을 다하게 돼요."

10대 오토바이족이나 발레리나 외에도 명상가, 체스 선수, 공장 근로자, 암벽 등반가도 마찬가지였다. 자기가 좋아하는 일에 열정적으로 몰입할 때 가장 큰 만족을 얻었다고 대답한 것이다. 우리는 종종 어떤 일에 집중해 '시간 가는 줄 몰랐다' '그 일에 완전히 빠졌다' '전혀 자각하지 못했다' 등의 반응을 보인다. 그것이 바로 몰입의 순간이다.

몰입은 쉽게 말해 운동선수가 말하는 몰아일체, 신비주의자가 말하는 무아지경, 예술가가 말하는 미적 황홀경과 일치한다. 몰입은 '마치 하늘을 자유롭게 날아가는 느낌' '잔잔하게 물이 흐르는 것처럼 편안한 느낌'으로 아무런 갈등과 고민 없이 정신력이 하나로 모아지는 순간이라고 할 수 있다. 그래서 칙센트미하이는 세상에서 삶을 가장 만족스럽고 훌륭하게 가꿔주는 건 몰입이라고 결론내렸다.

일하는 동안 누릴 수 있는 가장 큰 행복은 몰입이다. 몰입해 일하면 몸도 마음도 즐겁고 시간 가는 줄도 모른다. 마치 화살처럼 시간이 빨리 지나가 금방 점심시간이 되고 금방 퇴근시간이 된다. 그렇다면 일에서 몰입을 경험하려면 어떻게 해야 할까. 몰입을 경험하려면 몇 가지 조건이 필요하다.

첫째, 명확한 목표다. 현재 하고 있는 일이 불분명하거나 오랜 기간이 소요되는 일이라면 몰입이 잘 이루어지지 않는다. 명확하고 짧은 시간 안에 결과를 만들어낼 수 있는 일이 몰입이 잘 되는 것이다. 직장에서 몰입이 잘 되는 이유는 조직마다 규칙이 있고 분명한 목표가 있기 때문이다.

둘째, 즉각적인 피드백이다. 내가 하는 일을 왜 하는지, 언제까지 해야 하는지, 어떠한 결과를 창출할 것인지 등 분명한 목표가 없고 그 일에 대한 즉각적이고 적절한 피드백이 없다면 계속해서 몰입하기가 어렵다. 스포츠, 오락게임에 몰입이 잘 되는 것은 재미도 있지만 그때그때마다 즉각적인 피드백이 있기 때문이다.

셋째, 과제와 능력 사이의 균형이다. 어떤 과제가 주어졌을 때 너무 어렵거나 쉬우면 몰입경험이 잘 일어나지 않는다. 능력은 없는데 과제

수준이 높을 때, 능력은 뛰어난데 과제 수준이 낮을 때는 몰입경험이 일어나지 않는다. 최고의 몰입은 높은 과제 수준과 높은 능력이 결합했을 때 경험할 수 있다. 그래서 자녀 교육이든 조직 교육이든 이 과제와 능력 사이의 균형을 맞추어주는 것이 중요하다.

넷째, 집중력이다. 집중력을 키우려면 자신의 대표 강점을 일상에서 발휘해 자신이 하는 일에 흥미를 유발시키고, 분명한 목표와 즉각적인 피드백이 가능한 기회를 자주 포착하도록 하는 것이 중요하다. 그렇게 하면 그 일에 흠뻑 매료돼 몰입을 경험하게 된다.

암벽 등반, 춤, 체스 등의 활동을 할 때 우리가 쉽게 몰입할 수 있는 이유는 이 같은 활동에 목표가 분명하고, 피드백을 제공하며, 규칙이 있고, 기술이 필요하고, 쉽게 통제가 가능하기 때문이다.

다음은 일에 집중하고 몰입할 수 있는 간단한 방법이다.

먼저 1분간 숨 참기다. 의자에 편안하게 앉아 상체를 바로 세워보자. 그 자세로 숨을 길게 들이마신 후 서서히 내쉬면서 가장 편안한 시점에서 호흡을 멈추는 것이다. 숨을 참을 수 있을 만큼 참아보자. 처음에는 30초도 힘들겠지만 점차 익숙해지면 2분도 충분히 참을 수 있다. 이렇게 1분 정도 숨을 참으면 걱정과 스트레스가 해소되고 복잡한 문제들이 사라지면서 머리가 맑아진다. 컴퓨터 바탕화면에 복잡하고 산만하게 깔려 있던 폴더가 정리된 것 같을 것이다.

그다음 5분간 숨 관찰하기다. 의자에 편안하게 앉아서 바른 자세를 유지한다. 그리고 숨을 들이마시고 내쉬기를 반복한다. 코로 숨을 들이마시고, 입으로 길게 내쉬면 된다. 이때 입술에 얹힌 깃털을 떼어낸다는 생각으로 천천히 내쉬어보자. 숨을 들이마실 때는 '숨이 들어가는구나' 생각하고, 숨을 내쉴 때는 '숨이 나가는구나' 생각하면서 숨 그 자체를 관찰하는 것이다. 익숙해지면 10분으로 늘려보자. 처음에는 많은 생각이 떠오르겠지만 집중해 숨을 관찰할수록 잡념이 사라지고 편안해지면서 몰입 효과가 나타난다. 숨을 의식하는 순간, 더 깊게 들이마셨기 때문이다.

Happiness Can Be Made

긍정도구 14
성격(인성)강점 찾기(마틴 셀리그만)

성격(인성)강점이란 무엇일까. 사람은 저마다 성격특질을 갖고 있다. 인도 콜카타에서 평생을 가난하고 병든 사람들을 위해 봉사하며 살았던 마더 테레사Mother Teresa 수녀와 제2차 세계대전을 승리로 이끌며 영국의 국민적 영웅이 된 윈스턴 처칠Winston Churchill 총리의 성격특질은 다르다. 테레사 수녀가 친절과 사랑, 영성, 정직 등의 성격특성이 강했다면, 처칠 총리는 리더십과 열정, 용감성 등의 성격특성이 강했다고 할 수 있다.

또 우리가 천재 발명가로 부르는 에디슨Edison이나 인류 최초로 비행기를 만들어 하늘을 날았던 라이트 형제Wright Brothers, 애플 신화를 창조한 스티브 잡스Steve Jobs는 창의성과 호기심, 끈기, 학구열이 뛰어났다고 볼 수 있다. 우리나라의 반도체와 자동차 신화를 각각 이룬 이병철 삼성그룹 창업자는 예견력과 창의성이, 정주영 현대그룹 창업자는 용감성과 열정이 남달랐다.

이렇게 사람마다 지닌 성격특성은 다 다르다. 하다못해 동일한 유전자를 물려받은 형제자매도 과연 한 배 속에서 나온 사람인지 의심스러울 정도로 판이한 경우도 많다.

이 같은 특성은 꼭 좋은 것만 있는 것은 아니다. 긍정특성이 있는가 하면 부정특성도 있다. 또한 특성은 한 가지가 아니라 여러 가지일 수 있는데, 성격강점이란 다양한 성격적·심리적 특성 가운데 특히 두드러지는 긍정특성을 의미한다. 이 특성은 자신이 가장 좋아하고 잘하는 것이기도 하다.

성격강점은 세계에 두루 퍼져 있는 6가지 미덕과 그 아래 24가지 실천도구를 말한다. '6가지 미덕'이란 시대와 문화를 막론하고 철학가와 종교사상가들이 인정한 중요한 핵심 가치인 지혜와 지식, 용기, 사랑과 인간애, 정의감, 절제력, 영성과 초월성을 말한다. 이 6가지는 저마다 그 미덕을 함양하는 확실한 방법이 있다. 그 실천 방법으로 만들어진 것이 '24가지 강점'이다.

예를 들어 절제력이라는 미덕은 자기 통제력, 신중함, 겸손이라는 강점을 발휘해 함양시킬 수 있다. 자기 통제력이 뛰어난 사람이 유혹을 참아내고 자신을 절제할 수 있다. 추상적인 미덕과 달리 강점은 과학적으로 측정하고 평가할 수 있다. 미덕은 3000년 동안 세계 도처에 퍼져 있는 미덕을 찾고 아리스토텔레스·플라톤·아퀴나스·아우구스티누스 등 철학자들의 저술, 구약성서·탈무드·불경·코란 같은 경전, 공자·노자·벤저민 프랭클린Benjamin Franklin의 저술, 일본의 사무라이 정신, 고대 인도의 철학서인 『우파니샤드』 등 총 200가지 덕목 목록 작성을 통해 최종 6개로 정리됐으며, 강점은 1만8000개 목록 가운데 24개를 선정한 것이다. 이 성격강점에는 도덕적 개념과 선한 품성 개념이 포함돼 있다. 그래서 우리나라 인성교육진흥법이 만들어질 때 중요한 이론적 바탕이 되기도 했다.

미국 하버드대 교육대학원 원장이며 다중지능 창시자인 하워드 가드너Howard Gardner는 "셀리그만과 피터슨의 성격강점 발견은 심리학 반세기 중 가장 위대한 업적"이라고 밝히고 성격강점의 유용성을 인정했다.

다음은 성격강점의 6가지 미덕과 24가지 강점이다.

- 지혜와 지식(창의성, 호기심, 학구열, 개방성(판단력), 예견력)
- 용기(용감성, 끈기, 정직, 열정)
- 사랑과 인간애(사랑, 친절(배려), 사회성 지능)
- 정의감(팀워크(협동심), 공정성, 리더십)
- 절제력(용서, 겸손(존중감), 신중성, 자기 통제력)
- 영성과 초월성(감상력, 감사, 희망, 유머, 영성)

성격강점은 강점 검사를 통해 확인할 수 있다. 강점을 찾는 방법은 인터넷에서 검사하는 방법과 책을 통해 약식으로 검사하는 방법이 있다. 셀리그만이 운영하는 홈페이지(www.authentichappiness.org)와 VIA

홈페이지(www.viastrengths.org)에서 찾을 수 있으며, 셀리그만의 『긍정심리학』, 우문식의 『긍정심리 팔마스 성격강점 카드북』에서 직접 검사해도 된다. 『긍정심리치료 매뉴얼』과 『긍정심리치료 워크북』 저자인 셀리그만과 라시드가 공동개발한 대표 강점 진단(SSQ-72)은 72문항으로 돼 있으며 강점 전체 프로필을 받아볼 수 있다(한국긍정심리연구소 홈페이지(www.kppsi.com)에 자세하게 소개돼 있다).

성격강점은 자신이 가장 좋아하고 잘하는 성격특성이기 때문에 개인과 조직의 성장, 목표를 이루는 데, 문제를 해결하는 데, 심리증상을 치료하는 데 중요한 역할을 한다.

책으로 강점 검사가 끝났으면 높게 나온 점수 순으로 번호를 매겨보자. 각 강점마다 2개 문항으로 돼 있으며 10점이 만점이다. 책으로 강점 찾기를 했을 때 9~10점이 나오는 강점이 3~7개가 된다. 인터넷으로 검사했을 때는 1번에서 24번까지 순서대로 나온다. 1번에서 7번까지가 상위 강점, 8번에서 19번까지가 중위 강점, 20번에서 24번까지가 하위 강점이다. 성격강점은 1만8000개 목록 중 24개를 선택했기 때문에 모두 강점이다. 그래서 약점이란 표현은 하지 않는다. 상위 강점은 당신이 가장 좋아하고 잘하는 것으로 늘 일상에서 자연스럽게 나타나는 강점이다. 반면 하위 강점은 일상에서 가장 잘 나타나지 않는 것들이다. 이렇게 강점 검사를 하고 나면 당신의 진정한 모습이 나타난다. 당신의 정체성을 찾은 것이다. "난 이런 사람이야!"

긍정도구 15
대표 강점 적용하기(마틴 셀리그만)

강점 검사를 마쳤다면 이제 자신의 대표 강점을 찾아보자. 먼저 대표 강점의 특징을 알아보자.

- 내 강점에 대해 '진정한 내 모습'이라고 할 수 있도록 내가 가진 것이어야 하며 나의 진짜 모습과 일치해야 한다(소유감과 진정성, "이게 진짜 나야").
- 내 강점을 드러낼 때, 특히 처음으로 드러낼 때 흥분을 느낀다.
- 내 강점을 활용해 주제를 배우거나 일할 때 학습과 일의 속도가 매우 빠르다.
- 내 강점을 활용할 새로운 방법을 열심히 찾아낸다.
- 내 강점에 따라 행동하기를 열망한다("나 좀 내버려둬").

- 내 강점을 활용할 때 피곤하기는커녕 오히려 기운이 난다.
- 통찰과 직관으로 강점을 발견한다.
- 내 강점을 주로 활용할 수 있는 개인적인 일(프로젝트, 창업)을 스스로 고안하고 추구한다.
- 그 강점을 활용할 때 황홀경에 빠지기까지 한다.
- 강점을 사용하고자 하는 내적 동기를 가진다.

이것이 대표 강점의 특징이다. 검사를 마친 후 강점들을 확인하고 다음의 질문을 던져보자.

1. 진정성: 이 강점이 나의 핵심부인가?
2. 흥분: 이 강점을 사용할 때 흥분하는가?
3. 학구열: 이 강점을 자연스럽게 큰 힘 들이지 않고 사용하는가?
4. 새로운 사용 방식 찾기: 이 강점을 사용하는 새로운 방법을 찾고 싶은가?
5. 끈기: 이 강점을 한껏 사용하는 활동을 그만두기 어려운가?
6. 활력: 이 강점을 사용하면 지치는 게 아니라 기운이 솟는 것 같은가?
7. 강점을 사용한 프로젝트: 이 강점을 사용해 개인적인 프로젝트를 만들고 싶은가?
8. 열의: 이 강점을 사용하면 즐겁고 열정과 열의가 느껴지는가?

지금까지 자신이 이룬 성취, 업적, 경험, 사례들을 떠올려보자. 검사를 통해 찾은 상위 강점들이 주도적인 역할을 했을 것이다. 그러면 쉽게 답할 수 있다. 이 질문에 부합하는 것이 자신을 가장 잘 나타내는 당신의 대표 강점이다. 일반적으론 책이나 인터넷 검사만으로 대표 강점을 찾아도 되지만 좀 더 전문적이거나 심리치료가 필요한 사람들은 머리 강점, 가슴 강점, 360도 강점 찾기(가족이나 친구, 동료에게 자신의 강점에 대해 이야기해달라고 부탁하는 것) 등을 추가해 찾는 것이 좋다(참조: 심리상담사, 심리치료사, 심리코치, 교사를 위한 『긍정심리치료 매뉴얼』 『긍정심리치료 워크북』, 2019년 7월 출간 예정, 한국긍정심리연구소·물푸레).

대표 강점은 현재 자신의 모습이자 정체성이라 할 수 있다. 이 대표 강점은 지금부터 당신의 소유물이다. 대표 강점을 가지고 있다는 것만으로도 이미 부자다. 돈, 직업, 명예, 지식, 가족, 건강도 행복한 미래를 만드는 데 도움이 되지만 완벽하게 미래를 책임져주지는 못한다. 미래의 가장 소중한 자산은 심리적 자산이다. 아무리 많은 물질적·사회적·신체적 자원을 가졌다 해도 심리적 자산이 무너지면 삶의 의미와 가치가 상실된다. 사회적으로나 경제적으로 남부러울 것 없어 보이던 유명인사가 무기력증에 빠지고 우울증에 시달리다 자살하는 일이 비일비재하다. 이런 안타까운 일들은 대부분 심리적 자산이 바닥이 났을 때 일어난다.

대표 강점을 찾았다면 미래에 대한 막연한 불안감을 떨쳐버려도 좋다. 비록 돈, 직업, 명예가 부족해도 죽을 때까지 함께할 대표 강점이 있다면 행복을 만드는 데 중요한 심리적 자산을 갖춘 부자이기 때문이다. 이 소중한 자신만의 자산인 대표 강점을 일, 사랑, 여가 등 일상생활에서 많이 활용할수록 행복지수는 높아진다.

나는 내 대표 강점들을 떠올리거나 발휘할 때마다 행복하다. 이 강점들이 지난 10년 동안 나를 지켜주고 이끌어주었으며 앞으로도 그럴 것이다. 그래서 나는 나의 대표 강점들에 감사하다.

지난 10년은 물질적·정신적으로 참으로 힘겨운 시간이었다. 아마도 대표 강점을 찾고 활용하지 않았다면 극복하지 못했을지도 모른다. 솔직히 긍정심리학을 처음 접했던 2003년만 해도 "진정한 행복은 자신의 대표 강점을 찾고 일상에서 발휘하는 것"이라는 셀리그만의 말을 있는 그대로 받아들이지 못했다. 당시 사람들은 IMF 사태를 거치면서 물질을 중요시하고 집착했다. 대부분의 사람이 잘 먹고 잘 사는 것을 행복이라고 생각했던 상황에서 셀리그만의 행복론이 현실과 다소 동떨어진 느낌이 들었던 것도 사실이다.

하지만 대표 강점을 활용해 역경을 극복하고 목표했던 것을 하나하나 성취해가면서 확신이 들었다. 대표 강점 중 희망(낙관성) 강점은 미래에 대한 기대를 저버리지 않게 했고, 창의성 강점은 긍정심리학이라는 새로운 분야를 개척해 전문가가 되게 했다. 학구열 강점은 초등학교 졸업이 학력의 전부였던 나를 13년 만에 박사, 교수, 베스트셀러 저자가 되게 했고, 끈기, 열정, 용감성 강점은 전문 강사가 되게 했다. 자기 통제력 강점은 89kg의 거구를 75kg대로 만들어주었으며, 감사 강점은 일상의 조그만 일에도 감사하며 긍정정서를 확장시켜 언제나 행복하게 해주었다. 그 구체적인 사례 몇 가지를 소개하면 다음과 같다.

사례 1 2004년 7월 어느 날, 한 통신사 사장에게서 전화가 왔다. 빌 클린턴

전 미국 대통령이 9월 한국에 오는데 상의할 일이 있다는 것이다. 급히 약속 장소로 가보니 정부의 대내외 주요 행사를 전문적으로 진행하는 큰 회사 대표가 동석해 있었다. 그는 클린턴을 초청하는 일에 7억~8억 원 정도 들어가는데, 도서출판 물푸레에서 7000만 원만 내고 『빌 클린턴의 마이 라이프』 리셉션을 개최하면 어떻겠느냐고 제안했다. 그즈음 클린턴의 자서전을 출간했는데, 아마도 그 책을 보고 연락했던 것 같았다. 마다할 이유가 없었다. 즉석에서 흔쾌히 수락했다.

나는 『빌 클린턴의 마이 라이프』를 출간하고 읽으면서 클린턴이 한국을 방문했으면 좋겠다는 생각을 많이 했다. 왜냐하면 그 당시 북한 유엔주재 대사가 대한민국을 불바다로 만들겠다고 위협하고 있었으며 그로 인해 우리 국민은 불안해했다. 클린턴은 재임 기간에 북한 김정일과 불편하지 않은 관계를 맺었기 때문에 한국을 방문한다면 우리 국민이 위로를 받을 수 있을 것이라고 생각했다. 그리고 김영삼, 김대중 두 전직 대통령이 퇴임 후 한 번도 자리를 함께하지 않았고 악수조차 나눈 적이 없었기에 두 분을 만나게 할 수 있는 기회를 제공할 수 있을 것 같았다. 초청 행사가 2개월도 채 남지 않았기 때문에 마음이 급했다.

그로부터 3주일 정도 지났을 무렵 행사를 담당했던 회사의 대표에게서 전화가 왔다. 스폰서를 구하지 못해 포기하려고 하는데 물푸레에서 주관할 의사가 있으면 하라고 했다. 지금까지 책만 만들었지 큰 행사를 주관해 본 적은 없었다. 생각조차 해본 적이 없던 일이라 금방 대답하지 못했다. 3~4초가량 흐르는데 번뜩 떠오르는 것이 있었다. 바로 내 대표 강점이었다. 창의성, 열정, 용감성, 희망, 끈기, 자기 통제력, 감사 강점을 활용하면

해낼 수 있을 것 같다는 자신감이 생겼다. '오케이'를 한 후 바로 창의성과 희망, 용감성 강점을 발휘해 클린턴 사무실로 e메일을 보냈다.

'한국에서『빌 클린턴의 마이 라이프』를 번역 출판한 도서출판 물푸레 대표 우문식입니다. 한국을 방문할 계획이 있습니까? 방문한다면 초청자는 있습니까?'

바로 답장이 왔다. 한국엔 가는데 아직 초청자가 없다고 했다. 세계 유명 인사를 초청하는 데는 주로 브로커가 개입하는 것 같았다. 통신사 사장과 처음 만났을 때도 일본의 나카무라 사장이 클린턴의 친구여서 초청하게 됐고 비용이 들어간다고 했다. 초청자가 없다는 말을 듣고 그제야 클린턴 초청을 제안했던 이들에게 이용당했다는 것을 알아차렸다. 잠시 마음이 복잡했지만 곧 추스르고 다시 내가 초청하겠다는 e메일을 바로 보냈다.

'나를 믿고 오세요. 내가 한국에서 업무를 잘 볼 수 있게 돕겠습니다.'

당시 유엔 쓰나미 대사로 임명받은 클린턴은 구호 기금을 모금하는 중이었다. 그렇지만 한국 정서는 클린턴에 대해 부정적이었다. 재임 기간에 한 여성과의 스캔들로 구설에 올랐기 때문이다. 사실 스캔들을 제외하면 클린턴은 미국 역사상 국정 운영을 가장 잘한 대통령 중 한 명으로 평가받는다. 그럼에도 많은 한국인이 클린턴을 곱게 보지 않았다. 하지만 나는 클린턴을 좋아했다. 특히 그의 자서전을 번역 출판하면서 그를 진심으로 존경하게 됐다. 그래서 한국에서 그를 진정으로 생각하는 사람은 나뿐이라는 생각까지 들 정도였다.

사흘 후 회신이 왔다. 초청장을 보내라는 것이었다. 클린턴을 초청한다는 사실에 가슴이 벅찼다. 이번 기회에 한국에서 그의 부정적 이미지를 불식시키고 싶었다. 그렇지만 기쁨도 잠시, 곧 걱정이 몰려왔다. 국내 대표적인 행사 전문업체도 스폰서를 구하지 못해 포기한 것을 과연 내가 할 수 있을지 자신이 없었다. 하지만 곧 마음을 고쳐먹었다. 내 대표 강점을 믿고 적극적으로 활용해 꼭 행사를 성공적으로 치르겠다고 결심했다.

그러고는 창의성 강점을 발휘해 전반적인 아이디어를 냈다. 강점은 독립적으로 작용할 수도 있지만 서로 복수로 연결돼 있기에 시너지 효과를 낼 수 있다. 먼저 전문 업체에 대행을 맡기지 않고 지인들을 중심으로 직접 팀을 구성했다. 대략적인 행사 규모와 예산이 잡히면서 각자 역할을 분담했다. 나는 총괄하면서 스폰서와 귀빈을 초청하는 일을 맡았다. 이런 역할을 맡으려면 그만큼 사회적 경험과 인맥, 자금이 있어야 한다. 그런데 나에겐 어느 것 하나 충족되는 것이 없었다. 있다면 내 대표 강점과 세상과 타협하지 않고 원칙대로 성실하게 살아왔다는 것이 전부였다.

가장 먼저 스폰서부터 해결해야 했다. 먼저 내 강점인 창의성을 발휘해 클린턴에게 관심을 가장 많이 갖는 곳, 필요로 하는 곳, 그리고 가장 짧은 시간에 의사결정이 가능한 곳을 물색했다. 방송사와 신문사였다. 서너 곳을 선정하고 무조건 용감성을 발휘해 전화를 했다. 그 당시 퇴임 대통령임에도 현직 대통령과 버금가는 영향력을 갖고 있었기에 모두 긍정적인 반응을 보였다. 일주일 만에 기적 같은 일이 벌어졌다. 한 방송사에서 유명인이 진행하는 토론 프로그램에 전직 대통령 한 분과 출연하는 것을 조건으로 2억5000만 원을 후원하겠다는 연락이 왔다. 한 신문사에서는 단독으로 언론사 사장과 클린턴과의 특별 대담을 게재하는 조건으로 2억5000만 원을 후원하기로 했다. 또 다른 신문사에서도 연락이 왔다. 조찬을 함께하고 사진을 찍을 수 있다면 권당 3만3000원 하는『빌 클린턴의 마이 라이프』1만 권을 구입해주기로 했다. 창의성과 용감성 강점 덕분에 행사에 필요한 비용을 얼추 지원받을 수 있게 된 것이다.

다음은 유명 인사 초청이었다. 이것 역시 쉬운 문제가 아니었다. 그 상황에서 내가 가장 의지하며 효율적으로 활용할 수 있는 것은 강점밖에 없었다. 시간과 돈을 투자해도 만족할 만한 결과를 기대하기 어렵다는 결론을 내렸기 때문이다. 그래서 내가 직접 하기로 했다. 먼저 클린턴과 친분이 있는 전직 대통령들을 초청하기로 했다. 이분들은 퇴임 후 그때까지 한자리에 함께한 적도 없고 서로 악수 한 번 하지 않은 불편한 관계였다. 무조건 동교동 최 모 비서관, 상도동 김 모 실장한테 전화를 걸어 초청하고 싶다고 했다. 그분들 입장에서는 어이가 없을 정도로 당돌한 행동이었겠지만, 나의 대표 강점인 용감성, 끈기, 희망(낙관성) 강점을 활용해 밀어붙이면 성사시킬 수 있겠다고 확신했다. 여러 차례 조율한 끝에 결국 두 분 모두 참석해 축사를 하기로 했다.

하나하나 문제를 풀어가며 행사를 준비하던 중 예상치 못한 변수가 생겼다. 클린턴이 한국 방문 일주일을 남겨놓고 갑자기 심장 수술을 받게 된 것이다. 그 일로 행사는 다음 해인 2005년 2월로 연기됐다. 예산 계획에 다소 차질이 생겼지만 행사는 성공적으로 치렀다. 정계, 재계, 학계, 예술계, 외교사절을 포함해 800여 명의 지도층 인사들이 참석했다. 또한 외국 언론까지 극찬하는 성공적인 행사가 됐다. 다른 국가는 대부분 정부 차원에서 초청했지만 한국은 개인이 초청해 가장 크게 행사를 치렀기 때문이다. 개인 자격으로 클린턴을 초청한 것은 내가 처음이라고 했다. 또한 개인이

전·현직 대통령 세 분을 한곳에 모시고 행사를 치른 것도 내가 유일하다고 했다.

지금도 그때의 일을 생각하면 뿌듯하다. 돈과 권력이 있다고 다 할 수 있는 일이 아니었다. 지식과 의지가 있다고 가능한 일도 아니었다. 악조건 속에서도 내 대표 강점을 믿고 활용할 방법을 찾아 발휘했기에 가능했다고 생각한다. 나의 자부심을 더 키워준 것은 정치적 야망을 가진 많은 정치인의 유혹을 뿌리치고 정직이란 강점을 살려 클린턴 전 대통령과의 약속을 지킨 것이다. 그래서 그 경험이 더욱 소중하고 행복하다.

사례 2 성인이라면 대부분 한두 번은 체중 조절에 관심을 갖거나 다이어트를 해본 경험이 있을 것이다. 그러나 대부분 실패한다. 살이 찌는 이유는 분명하다. 섭취하는 양에 비해 활동하는 양이 적으면 에너지가 남아 살이 찐다. 따라서 적게 먹고 많이 활동하면 살이 빠지겠지만 말처럼 쉽지가 않다. 세상에서 가장 인내하기 힘든 것 중 하나가 먹고 싶은 것을 앞에 두고 참는 것이다. 나도 먹는 것을 좋아해 30세 이후로는 계속 체중이 불어 20kg 이상 과체중이었다. 여러 번 다이어트를 시도했지만 그때만 잠깐 살이 빠졌다 곧 요요현상으로 더 불어났다. 그러다 2006년 우연한 기회에 프랑스 여성들의 체중 관리와 식습관을 다룬 『프랑스 여자는 살찌지 않는다』를 출간하게 됐다. 일상생활에서 자연스럽게 체중을 줄일 수 있는 방법을 소개한 책이었는데, 왠지 그 책에서 소개한 대로만 하면 살이 빠질 것 같았다. 지금까지 여러 가지 다이어트 방법에 실패한 경험이 있는지라 이번에는 나의 대표 강점을 적용하기로 했다.

책 내용대로 3개월 개선 프로그램을 직접 실천했다. 그때 나의 몸무게는 89kg이었다. 개선 프로그램을 적용하는 초기에는 참기도 힘들었고 실감이 나지 않았다. 구체적인 방법으로는 평소 식사량의 10~15% 줄이기, 육류나 인스턴트식품, 음료 같은 비만을 유발하는 음식 삼가기, 저녁 늦게 먹지 않기, 출퇴근길에 15분씩 걷기, 물 많이 마시기 등이었다. 항상 먹고 싶은 욕구를 자제하지 못했기에 시간이 흐르면서 인내하기가 너무 힘들었다. 포기하고 싶은 생각이 들 때마다 나는 내 대표 강점이 끈기와 자기 통제력, 낙관성임을 상기하며 참았다.

'내 대표 강점이 끈기와 자기 통제력인데 이 정도는 견뎌야지. 이 정도도 못 참는다면 대표 강점이라 할 수 있을까?'

내 자신에게 끊임없이 동기부여를 하며 버텼다. 한 달이 지나면서 조금씩 반응이 왔다. 3개월 후에는 4kg이, 6개월 후에는 7kg이, 1년이 되자 15kg이 줄어 있었다. 그때 나는 몸무게를 확인하면서도 다이어트 효과라는 생각은 하지 못했다. 습관이 몸에 배어 있기 때문이다. 다이어트를 한 지 8년이 지났지만 여전히 70kg 중반대를 유지하고 있다. 지금도 거울 앞에서 내 모습을 볼 때마다 기분이 좋다. 대중 앞에서 강의를 할 때도 자신감이 넘치고 행복하다. 나의 대표 강점을 적용하지 않았더라면 아무리 좋은 프로그램이라도 이전과 마찬가지로 중간에 포기했을 가능성이 높았을 것이다. 새삼 나의 대표 강점을 찾고 활용할 수 있었다는 것이 다행스럽게 느껴진다.

사례 3 나의 박사학위 논문 제목은 「긍정심리의 긍정정서와 성격강점이 조직성과에 미치는 영향」이다. 박사학위 과정을 밟으면서 경영학에서의 인사,

조직 분야와 함께 지속적으로 긍정심리학을 연구했다. 그리고 논문도 긍정심리학을 주제로 쓰고 싶었다. 하지만 경영학에서 긍정심리학에 대한 논문을 쓴다는 것이 쉬운 일은 아니었다. 논문 지도를 받을 때부터 제동이 걸렸다. 예상 주제를 토론하는 과정에서 긍정심리학에 대해 이야기하자 선행 논문이 없다는 이유로 담당 교수님이 만류했다. 앞으로 학위 과정이 순탄치 않을 것이라는 경고 메시지 같았다.

하지만 나는 긍정심리학을 우리나라 기업에 적용하고 싶었다. 미국과 유럽에서는 이미 긍정심리학의 과학적인 기초 이론과 도구를 통해 놀라운 성과를 내고 있었기 때문이다. 지도교수님께 왜 이 논문을 써야 하는지, 이 논문이 우리나라의 경영학 분야와 조직성과에 어떤 영향을 미칠 것인지를 설명하며 설득했고 다행히 허락받을 수 있었다. 나는 내가 10년 이상 연구해오던 긍정심리학 논문을 잘 쓰고 싶었고 제대로 검증도 받고 싶었다. 그래서 심사위원에 저명한 심리학 교수님도 포함시켜줄 것을 부탁했고, 퍼블리시 논문도 그 어렵다는 경영학회에서 발표하기로 했다. 논문 심사위원장은 논문 지도 과정을 담당했던 교수님이 맡았다. 긍정심리학 논문은 안 된다고 했던 분이다. 부위원장은 심리학과 교수님이 맡았다. 심사위원 구성부터 앞으로 심사 과정이 험난할 것임을 예고하는 듯했다. 석사학위 논문은 내가 원하는 방향이나 수준을 충족시키지 못했기에 박사학위 논문만큼은 잘 쓰겠다는 각오로 동기들보다 2학기를 늦추면서 철저히 준비했다.

그러나 본격적인 심사에 들어가자마자 학위, 퍼블리시 논문 모두 우수한 검증 결과가 나왔음에도 많은 질책을 받았다. "왜 경영학 논문에 긍정심리가 들어가고 행복이 들어가느냐" "이게 경영학 논문이냐, 심리학 논문이지"

라는 것이었다. 평소 마음을 열고 친하게 지내던 교수님들도 심사장에 들어가면 '뭐 저런 사람이 있나!' 할 정도로 다르게 보이기도 했다. '내가 이렇게까지 하면서 논문을 써야 되나' 하는 회의감과 절망감도 수없이 밀려들었다. 논문 내용도 내용이지만 제목도 내가 원하는 제목은 안 된다는 것이었다. 1, 2, 3차 심사에서 통과하지 못하고 또 한 학기를 넘겼다. 심사위원 중에는 나이도 들었는데 쉬운 주제로 쓰지 왜 그렇게 사서 고생하느냐고 안쓰러워하는 분도 있었다. 다음 학기에도 논문이 통과된다는 보장이 없었다.

나도 긍정심리학이란 주제로 경영학 박사학위 논문 쓰기가 쉽지 않다는 것을 안다. 심사위원들의 반대도 일리가 있다는 것을 이해한다. 하지만 긍정심리학은 심리학에서 치료의 목적으로만 국한시킨 학문이 아니다. 심리학뿐 아니라 경영학이나 교육학에 접목할 때도 탁월한 성과를 낼 수 있다는 연구 결과와 확신이 있었기 때문에 우리나라에 긍정심리학을 처음 도입한 사람으로서 후배들을 위해서라도 꼭 쓰고 싶었던 것이다. 우여곡절 끝에 다음 학기에 박사학위 논문도, 경영학회 논문도 통과해 학위를 받았다. 심사 마지막 날 내용에 대한 심사가 끝나고 심사위원들에게 마지막으로 제목 변경에 대해 간절하게 부탁해 통과했다.

이렇게 해서 내가 원했던, 「긍정심리의 긍정정서와 성격강점이 조직성과에 미치는 영향」이라는 제목으로 긍정심리학이 경영학의 조직성과에 미치는 영향을 우리나라 최초로 검증한 박사학위 논문이 나오게 된 것이다.

나는 모든 일상에서도 그렇지만 논문 심사 과정에서도 내 대표 강점을 최대한 적용했다. 어떠한 질책이나 모욕적인 상황도 버틸 수 있는 끈기를, 어떠한 위기나 어려움이 닥쳐도 해낼 수 있다는 희망을, 매번 새로운 문제가 돌출될 때마다 유연하게 대처할 수 있는 창의성을, 지속적인 연구와 방법을 제시하는 학구열을, 끝없이 목표를 추구하는 열정을 발휘했다. 대표 강점에 의지하지 않았더라면 학위를 중도 포기했을지도 모른다.

대표 강점을 찾았다고 모두 이렇게 적용시킬 수 있는 것은 아니다. 개인의 일상이나 조직직무에 적용시키려면 대표 강점의 정의와 특징을 이해하고 그 강점이 익숙해질 수 있도록 연마하고 관찰하는 것이 중요하다. 셀리그만은 일주일 동안 연마해보라고 권한다. 대표 강점들을 어떻게 연마할 수 있을까. 이들 강점은 셀리그만의 『긍정심리학』과 우문식의 『긍정심리 팔마스 성격강점 카드북』에 소개된 대표 강점 연마하는 법을 참고해 연마할 수 있다.

예를 들어 대표 강점이 창의성이라면 기존의 관습적 방식 대신 본인만의 새로운 방식을 창조해내는 능력이 뛰어난 사람이다. 이런 사람은 도예, 사진, 조각, 그리기, 채색하기 수업에 참여할 수 있으며, 저녁에 한두 시간을 할애해 디자인 공모전을 준비하거나 시나리오를 쓸 수 있다.

대표 강점이 유머라면 친구들에게 재미있는 e메일을 보내길 권한다. 그리고 일주일에 세 번씩 새로운 조크를 배워 그것을 친구들에게 활용해보고, 시트콤, 재미있는 쇼 또는 영화를 보거나 만화책을 매일 읽는 것도 좋다. 대표 강점이 자기 통제력이라면 욕구나 충동을 자제하는 능력이 뛰어나기 때문에 저녁에 TV를 보는 대신 헬스클럽이나 공원에서 운동할 수 있다.

또 대표 강점이 감상력이라면 적어도 하루에 한 번은 멈춰 서서 일출이나 꽃, 새 소리와 같이 자연의 아름다움을 느껴보고 매일 보았던 가장 아름다운 것에 대해 일기를 써도 좋다. 매일 다니는 익숙한 길 대신 새로운 길을 따라 출퇴근하거나 매일 저녁 버스에서 한두 정거장 미리 내려 걸을 수도 있다. 가능한 한 당신의 창의성을 발휘해 다양한 방법을 찾아보자. 대표 강점이 리더십이라면 친구들을 위해 사교 모임을 만든다. 직장에서 즐겁지 않은 일을 도맡아 하고 그것을 완수한다. 그리고 처음 만난 사람이 편안하게 느끼도록 행동한다.

대표 강점을 연마하는 연습을 쉽게 할 수 있는 사람이 있는가 하면 힘들다고 느끼는 사람도 있을 것이다. 중요한 점은 자신의 대표 강점을 믿고 일상생활에서 자주 적용할 수 있게 대표 강점의 특징을 이해하고 연마해야 한다는 것이다.

대표 강점을 찾았다면 일주일 동안 관찰해볼 것을 권한다. 왜냐하면 대표 강점을 개인 일상이나 조직에서 지나치게 남용하거나 너무 적게 사용하는 예가 있기 때문이다. 이렇게 하다 보면 강점이 긍정특성임에도 부정적인 결과를 가져올 수 있다. 정직과 공정성 강점을 지나치게 발휘하다 보면 화나 분노를 유발시킬 수 있다. 친절이나 끈기, 사회성 지능 강점을 지나치게 남용하다 보면 무시당하는 경향이 있다.

교육에 참가한 이진숙 선생님은 대표 강점 중 사회성 지능을 일주일 동안 일상과 조직에서 어떻게 발휘하는지 관찰해보았다. 사회성 지능을 관찰하기 위해 강점 카드에 있는 내용 중 5가지 개인적인 감정을 일주일 동안 기록하고 그 패턴을 살펴보았다. 그 결과 손해를 감수하면서까지 남을 기쁘게 해주려는 경향이 강했다. 이 선생님은 먼저 자신에게 친절하고 자신을 위해 시간을 할애해야만 친구나 가족과 잘 지낼 수 있음을 깨달았다. 김문성 팀장은 자신의 대표 강점인 감사를 팀원들에게 어떻게 발휘하는지 관찰해보았다. 최근 들어 직무 스트레스를 많이 받다 보니 자신을 도와주는 팀원들과 식사를 하거나 감사하다는 인사를 자주 못 한다는 사실을 확인했다.

강점은 심리증상에도 많은 영향을 준다. 셀리그만은 대부분 증상의 원인은 강점을 너무 적게 사용하거나 지나치게 남용하기 때문이라고 했다.

긍정도구 16
대표 강점으로 가장 중요한 문제 해결하기(우문식)

연마와 관찰을 마쳤다면 대표 강점을 활용해 일, 사랑, 자녀 양육, 여가 등에서 현재 당면한 문제를 해결할 수 있도록 실천 계획을 세워보자. 먼저 가장 시급히 해결해야 할 문제가 무엇인지 인식하는 것이 중요하다. 해결해야 할 문제를 찾았다면 당신의 대표 강점 카드를 골라라. 그 대표 강점을 적용해 어떻게 문제를 해결할 것인지 숙고하라. 『긍정심리 팔마스 성격강점 카드북』에는 10가지의 연마 방법과 문제 해결 방법이 들어 있다.

나는 2017년까지 척추관협착증에 따른 엉덩이 통증으로 2년 동안 고통을 많이 겪었다. 2012년부터 2년 가까이 박사학위 논문과 후에 베스트셀러가 된 『행복 4.0』을 동시에 준비했다. 매주 토요일, 일요일은 예배 시간을 빼고 거의 모든 시간을 논문과 책 쓰는 일에 할애했는데 한번 앉아서 시작하면 10시간 이상 작업했다. 몰입도가 높아질 때는 자의식까지 상실한 채 20시간 가까이 한자리에 앉아 일하기도 했다. 그 당시에는 몰랐는데 그것이 척추관협착증의 원인이 됐다. 한곳에 오래 앉아 있다 보니 골반이 휘어 척추 내 신경이 지나는 통로가 좁아져 신경이 압박돼 통증이 생긴다는 것이다.

척추 건강에 가장 나쁜 것이 맨바닥에 오래 앉아 있는 것이라고 한다. 박사학위를 받고 책이 베스트셀러가 되자 글쓰기와 강의가 늘어났다. 따라서 앉아 있는 시간과 서 있는 시간이 점점 많아졌다. 그때마다 엉덩이가 심하게 아파 고통을 겪었다. 병원에선 주사나 시술을 권했지만 쉽게 결정할 수 없었다. 전문의 처방에 따라 척추교정과 물리치료를 받았지만 시간적·경제적으로 지속하기가 부담이 됐다. 시간이 흐르면서 상태가 점점 심각해진다는 느낌을 받았다. 2~3일 연속으로 강의가 있는 날이면 약을 처방받고 마사지를 받았지만 임시방편일 뿐 근본적인 치료법은 안 됐다.

그러던 어느 날, 조간신문 1면에 서울 강남 한 병원의 '비수술적 척추관협착증 치료'에 대한 5단 광고가 실린 것을 보았다. 간단하고 짧은 시간의 시술로 재발과 부작용 없이 시술 다음 날부터 정상적인 활동이 가능하다는 문구는 나를 유혹하기에 충분했다. 나는 그 광고를 앞에 둔 채 30분 가까이 자리를 뜨지 않고 수많은 생각에 잠겼다.

그때 떠오른 것이 내 대표 강점이었다. 강점을 통해 문제를 해결해보자는 것이었다. 대표 강점을 발휘해 문제를 성공적으로 해결한 경험이 있었기 때문이다. 척추관협착증을 대표 강점을 적용해 자연치료하기로 한 것이다. 먼저 내 대표 강점인 희망(낙관성)으로 자연치료로 완치될 수 있다는 희망을 가졌다. 창의성으로 어떤 방법으로 할 것인지를 찾고, 자기 통제력으로 지금까지 아침마다 2시간씩 했던 공부를 운동으로 대체하기로 했다. 끈기로 어떤 어려움이 있더라도 참아내고, 영성으로 자연완치를 위해 기도하기로 했다.

다음 날부터 실천에 들어갔다. 매일 나영무 박사의 6가지 스트레칭과 3km 이상 걷기, 일주일에 한 번 이상 수영과 요가를 계획했다. 하나같이 쉽지 않았지만 대표 강점을 최대한 적용하면서 6개월 동안 실천했다. 6개월 되던 날 직접 테스트를 해보았다. 우리 집에서 백운산 절까지 왕복거리 7km 걷기에 도전한 것이다. 결과는 놀라웠다. 7km를 걸었는데도 다리만 조금 아플 뿐 그다지 고통스러운 느낌은 없었다. 신기했다. 그리고 감사했다. 이후 강의를 이틀 연속 진행해도 별다른 통증이 없었다. 시작한 지 2년이 넘었지만 지금도 매일 실천하고 있다. 참 행복하다.

개인뿐 아니라 조직 역시 대표 강점을 통해 성과를 낼 수 있다. 대표 강점의 위력은 단순하게 대표 강점을 파악하는 것이 아니라 대표 강점을 찾은 후 대표 강점을 통합하고 변화할 때 나온다. 통합한다는 의미는 자신의 단점이나 문제를 해결하기 위해 각각의 대표 강점을 적용시키는 것이 아니고 대표 강점을 통합시켜서 문제를 해결하는 것을 말한다.

대기업에서 영업팀장을 맡고 있는 김 부장은 40대 초 부장으로 승진할 정도로 경영진으로부터 인정받고 있었다. 업무적으로 영업 실적은 뛰어났지만 인간관계에 있어서는 분노를 표출하는 성격 때문에 자주 문제를 야기했다. 감정 조절을 못 해 팀원들이나 고객과 자주 다투는 것이었다. 그래서 그는 능력만큼 행복하지 않았다.

그러던 중 동료의 추천을 받아 긍정심리 성격강점 교육 과정에 등록했다. 그는 자신도 가장 힘들어 하는 분노의 성격적 원인과 해결 방법을 찾았으면 좋겠다는 기대를 가졌다. 강점 검사를 한 결과 그의 대표 강점은 공정성, 정직, 친절, 사랑, 겸손이었다. 김 부장은 혼란스러워했다. 검사 결과에서 나온 자신의 대표 강점과 실제 성격이 일치하지 않아서다. 그는 자신의 가장 큰 단점이 분노 조절을 못 하는 것이라는 사실을 알고 있었다. 고객과 자주 다투는 자신의 대표 강점이 이렇게 나온 것을 받아들이지 못했다.

김 부장은 공정성, 정직, 겸손을 지니고 있다는 것은 인정했지만 친절하다고는 생각하지 않았다. 특히 사랑을 주고받을 줄 안다는 건 터무니가 없었다. 조직생활에서 쉽지 않은 일이었기 때문이다. 그렇다면 어떤 상황에서 친절과 배려를 베풀 수 있을까. 누구에게 친절을 베풀 수 있을까. 우리는 인생에서 각각 다른 역할을 수행하고 있고, 그럴 때마다 다르게 행동할 수 있다. 그래서 어떤 역할을 수행할 때는 보다 친절해지고, 또 다른 역할을 수행할 때는 그다지 친절하지 않을 수도 있다는 것이다.

김 부장은 아내와 딸에게는 친절했다. 그리고 친구들에게도 친절하게 대했다. 하지만 직장에서는 친절한 사람이 아니었다. 어떻게 직장에서 친절하고 배려 있는 사람이 될 수 있느냐는 것이다. 실적을 위해 경쟁업체와 싸워야 하고, 고객이 부당하게 행동할 때 역시 맞서야 한다는 것이다. 공정성과 정직이란 대표 강점은 부당하다는 것을 감지하면 즉시 다른 사람들과 논쟁을 벌인다. 화가 나기 때문이다.

조직에서 비일비재한 장면이다. 그럼 어떻게 할까. 방법을 한번 바꾸어보자. 김 부장이 사람들에게 친절하게 대할 때는 어떻게 행동할까. 그 사람의 이야기를 기꺼이 들어주고 인내하며 배려한다. 특히 딸과 함께 있을 때 그렇게 한다. 딸아이의 이야기를 끈기 있게 들어주고 딸아이와 많은 것을 주고받는다.

다음 단계로 넘어가보자. 김 부장의 성향을 한번 살펴보자. 김 부장의 5가지 대표 강점을 모두 이용할 수 있다면 김 부장이 고객과 다투는 상황에 어떻게 적용할 수 있을까.

공정성을 발휘하면 고객의 요구와 회사의 요구를 언제나 균형 있게 맞출 수 있을 것이다. 그렇게 하면 관계를 해치는 논쟁을 벌이지 않고 그 대신 친절과 공정성을 발휘할 수 있다. 좀 더 인내하고 고객의 의견에 귀 기울일 수 있을 것이다. 설령 고객이 틀렸다 해도 겸손하게 행동할 수 있을 것이다. 과거에는 김 부장이 부당하거나 불합리한 것을 감지했을 때 즉각 화를 냈다. 하지만 이젠 대표 강점을 이용해 실제 상황을 다루는 법을 알아낸 것이다.

그 이후 김 부장은 몇 명의 고객과 다툴 뻔했다. 하지만 이성을 잃기 직전 친절, 공정성, 인내를 발휘해야 한다는 사실을 기억해낸 덕분에 고객의 의견을 끈기를 갖고 경청하며 존중할 수 있었고 결국 문제 상황을 빠르게 해결했다.

김 부장은 그동안 자신의 분노 조절 문제를 알고 있었지만 단점을 지적하는 전통적인 방법으로 인해 좌절감만 더 깊이 느꼈다. 인내하는 법과 다른 사람의 입장에서 상황을 바라보는 법을 배우고, 자신의 성질을 누르며, 진정하는 기법을 사용하는 등 많은 방법을 시도해봤지만 모두 헛수고였다. 하지만 자신의 대표 강점들을 통합해 이용하는 방법을 교육을 통해 배워 아주 적은 노력을 들이고도 자신의 문제점을 해결한 것이다.

사람들은 자신이 어떤 사람인지 정체성을 알았을 때 가장 효과적인 방법을 찾을 수 있고 그를 이용해 가장 효과적으로 변할 수 있다. 김 부장은 자신의 대표 강점을 알아내 정체성을 확인하고, 그 대표 강점을 활용해 자기가 생각하는 자신의 모습과 통합해 행동을 바꾸어서 문제를 해결할 수 있었던 것이다.

모든 사람에게는 좋아서 더욱 개발하고 싶은 것이 있고, 싫어서 바꾸고 싶은 것이 있다. 대표 강점은 중요한 문제를 해결해주기도 하지만 자신의 새로운 목표나 변화를 시도할 때도 유용하게 활용할 수 있다. 대표 강점을 활용해 '더 나은 버전의 나'를 만들 수 있다는 것이다.

긍정도구 17
이상적 자아 찾아주기(마틴 셀리그만)

앞서 행복을 만들기 위해 왜 강점이 필요하고, 무엇이 강점이며, 어떻게 대표 강점과 문제 해결 방법을 찾는지 살펴보았다. 이제 가족이나 직원들에게 대표 강점을 찾아주는 방법을 알아보자. 가족이나 직원들이 당신의 행복에 미치는 영향이 크기 때문이다. 가족이나 직원들의 대표 강점을 어떻게 찾아줄까. 강점의 중요성을 모르는 상태에서 무작정 강점이 좋으니 찾아보라고 하면 거부반응을 일으킬 수도 있다. 강압적이고 의무적으로 하라면 하겠지만 그건 아니다. 긍정심리학은 자기가 좋아서 자발적으로 참여하는 것이 원칙이다. 자발적으로 참여할 수 있게 동기부여를 해주는 것이 중요하다.

그 방법 중 하나가 '이성적 자아 찾아주기'다. '이상적 자아ideal self'란 강점을 최대한 발휘해 자신의 최고 목표를 실현할 능력이 있다고 스스로 믿는 자아상이다. 사람은 자신이 가장 소중하게 여기는 최고의 이상을 실현하면서 살고 있다고 느낄 때 큰 만족을 얻으며, 자신의 강점을 발휘하면 그 만족감이 한층 더 커진다. 배우자나 상사가 이런 사실을 알아줄 때 인정받았다는 자부심을 느끼게 되고, 배우자와 상사의 믿음을 저버리거나 실망시키지 않으려 더욱 노력한다. 아내가 남편에게 대표 강점을 찾게 하려면 남편이 최근에 이룬 뿌듯한 일을 찾아 강점과 연계하면 된다.

"여보, 우리 지난주에 외식하러 갈 때 내가 너무 멀다고 차 갖고 가자고 하니까 당신이 맑은 공기도 마시고 주변 경치도 즐기면서 걸어가자고 했잖아요. 그날 당신 아주 즐거워했어요. 주변 풍경을 즐기면서 가는 당신 모습도 멋있어 보였고요. 여보, 그러고 보니 당신의 성격강점은 감상력인 것 같아요. 성격강점은 24가지가 있는데 그중 자신의 특성이 가장 잘 나타나는 3~7가지 강점이 대표 강점이래요. 당신도 한번 찾아보세요."

직장에서도 마찬가지로 이상적 자아를 찾아주자.

"김 대리, 지난번 진행했던 우리 프로젝트 말이야. 어려운 여건임에도 성공시켰잖아. 사실 나는 부담이 많이 됐거든. 사장님이 워낙 중요성을 강조하고 기대를 많이 해서 말이야. 그런데 고비마다 자네가 톡톡 튀는 아이디어를 내고 주변의 지인들에게 도움을 받기도 했잖아. 그런 자네 모습을 보면서 앞으로 큰 재목이 될 것 같다는 생각을 했네. 아주 멋있었어. 김 대리, 그러고 보니까 자네의 강점은 창의성과 사회성 지능인 것 같네. 여기 강점 찾기가 있으니 자네 강점을 한번 찾아봐."

가족이나 동료의 강점을 찾아준 덕분에 한 사람의 인생에 새로운 전환점이 만들어지기도 한다. 인터넷중독 상담교사이자 경성대 박사 학위 과정을 밟고 있는 김 선생님은 2012년 11월에 긍정심리학 전문가 과정과 강사 과정에 참가했다. 부산에 거주하면서도 8주 동안 한 번도 빠지지 않고 교육을 받은 성실한 분이다. 2주 차에 가족이나 동료 강점 찾아주기 과제를 받은 김 선생님은 상담교사 연수로 인해 가족의 강점을 찾아줄 수 없었다. 할 수 없이 함께 연수를 온 룸메이트 선생님의 강점을 찾아주기로 했다. 동료 선생님은 상담교사이지만 아주 비관적이고 부정적이었다. 김 선생님이 긍정심리학 공부를 통해 긍정정서를 배양하고 확장시켜 행복도를 높일 때 그 선생님으로부터 영향을 받아 행복도가 떨어질 정도였다.

처음 그 선생님에게 대표 강점 찾기를 권유하자 "이런 것을 뭐 하러 해요?"라며 탐탁지 않은 반응을 보였다고 한다. 이상적 자아 찾아주기에 대한 간단한 설명과 함께 과제물로 해야 한다는 이야기를 듣고 억지로 자신의 대표 강점을 찾았는데 그 강점이 '유머'와 '리더십'이었다. 그러고 나서 대표 강점의 특징에 대해 설명하자 눈빛이 달라졌다. 자신이 고등학교 때 연대장을 했고 학생들 앞에서 이야기하면 모두 재미있어 했단다. 대표 강점을 찾은 그 선생님에게 놀라운 변화가 일어났다. 다음 날부터 완전히 다른 사람으로 변한 것이다. 매사에 무기력하고 비관적이었던 그 선생님은 팀 활동이나 개인 발표 때 유머를 섞어가며 리더십을 발휘하고 자신감 넘치는 모습을 보였다. 그 전에도 유머를 좋아하고 다른 사람과 어울리기 좋아했지만 그것이 대표 강점인 줄 상상도 못했다는 것이다.

연수를 마치고 헤어지면서 김 선생님에게 "선생님은 내 생명의 은인입니다. 진정한 나를 찾게 해주고, 나를 새롭게 태어나게 해주었니까요"라고 감사의 인사를 했다고 한다. '생명의 은인'이란 표현은 죽기 직전 자신을 구해줄 때 사용하는 표현이다. 매사에 무기력하고 비관적이었던 그 선생님의 활기차고 자신감 넘치는 모습을 상상해보자. 당신도 누군가 그렇게 바꾸어주었다면 생명의 은인이란 표현을 할 수 있지 않을까.

신현복 전 육군 대령·3군단 군종참모이자 현 대전장로교회 담임목사님은 내가 가장 존경하는 분 중 한 분이다. 그는 장병들에게 대표 강점을 찾아줌으로써 행복한 병영생활과 함께 행복한 미래를 만들어갈 수 있도록 군대문화를 바꾸었다. 신 목사님은 2013부터 2014년까지 3군단과 육군본부 근무 시 내가 운영하는 긍정심리학 전문가 과정, 강사 과정, 인성 과정까지 토요일마다 한 주도 빠짐없이 참가해 모든 과정을 마친 후 군대에 '찾아가는 행복플러스' 프로그램을 만들어 적용시켰다.

이 프로그램은 과거(용서), 현재(감사), 미래(강점)로 일선 부대를 찾아다니며 2시간가량 진행된다. 사람은 어디에 소속돼 있든, 어떤 역할을 맡고 있든 용서받고 용서할 일이 있으며 감사하는 일이 있다. 군대 역시 마찬가지다.

이 프로그램에 따라 장병들은 강점 검사를 통해 찾은 자신의 대표 강점 5가지를 나무 모양에 그려 관물함에 붙여놓고 군생활에서 발휘한다. 장병들이 열악하고 외로운 군생활에도 감사하고, 용서하며, 행복한 미래를 생각한다면 훨씬 행복해질 수 있다는 확신을 주는 데 중점을 두었다. 프로그램에 참가한 정한주 일병은 "감사편지를 받고 '이곳에서도 나를 생각해주는 사람이 있구나'라는 생각에 정말 큰 힘이 됐다"고 소감을 밝혔다.

군단에서는 '찾아가는 행복플러스' 외에도 '초급간부 행복플러스' '군인가정 행복플러스' '생명사랑 행복플러스' 등 4가지 프로그램을 시행해 사고 예방은 물론 병영문화 혁신과 전투력 극대화에 큰 효과를 거두고 있다는 평가를 내렸으며, 이후 이들 프로그램은 전 군에 확대됐다. 2018년 9월, 육군 군종장교들을 대상으로 한 회복력 교육을 갔을 때 만난 장교들은 아직도 대부분 행복플러스를 진행하고 있었고, 이 프로그램에 대해 대단한 자부심을 갖고 있었다. 참 행복했다.

신 목사님은 현재 대전장로교회 담임목사로 재직하면서 교회에도 행복플러스를 적용하고 있다. 대부분 교회 프로그램에 행복플러스가 포함된다. 앞으로 보다 많은 교회, 지역사회가 행복플러스를 통해 강점을 찾고 발휘해 더 행복해졌으면 좋겠다.

긍정도구 18
대표 강점을 새로운 방식으로 활용하기(우문식)

"당신의 본성에 가장 가깝고, 당신을 한 사람으로 정의해주는 강점은 무엇인가?" 이 질문은 대표 강점 중 최고의 강점을 선정하는 데 가장 중요하고도 유일한 기준인 것 같다. 자신의 대표 강점 중 자신을 가장 잘 정의해주는 강점이 감상력이라고 말하는 대학생은 이렇게 묘사했다.

"저는 아름다운 것을 음미하는 감상력이 제 대표 강점이라는 사실을 알았어요. 그 전에는 제가 그런 식으로 세상을 바라본다고 생각하지 못했죠. 그런데 알고 보니 그것이 바로 세상의 모든 것에 접근하는 제 방식이었어요. 저는 공부할 때도 자연 속에서 시간을 보내려고 하죠. 친구들과 어울리다 그들의 불평을 들을 때면 그 말 속에 숨은 진실을 찾아내려고 애써요. 그리고 그렇게 찾아낸 진실이 아름다운 것이라고 생각하죠. 저는 새로운 기술과 낡은 기술, 텔레비전 쇼, 사람들을 보면서 아름다움을 찾아냅니다. 다른 사람들이 그냥 지나쳐버리는 것을 저는 볼 수 있죠. 아름다움은 하루 종일 제 마음속에서 가장 중요한 부분을 차지하고 있는 것 같아요. 경이와 경외심도 언제나 저를 기다리고 있죠."

이 대학생은 대표 강점이 자신의 본모습(정체성)을 어떻게 묘사하는지, 자신이 인생을 어떻게 살아가는지(행동)에 대해 이야기한다. 이처럼 대표 강점은 우리의 긍정적 정체성과 이 세계에서 우리가 취하는 행동 방식을 보여준다. 이렇게 대표 강점 중 자신을 가장 잘 나타내는 것을 선택해 매일 새로운 방식으로 발휘해보자. 강점은 한 가지가 될 수도 있고 2가지가 될 수도 있다. 그것은 일관적으로 행복을 증진시키고 우울감을 감소시키는 효과를 낳는다.

직장에서 대표 강점을 4가지 또는 그 이상 발휘하는 것은 보다 긍정적인 직업 경험을 하게 하고, 만족도를 높여주며, 자신의 일을 천직으로 삼는 지름길이다. 대표 강점 활용은 직무 몰입도나 직무 만족도와 연관돼 있기 때문이다. 이 사실은 2013년 나의 박사학위 논문 「긍정심리의 긍정정서와 성격강점이 조직성과에 미치는 영향」에서도 확인한 바 있다.

앞에서도 강조했지만 자신의 대표 강점을 찾은 것만으로 충분하지 않다. 그러한 성격강점을 일상에서 활용해야 한다. 성격강점은 더 나은 직장 환경과 관련돼 있다. 또한 몰입과 의미, 긍정정서, 긍정관계 같은 행복의 다양한 요소와 연관돼 있다. 성격강점은 성취나 성과와도 관련 있다. 또한 직무 스트레스 완화와 심리치료에도 도움이 된다. 그렇다면 어떻게 실질적으로 활용할까.

오랫동안 우울증을 앓고 있는 한 여성은 마음챙김과 성격강점 프로그램을 연구했다. 그녀는 특히 성격강점의 영향을 많이 받았다. 이 여성은 우울증을 치료하고자 심리치료와 명상수련을 10여 년 동안 꾸준하게 받았다. 리안 니믹은 그 여성과 함께 몇 주 동안 '대표 강점을 새로운 방식으로 활용하는 법'을 실습하면서 다음과 같은 대화를 나누었다.

"제가 매일 대표 강점 약을 복용해야 한다는 사실을 깨달았어요."

"그게 무슨 말이죠?" 니믹이 물었다.

"제 호기심이나 친절, 감사를 새로운 방식으로 활용할 때 기분이 훨씬 더 좋아져요. 대표 강점을 활용해야 한다는 사실을 잊어버리면 기분이 나빠지죠. 그러니까 대표 강점은 약과 같은 효과를 발휘해요."

"더 자세히 말해주세요." 니믹이 말했다.

"그러니까 이런 거죠. 제가 대표 강점을 활용해 새로운 접근법을 취하면 천장이 열리면서 이 세상을 보다 명확하게 볼 수 있어요. 파란 하늘과 초록 나무도 볼 수 있죠. 나는 사람들과 관계를 맺고 싶어요. 그럼 기분이 훨씬 좋아져요. 그래서 제 대표 강점을 동원해 행동을 취해요."

"심리 훈련처럼 들리네요." 니믹이 말했다.

"바로 그거예요. 마치 러닝머신에서 달리는 것과 같죠. 제가 행동을 취하는 건전한 상태를 유지하게 해주거든요."

당신이 심리적 증상(우울, 분노, 불안 등)을 갖고 있다면 대표 강점을 새로운 방식으로 활용하는 법을 배워라. 이 증상들이 스트레스를 암시하는 것처럼 성격강점(감사, 희망, 친절, 호기심 등)은 행복과 만족, 흥미, 몰입, 목적, 삶의 의미를 나타낸다. 연구 조사와 심리치료 경험에 따르면 분노와 적대감, 복수심 같은 부정정서를 경험하는 사람들이나 자아도취적 특성을 지닌 사람들은 많은 심리 문제를 겪을 가능성이 훨씬 크다. 반면 감사와 용서, 친절, 사랑을 경험하는 사람들은 삶에 만족할 가능성이 더 크다. 이제 당신은 자신의 대표 강점을 알고 있다. 그러므로 강점 활용 기술을 키워 부정성을 관리할 뿐 아니라 더 행복해지기 위해 대표 강점을 어떻게 활용할 수 있는지에 전념하자.

제임스는 1년의 치료 중단 기간을 포함해 약 6년 동안 엠마의 심리치료를 하고 있다. 2년 전, 거의 유일한 친구의 죽음을 겪은 후 엠마는 다시 심리치료실을 찾았다. 최근 엠마의 심리치료에 긍정심리학의 긍정도구 두세 가지를 적용했다. 엠마는 유아기부터 성장기, 심지어 최근까지 거의 모든 방식으로 학대받았고 중증 우울증에 자살 시도 경력도 있다.

가장 먼저 엠마에게 대표 강점 검사를 받을 것을 권했다. 그녀는 자신을 '인간쓰레기'라고 믿고 있는데, 그 모습이 아닌 깊이 감춰진 자신의 참모습을 보게 도와주기 위해서였다. 그 검사는 명확한 자아상을 세울 토대였으며, 내가 들고 있는 깨끗한 거울에 비친 선명한 엠마의 모습을 상징하는 도구였다. 진전은 더뎠다. 하지만 곧 엠마는 강점에 대해 이야기하고, 자신의 진짜 강점을 찾아내고, 그 중 몇 가지 강점 때문에 자신이 얼마나 곤란을 겪었는지 알아차렸으며, 그 강점과 그 밖의 강점을 유리하게 활용할 영역을 확인하고, 자신의 계발되지 않은 강점을 키우는 데 도움이 될 강점이 무엇인지 알아냈다.

사흘 후 엠마는 종이 두 장을 들고 나타났다. 거기에는 엠마가 시도하려고 마음먹은 7가지 항목과 단계가 적혀 있었다. 그 내용을 읽는 동안 제임스는 눈물을 흘렸고 엠마는 내내 웃는 얼굴이었다. 엠마는 여간해선 웃지 않았다. 참으로 기쁜 순간이었다. 게다가 엠마는 무기력 학습과 연관된 가장 중요하고도 가장 힘겨운 수렁에서 벗어나고 있었으며 심리치료 대상의 일부였던 개인적 문제를 떨쳐내고 있었다.

심리적 증상을 관리하려면 강점 활용 기술을 집중적으로 알아봐야 한다. 왜냐하면 강점 활용 부족 및 활용 남용을 구분할 수 있어야 하기 때문이다. 엠마 사례에서도 살펴봤지만 대표 강점을 너무 남용하면 증상을 악화시킬 수 있다. 이제 효과적인 심리치료를 위해선 대표 강점 활용 부족 및 활용 남용을 알아차려야 한다. 그럼 실제 긍정심리치료를 받으러 온 내담자들의 3가지 상황을 살펴보자.

중년 남성 내담자 살림은 소매업 관리자이며, 공정함이 대표 강점이어서 모든 상황을 공정한 관점에서 가늠해본다. 심지어 직원들과 동료들의 온화한 몸짓도 '불공평한' 것이라고 인지해 고립됐다.

젊은 여성 내담자 미셸의 대표 강점은 용서와 친절, 겸손이다. 미셸은 자신의 강점을 남용해 다른 사람들에게 이용당하기만 했다. 결국 다른 사람들에게 '발 깔개' 취급을 받는 지경에 이르렀다고 했다.

여성 내담자 아킬라의 대표 강점은 호기심과 학구열이다. 아킬라는 모든 것을 '조사하는' 데 지나치게 많은 시간을 투자해 학교나 직장에서 과제를 완성하기가 점점 더 힘들어졌다.

이런 상황에서 내담자의 의도는 좋았다. 하지만 의도가 좋고 자신의 대표 강점을 아는 것만으로는 부족하다. 강점 활용 기술이 필요하고, 그 기술을 사용해 문제를 해결하려는 의지도 필요하다. 긍정심리치료에서는 그러한 기술을 '실용 지혜'라고 한다. 내담자들의 증상에 맞게 적용, 실습시키는 기술이라는 것이다.

실제로 사람들은 대표 강점을 새롭게 활용하는 방법을 찾아내기 힘들어 한다. 자신들의 강점을 잘 이용하지 못하는 경우가 흔하고, 강점을 발휘할 때도 거의 무의식적으로 행동한다. 예를 들면 이를 닦을 때 자기 통제력을 이용하고 있는지, 운전하는 동안 신중성이나 친절을 얼마나 발휘하는지, 팀 회의에서 겸손을 얼마나 발휘하는지 확인하지 않는다는 것이다.

이제 일상활동을 할 때 의식적으로 대표 강점을 새로운 방식으로 발휘해보자. 팀 회의 진행과 전화 받을 때, 고객과 일대일 상담을 할 때, 가까운 사람과 이야기 나눌 때, 화나고 불안하며 우울할 때 이렇게 혼잣말을 해보자. "이럴 때 내 대표 강점을 새롭게 활용하고 싶어." 그러면 이미 당신이 습관적으로 하던 활동에 대표 강점을 이용하게 된다. 또한 대표 강점을 지속적으로 향상시키고 활용하는 방법에 대한 새로운 아이디어가 나온다.

긍정도구 19
마음챙김 명상(존 카밧진)

명상은 단순히 마음을 편안하게 만드는 것이 아니라 뇌를 변화시켜 행복을 증진시켜준다. 2006년 『뉴욕타임스』를 비롯한 미국의 주요 언론에는 티베트 불교의 지도자 달라이 라마에 대한 흥미로운 기사가 실렸다. 달라이 라마가 신경과학회에서 명상 수련을 하면 뇌에 변화가 일어난다는 내용의 강연을 했다는 것이다. 단순한 추측이 아니다. 실제로 지속적으로 명상 수행을 해온 티베트 승려 175명을 대상으로 뇌 연구를 한 결과 한 사람도 예외 없이 왼쪽 전전두엽의 활동이 오른쪽 전전두엽에 비해 우세한 것으로 나타났다. 왼쪽 전전두피질은 낙관적이고 열정에 차 있고 기력이 넘치는 등 긍정감정 상태일 때 활기를 띠는 부분이다.

지금은 고인이 된 애플의 창업자 스티브 잡스도 30년간 매일 명상을 했다고 한다. 그는 "생각을 단순하게 만들 수 있는 단계에 도달하면 산도 움직일 수 있다"고 말했다. 지독한 일 중독자였던 그가 짧은 수면 시간에도 창의적이고 혁신적으로 발상할 수 있었던 건 20대부터 꾸준히 해온 명상의 힘이 컸을 테다.

지금 당신의 머릿속은 어떤가. 혹시 사이트 여러 개를 동시에 띄워 놓은 컴퓨터 화면 같진 않은가. 온갖 걱정으로 복잡해 도저히 무엇에든 몰입하기 힘들다면 명상을 해볼 것을 추천한다. 생각할 것도 많고 해야 할 것도 많은 바쁜 현대인이 따로 시간을 내 명상하기란 쉽지 않을 수도 있다. 하지만 하루 20분 정도의 명상은 6시간 정도의 수면 효과와 맞먹는다고 한다. 하루 20분만 시간을 내 명상을 지속적으로 하면 잠을 푹 자고 일어났을 때처럼 머리가 맑아지고 마음도 편안해져 그만큼 몰입하기도 쉬워진다.

명상을 하는 방법은 여러 가지가 있지만 긍정심리학에서는 마음챙김 명상을 추천한다. 마음챙김 명상의 창시자 존 카밧진John Kabat-Zinn에 따르면 마음챙김 명상이란 정신적인 게으름과 무감각을 극복하기 위해 주의력과 자각 수준을 높이는 명상법이라고 한다. 모든 감각을 열고 지금 이순간에 주의를 기울이고 자각하면서 살아갈 수 있도록 해주는 정신 상태를 말하며, 내면의 모든 생각과 감정을 분석하거나 판단하지 않고 그냥 관찰하는 것이다. 불교에서 시작한 명상법이지만 본질은 종교에만 국한된 것이 아니라 보편적인 것이어서 이미 미국에서는 특정 종교와 상관없이 1970년대 후반부터 심리치료에까지 널리 활용되고 있다. 카밧진은 만성적인 정신질환을 치료하기 위해 1979년 미국 매사추세츠대 의과대학에 마음챙김센터를 개소해 마음챙김에 근거한 스트레스 완화Mindfulness Based Stress Reduction·MBSR 프로그램을 실시했다.

마음챙김 명상은 현재를 자각하기다. 가장 이상적인 수행 시간은 20~25분이라고 알려져 있는데, 처음 시작하는 사람들은 5분, 10분에서 시작해 점점 늘려가면 된다. 명상은 누구에게도 방해받지 않고 편안히 앉아 있을 수 있는 장소에서 하는 것이 좋다.

적절한 장소를 찾았다면 조용히 눈을 감고 편안한 자세로 심호흡을 한다. 천천히 크게 숨을 들이마시고 내쉬면서 숨결을 느껴본다. 숨을 들이마시고 내쉴 때마다 감각이 어떻게 변해가는지 살핀 다음 다시 보통 때처럼 숨을 쉬어보자. 자연스럽게 호흡하면 된다. 들숨은 어떤 느낌이고, 날숨은 어떤 느낌인가. 호흡에 주의를 기울인다고 해서 호흡 그 자체가 목적은 아니다. 지금 이 순간, 이곳에 있는 연습을 하기 위해서다. 명상을 처음 하는 사람이라면 가만히 앉아 있는 것도 힘들고 머릿속은 온갖 생각으로 어지러울 것이다. 스스로에게 괜찮다고 말해주자. 자연스러운 현상이다. 자신을 나무라는 대신 주의가 흐트러졌다는 걸 깨달았다면 다시 호흡으로 돌아오면 된다.

떠오르는 생각이나 느낌을 억지로 억압해서는 안 된다. 오히려 역효과를 일으킬 수도 있다. 그저 생각이 흐르는 대로 내버려두고 있는 그대로의 사실을 받아들이자. 다시 자각하고 시작하면 된다.

마음챙김 명상에는 기본적인 3가지 기술이 있다. 연결(오감), 분리(생각), 확장(감정)이다. 연결은 5가지 오감을 모두 활용해 지금 어디에서 무엇을 하든 경험과 연결시키는 것이다. 분리는 생각을 있는 그대로 바라보는 것이다. 어떤 상황이 벌어져도 휘둘리지 않는다. 확장은 자신의 마음을 열어 감정을 위한 공간을 만드는 것이다. 그리고 부정감정이든 긍정감정이든 고통스러운 감정이든 밀어내려 하지 말고 자유롭게 흘러들어오도록 한다. 그냥 자각만 하고 있는 것이다.

마음챙김 명상은 멈추기와 존재하기에 관한 것이며 그것이 전부다. 당신이 어디에 가든 당신은 거기에 있다는 것이다. 그럼 일상에서 명상연습은 어떻게 해야 할까. 다음은 카밧진이 알려주는 멈추기 명상 방법이다.

> 하루를 보내는 동안 한 번쯤 멈추고 앉아 당신의 호흡을 느껴보라. 5분이 될 수도 있고 단 5초도 좋다. 현재 순간을 완전히 받아들이고, 당신이 느끼고 있는 것과 당신이 파악하고 있는 상황도 받아들이자. 이런 순간에는 어떤 것도 바꾸거나 고치려 하지 말고 그냥 호흡하면서 모든 것을 그대로 놔두라. 이 순간에 어떤 것을 다르게 고쳐야 한다는 의무감은 떨쳐버려라. 당신의 지성과 감성 속에서 이 순간이 정확히 있는 그대로 존재하도록 스스로에게 허용하라. 그리고 당신이 정확히 당신 자신으로 존재하도록 허용하라. 그러고 나서 준비됐을 때 당신의 가슴이 가라는 방향으로 움직여라. 주의 깊고 확고부동한 마음으로…….

마음챙김 명상은 저절로 이루어지는 것이 아니다. 주의에 집중하고 멈추는 연습을 해야 한다. 그렇게 기술을 갈고닦아야 이루어지는 것이다.

Happiness Can Be Made

긍정도구 20
시간의 선물(크리스토퍼 피터슨)

서로를 사랑하지만 가난한 연인이 있었다. 크리스마스가 다가오자 연인은 깊은 고민에 빠졌다. 서로에게 선물할 돈이 없었기 때문이다. 고민 끝에 남자는 자신이 갖고 있는 물건 중 가장 비싼 시계를 팔아 여자에게 머리빗을 선물한다. 여자가 탐스러운 긴 머리카락을 자신이 선물한 머리빗으로 빗는 모습을 상상하며 행복해한다. 하지만 여자는 긴 머리카락을 잘라 팔아 남자에게 시곗줄을 선물한다. 남자의 시곗줄이 낡았기 때문이다. 이는 유명한 단편소설의 내용이다. 이 소설은 『마지막 잎새』 저자인 오 헨리가 쓴 『매기의 선물』로 우리나라에서는 『크리스마스 선물』로 번역돼 출간됐다.

이 소설을 읽고 어떤 느낌을 받았는가. 가난한 연인이 안타깝고 자신에게 가장 소중한 것을 팔아 선물할 수밖에 없는 그들의 처지를 불쌍하게 느낄 수도 있겠지만 소설 속 연인은 그 누구보다 행복하다. 서로를 소중하게 생각하는 그들에게 가난은 아무런 문제가 되지 않는다. 소설 속에서 연인은 서로를 위해 아낌없이 시간의 선물을 했기 때문이다.

시간의 선물에는 사랑, 배려, 공감, 소통, 존중 모두가 들어 있다. 주변에서 최근 들어 불편한 관계에 있는 사람들을 떠올려보라. 그리고 그 이유를 찾아보라. 대부분 상대가 필요로 할 때, 상대가 원할 때 함께하지 못했기 때문일 것이다. 즉 시간의 선물을 못 했기 때문이다.

많은 사람이 타인을 위해 살기보다 자신을 위해 자기중심적으로 살아간다. 그러다 보니 친구와의 관계, 부부 간의 관계, 자녀와의 관계가 소원해지게 된다. 이 같은 현상은 나이 들수록 더욱 심화된다. 열심히 노력해 사회적 성공을 이루었지만 가족 간의 관계는 실패로 끝나는 모습을 주위에서 자주 볼 수 있다. 이는 직장이나 환경적으로 어쩔 수 없는 상황에 처하거나 성공과 물질로 보상하고자 하는 욕구가 강해서다.

나 역시 지난 10년 이상 자기중심적 사고와 사회적 성공, 물질적 선물만을 위해 앞만 보고 질주하다 아내와 아이들과의 관계가 최악의 상황에까지 간 적이 있었다. 우리에게는 이 같은 외적 보상보다 타인에게 나누어 줄 무척 소중한 내적 선물이 있다. 그것은 결코 되돌릴 수 없는 것이기 때문이다. 그 선물이 바로 시간의 선물이다.

나는 지금까지 살아오면서 내가 노력을 통해 이루고자 한 것은 대부분 성취했다. 그런데 딱 한 가지 안 되는 것이 있었다. 바로 돈이다. 지금은 많이 좋아졌지만 야속하리만큼 돈은 마음대로 되지 않았다. 그로 인해 경제적 고통을 받아온 아내에게 늘 미안함과 고마운 마음을 갖고 산다. 지금도 돈과 관련해 아내를 생각하면 눈물부터 난다. 나는 남을 따라 하기보다 새로운 것을 시도하길 좋아한다. 그러다 보니 너무 앞서간다. 돈을 벌려면 적당히 앞서가야 하는데 너무 앞서가다 보니 고생은 고생대로 하고 돈은 뒤에 따라오는 사람들이 모두 챙긴다.

출판사를 경영할 때의 이야기다. 1980년대 초는 컴퓨터 도입 시기라 책에 '컴퓨터'라는 제목만 달아도 몇천 부씩은 순식간에 나가던 시기였다. 하지만 나는 그 당시 우리나라 산업구조가 일본을 닮았기 때문에 머지않아 공장자동화와 물류 도입이 필수적이라는 예견으로 수차례 일본을 오가며 자료를 수집하고 책을 출간했다. 이미 일본은 공장자동화를 기반으로 이루어진 생산혁명이 미국을 위협할 정도였기 때문이다. 자기계발 서적이 절정을 이루던 2010년대 나는 긍정심리학 분야 책에만 집중했다. 행복을 과학적으로 만들어주는 긍정심리학이 우리나라 국민의 행복도를 높여줄 수 있다고 확신했기 때문이다. 결국 부도가 나고 경제적 어려움을 겪었다. 부도를 극복하기란 쉽지 않았다. 부도는 사업장뿐 아니라 가정경제에도 치명적인 영향을 미쳤다. 아내가 대기업 간부로 근무하고 있었지만 두 아이의 유학비를 포함해 지출되는 비용이 워낙 많았기에 혼자 감당하기란 고통스러운 일이었다.

일시적인 것도 아니고 몇 년 동안 지속되다 보니 아내는 지쳐가고 무기력해지며 우울증세까지 왔다. 이런 상황에서도 나는 오직 돈으로만 해결할 수 있는 문제라고 생각했다. 그래서 아내에게 늘 조금만 더 기다려달라고 했다. 처음엔 아내가 믿고 기다렸지만 시간이 흐르면서 나에 대한 믿음은 깨지고 슬픔과 불안감, 우울감만 커져갔다. 급기야 최악의 상황으로 치달았다. 그렇지만 경제적으로 해결할 수 있는 방법은 그 어디에도 없었다. 나는 이때 간절한 마음으로 시간의 선물을 선택했다.

처음에는 오히려 역효과가 났다. 그동안 익숙한 환경 속에 나의 시간의 선물은 아내를 불편하게 만들었기 때문이다. 아내가 불편하게 받아들인다고 포기할 수 없었다. 시간의 선물이 검증된 긍정도구이고 더는 해결 방법이 없어서다. 돈으로만이 아닌 시간으로 할 수 있는, 아내가 원하는 것, 아내가 필요로 하는 것, 아내가 좋아하는 것들을 찾아 행동으로 옮겼다. 그렇게 하기를 2년여, 그동안 남편으로서, 평소 내 스타일로 보면 참기 힘든 모욕감도 여러 번 느꼈지만 인내와 희망을 갖고 노력한 결과 아내의 마음의 문이 조금씩 열리기 시작했다. 그리고 3년이 지나자 정상적인 관계가 회복됐다. 아내와의 관계가 개선되자 아이들과의 관계도 좋아졌다. 지난 1년을 돌아봐도 가장 행복한 시간이 된 것 같다.

다음은 내가 아내에게 시간의 선물을 한 사례다.

나는 자기중심적인 사고가 누구보다 강하다. 어릴 때부터 누구의 도움을 받아본 적 없이 나 혼자 결정하고 행동하다 보니 익숙해졌기 때문이다. 그것은 장점도 되지만 관계를 형성하는 데 약점도 된다. 자기중심적이다 보니 모든 면에서 내가 우선이고 내일이 우선이다.

그런 내가 시간의 선물로 나보다 일찍 출근하는 아내를 위해 매일 아침을 챙겨주게 된 계기가 있다. 당시 나는 조찬 모임을 몇 군데 다녔다. 어느 날 중요한 조찬 모임이 있는 날이었다. 새벽에 집을 나서는데 아내의 차에 눈이 하얗게 쌓여 있었다. 그냥 지나쳐 몇m 가다 다시 뒤돌아와 아내의 차를 보니 그냥 갈 수가 없었다. 그래서 아내의 차에 쌓인 눈을 치우고 아침을 챙겨주었다. 그 후부터는 조찬 모임을 대부분 줄이고 아내에게 시간의 선물을 하고 있다. 조찬 모임을 통해 새로운 정보와 지식을 습득하고 인간관계를 확장시키는 것도 중요하지만 이젠 아내에게 시간의 선물을 하는 것이 더 중요하기 때문이다. 나는 아내가 기뻐하는 모습을 보는 것이 가장 행복하다.

당신이 시간의 선물을 할 사람은 누구인가. 그동안 소홀하게 대했던 사람들을 떠올려보라. 당신이 관심을 두고 있는 사람들을 떠올려보라. 불편해진 사람들을 떠올려보라. 시간의 선물이 필요한 사람들을 떠올려보자는 것이다. 당신이 가진 것이 시간뿐이라면 그 사람을 위해 무엇을 해줄 수 있는가. 돈이나 물건으로 선물을 하는 방법도 있지만 이 연습활동에서는 당신이 소비한 시간만큼 관계의 정도가 나타난다. 그들을 위해 무엇을 하든, 그들과 함께 무엇을 하든 그 사람을 위해 시간을 어떻게 쓸 것인지 계획하라. 그 사람을 위해 쓸 수 있는 최대한의 시간을 쓰라. 그리고 당신의 도움을 받은 사람에게 당신이 얼마만큼의 시간을 들였는지 말하지 마라.

다음은 피터슨의 시간의 선물인 감사편지다.

'바쁜 와중에도 나에게만은 시간을 내어주고 어려운 일이 있을 때도 우리의 우정이 깨지지 않은 것에 나는 고마워하고 있어. 같은 광경도 보는 사람에 따라 다르게 보이지. 너의 좋은 점은 눈으로는 확인할 수 없어. 다만 그것은 네 안에 있고, 네가 살아온 과정 안에 있으며, 네가 나에게 해준 모든 것 안에 있어. 아주 멋진 너의 인생 속에 내가 있다는 사실에 정말 감사해.'

긍정도구 21
적극적이며 건설적인 반응 기술(셜리 게이블)

긍정관계에서 가장 중요한 것은 무엇일까. 상대를 기분 좋게 해주고 상대가 나를 좋아하게 만드는 것이다. 적극적이며 건설적인 반응 기술이 상대를 기분 좋게 해주고 나를 좋아하게 만드는 도구다. 인간관계는 상호적이다. 손바닥도 마주 쳐야 소리가 나듯 인간관계도 어느 한쪽만 노력해서는 긍정관계를 만들기 어렵다. 긍정관계를 만들려면 상대방이 어떤 긍정 이야기를 했을 때 잘 반응해주어야 한다. 어떻게 반응하느냐에 따라 그 사람과의 관계가 발전할 수도 있고, 보기만 하면 으르렁거리는 원수지간이 될 수도 있다.

먼저 사람들이 말할 때 평소 어떻게 반응해왔는지 떠올려보자. 친구가 좋은 자동차를 샀다고 자랑할 때, 좋은 성적을 거뒀다고 말할 때,

새 집을 장만했다고 뿌듯해할 때 어떻게 반응해왔는지 잠시 생각해보자. 만약 친구가 다이어트에 성공한 일을 들떠서 이야기한다면 다음 중 어떤 반응을 보이는지 골라보자.

1번: "우리, 뭐 먹으러 갈까?"

2번: "얼마 못 가서 금방 다시 살이 찔걸?"

3번: "잘됐네."

4번: "한눈에도 날씬해진 걸 알겠어. 축하해! 주변에서는 뭐라고 해? 날씬해졌다고 하지? 거울 보면 기분이 어때?"

만약 1, 2, 3번 가운데 하나를 골랐다면 친구는 이야기해놓고도 곧 후회하거나 만족스럽지 못할 것이다. 하지만 4번을 골랐다면 친구와의 관계가 더욱 친밀해질 가능성이 높다.

사람들은 어떤 이야기를 했을 때 부정적인 반응보다 긍정적인 반응을 기대한다. 예를 들어 새 차를 뽑고 잔뜩 기대에 부풀어 "이 차, 어때?"라고 질문했을 때 시큰둥하게 "응, 괜찮네"라고 대답하면 기분이 나빠진다. 반대로 "정말 끝내주는데! 시승식은 누구와 했어? 가장 먼저 어디에 가보고 싶어?"라는 반응을 보이면 기분이 좋아진다.

사람들이 타인의 긍정경험을 듣고 난 후 반응하는 기술은 기본적으로 4가지가 있다. 첫째, 적극적이며 건설적인 반응 기술이다. 이 기술은 진실하고 열광적인 지지를 보내고, 진정한 미소와 신체 접촉, 미소 등의 태도로 감정을 표현하며, 눈 맞춤을 유지한다. 둘째, 소극적이며 건설적인 반응 기술이다. 절제된 지지를 보내며 적극적인 감정 표현이 거의 없다. 셋째, 적극적이며 파괴적인 반응 기술이다. 긍정적 사건의 부정적인 측면을 지적한다. 눈썹을 찡그리거나 인상 쓰기 등 부정정서를 표현한다. 넷째, 소극적이며 파괴적인 반응 기술이다. 이 기술은 긍정적인 사건을 무시한다. 눈 맞춤도 하지 않고 고개를 돌리며 밖으로 나간다.

처음 질문에서 1번을 골랐다면 소극적이며 파괴적인 반응, 2번을 골랐다면 적극적이며 파괴적인 반응, 3번을 골랐다면 소극적이며 건설적인 반응, 4번을 골랐다면 적극적이며 건설적인 반응을 보인 것이다.

셜리 게이블Shirley Gable 미국 캘리포니아대 교수는 연구 끝에 타인의 긍정경험을 듣고 적극적이며 건설적인 반응을 보일 때 애정과 우정이 증가한다는 사실을 알아냈다. 긍정관계를 원한다면 사촌이 땅을 사면 함께 웃고, 당신의 일처럼 기쁘게 반응해야 한다. 이것이 셀리그만이 말하는 적극적이며 건설적인 반응 기술이다.

이제부터는 누군가 자신이 겪은 좋은 일을 들려줄 때마다 세심하게 경청하고 적극적이며 건설적인 반응을 보이도록 하자. 당신의 반응에 상대방은 신바람이 나서 오래 이야기하고 기분이 좋아질 것이다. 누구를 만나러 가든 상대방이 긍정적 사건을 말할 때 어떻게 적극적이며 건설적인 반응 기술을 보일지 사전에 준비하자.

긍정적 사건 공유	반응 유형	당신의 반응
"여보! 회사에서 승진하고 월급도 올랐어요!"	적극적이며 건설적	"대단해! 당신이 정말 자랑스러워. 그 승진이 당신에게 얼마나 중요한지 알고 있어! 어떻게 진행된 건지 어서 얘기해봐. 사장님은 뭐라고 그래? 당신은 뭐라고 말했어? 밖에 나가서 축하해야 할 일이야. 가자, 내가 한턱 쏠게!" 비언어적 반응: 진정한 미소, 신체 접촉, 웃음 등의 태도로 감정 표현, 눈 맞춤 유지
	소극적이며 건설적 (절제된 지지)	"좋은 소식이네. 당신은 승진할 만해." 비언어적 반응: 적극적인 감정 표현이 거의 없음
	적극적이며 파괴적	"책임이 늘었다는 소리로 들리는군. 이제 야근하는 날이 훨씬 더 많아지는 거야?" 비언어적 반응: 눈썹 찡그리기, 인상 쓰기 등 부정정서 표현
	소극적이며 파괴적	"저녁 식사는 뭐야?" 비언어적 반응: 눈 맞춤 결여, 고개 돌리기, 방에서 나가기
"우리 정훈이 이번에 반에서 1등 했대."	적극적이며 건설적	"와, 진짜 잘됐네. 열심히 노력하더니 드디어 해냈네! 어떻게 공부시켰어? 정말 자랑스럽네." 비언어적 반응: 진정한 미소, 눈 맞춤 유지, 웃음 등의 태도로 감정 표현
	소극적이며 건설적	"잘 됐네." 비언어적 반응: 적극적인 감정 표현이 거의 없음
	적극적이며 파괴적	"다음 달에 시험 볼 때 스트레스 많이 받겠네. 다시 1등 하기가 쉽지 않을 텐데." 비언어적 반응: 부정정서 표현
	소극적이며 파괴적	"얘, 모임 시간 늦겠다. 빨리 가자!" 비언어적 반응: 눈 맞춤 결여, 고개 돌리기

긍정도구 22

확신에 찬 의사소통 방식(마틴 셀리그만)

의사소통에는 소극적인 방식, 공격적인 방식, 확신에 찬 방식이 있다. 이 방식의 차이점은 무엇일까. 각 방식의 단어, 어투, 속도, 몸짓은 무엇일까. 각 방식은 어떤 메시지를 전달할까. 한 예로, 소극적인 소통 방식은 '어쨌든 당신은 내 말에 절대 귀 기울이지 않을 거야'라는 메시지를 전달한다. 긍정심리학 연구에서 알아낸 바에 따르면 대부분의 사람은 한 가지 소통 방식을 지향하며, 이 방식을 억제하는 빙산믿음을 찾아내는 것이 무엇보다 중요하다. '약점이 조금만 보여도 사람들은 이용할 것이다'라는 빙산믿음을 지닌 사람은 대체로 공격적인 소통 방식을 지향한다. '불평하는 것은 나쁘다'라는 믿음은 소극적인 소통 방식을, '세상에는 신뢰할 만한 사람이 많다'라는 믿음은 확신에 찬 소통 방식을 끌어낸다. 따라서 다음의 다섯 단계로 이루어진 확신에 찬 의사소통 방식을 교육한다.

1. 상황을 확인한 후 이해하려고 노력한다.
2. 그 상황을 주관적으로 정확하게 묘사한다.
3. 관심을 표현한다.
4. 상대방의 견해를 묻고 그것을 받아들이려고 노력한다.
5. 그의 견해를 받아들일 때 얻게 될 이점을 나열한다.

이 긍정도구는 셀리그만이 이끄는 미 육군 회복력 훈련에 포함된 중요한 도구다. 훈련에 참가한 부사관들은 군인으로서 흔히 접하는 상황을 다룬 역할극을 통해 이 소통 방식을 연습한다. 즉 전우가 술을 너무 많이 마시더니 만취한 상태로 운전을 한다, 아내가 별 필요도 없는 물건을 자꾸 사들인다, 동료 대원이 물어보지도 않고 자신의 소지품을 계속 가져다 쓴다 등이다. 이 역할극에 이어 부사관들은 자신이 현재 직면한 곤란한 상황을 확인하고 확신에 찬 소통 방식을 실제로 적용해 본다. 자신이 가족에게 어떤 방식으로 말하고 있는지 조사하다 보면 마음이 아프다. 아내에게는 너무 공격적으로, 자녀에게는 너무 강압적으로 말한다고 고백하는 부사관이 많다. 매사 신속하고 명령을 지향하는 군대에서 일하다 가정에서 훨씬 더 효과적인 민주적인 소통 방식으로 바꾸기가 어렵기 때문이다.

이 수업이 끝난 후 한 부사관이 복도에서 셀리그만에게 고맙다고 하면서 이렇게 말했다. "3년 전에 이걸 배웠더라면 전 이혼하지 않았을 겁니다."

군대뿐 아니라 가정과 직장에서 자주 접하는 상황을 다룬 역할극을 통해 이 소통 방식을 연습해보자.

긍정도구 23

부부관계를 한층 더 발전시키는 방법(마틴 셀리그만, 존 고트먼)

셀리그만은 행복한 부부를 위한 방법을 찾고자 결혼 문제에 관한 수많은 지침서를 참고했는데, 결혼 문제를 다루고 있는 책 대부분이 불행한 결혼을 잘 참고 극복하는 방법에 관한 것이었기 때문에 울적한 마음을 떨치기 어려웠다고 한다. 여기에는 아내를 폭행하는 남편, 원한만 쌓이는 아내, 고약한 시어머니 등 서로를 탓하며 관계가 악화되는 이야기들뿐이었기 때문이다.

이 긍정도구의 목적은 파탄 직전에 있는 부부의 문제점을 해결하는 데 있는 것이 아니라, 원만한 부부관계를 한층 더 발전시켜 행복하게 만들 수 있는 방법을 알아보는 데 있다. 따라서 이미 충실한 부부관계를 강화시키는 비결을 모색하는 데 초점을 맞추었다.

첫째, 결혼이 자신의 대표 강점을 발휘하는 일상 수단이 될 때 부부는 더 행복해진다. 사실 결혼은 날마다 감사를 전할 수 있는 일상 수단이기도 하다. 남자가 여자에게, 여자가 남자에게 사랑을 느끼는 것은 바로 상대방이 지닌 강점과 미덕 덕분이다. 그러나 첫눈에 반하게 한 장밋빛 사랑은 퇴색하기 마련이어서, 제아무리 소문난 잉꼬부부라 해도 결혼생활에 대한 만족도는 10년이 지나면서 차차 낮아진다. 처음에는 자신의 마음을 사로잡았던 배우자의 강점이 어느새 당연하게 생각되고, 감탄의 눈길로 바라보던 배우자의 행동은 보기 싫어지고 경멸스럽기까지 한다. 어디 그뿐인가. 처음에는 마냥 좋기만 하던 착실함과 극진함이 이젠 답답하게만 보이고, 한결같은 모습은 심지어 짜증스럽기까지 하다. 발랄한 말솜씨는 쓸데없는 수다로만 들리고 지조는 고집불통으로, 끈기는 독기로, 친절함은 경박함으로 보인다.

둘째, 행복한 부부와 이혼할 부부를 정확히 예측할 수 있다. 미국 워싱턴대 교수이자 고트먼연구소 소장인 존 고트먼John Gottman 박사는 이혼할 부부와 원만한 부부관계를 지속할 부부를 예측한 다음, 이 예측 자료를 토대로 더 행복한 결혼생활을 꾸리기 위한 프로그램을 개발했다. 자신의 '사랑 실험실'(자기 집처럼 아늑함과 편안함을 느끼게끔 꾸미고, 밖에서만 볼 수 있는 일방 투명경을 설치한 방)에서 주말 내내 하루 12시간씩 수백 쌍의 부부가 생활하는 모습을 지켜본 고트먼은 90%의 정확도로 이혼 부부를 예측했다. 그는 이혼으로 이어지게 하는 부부 갈등의 요소를 다음과 같이 꼽았다.

- 신랄하고 모진 말다툼
- 배우자에 대한 비난
- 경멸감 표시
- 자기방어적인 과민한 대응
- 배우자의 의견을 무조건 무시하는 태도
- 거부하는 몸짓

고트먼은 또한 세월이 흐를수록 행복해질 부부도 정확하게 예측했다. 이런 부부는 하루 평균 1시간씩 배우자를 위해 투자한다. 고트먼이 발견한, 행복한 결혼을 유지하기 위한 비결을 다음과 같다.

아침에 헤어질 때 출근하기 전 배우자의 하루 일과 중 한 가지를 알아둔다(2분×5일=10분).

저녁에 다시 만날 때, 하루 일과를 마친 후 서로 가볍고 편안한 이야기를 나눈다(20분×5일=1시간 40분).

애정 표현 쓰다듬기, 포옹, 키스 등으로 다정하고 포용할 수 있는 분위기를 조성한다(5분×7일=35분).

주말 데이트 부부만의 오붓한 시간을 보내면 정이 깊어진다(주 1회 2시간).

칭찬과 감사 적어도 하루 한 번씩 칭찬하고 감사하는 마음을 전한다(5분×7일=35분).

셋째, 긍정적 환상이 큰 부부일수록 행복하고 안정된 결혼생활을 한다. 샌드라 머레이Sandra Murray 미국 뉴욕주립대 교수는 사랑을 학문적으로 연구하는 사랑학 전문가로서 사랑의 환상을 객관적으로 연구했다. 머레이는 사랑에 영향을 주는 환상의 효과를 측정하는 방법을 개발했다. 다시 말하면 많은 부부와 연인에게 실제 자신의 배우자(또는 애인)와 상상 속의 이상적인 배우자를 다양한 강점과 약점을 기준으로 평가하도록 했다. 아울러 그들의 친구들에게 남편과 아내에 대해 따로 따로 평가하도록 했다. 여기서 중요한 척도는 배우자의 평가와 친구의 평가 간 차이였다. 긍정적인 부분에서 차이가 클수록 배우자가 당신에게 갖고 있는 사랑의 '환상'이 큰 것이다.

주목할 만한 사실은 그 환상이 큰 부부일수록 행복하고 안정된 결혼생활을 한다는 점이다. 결혼생활에 만족하는 부부는, 친한 친구들은 전혀 강점으로 여기지 않는 것조차 서로 강점으로 본다. 배우자의 약점도 호의적으로 미화시키는 것이다. 이와 달리 결혼생활에 만족하지 못하는 부부는 서로에 대한 '일그러진 이미지'를 갖고 있다. 이들은 친구들이 평가한 것보다 배우자의 강점을 훨씬 더 낮추어 보는 것이다. 가장 행복한 부부는 배우자를 긍정적으로 대하고, 약점보다 강점을 부각시키며, 불행한 일도 함께 극복할 수 있다고 믿는다. 이런 부부는 실제로 불행한 일을 겪을 때조차 배우자를 긍정적으로 보는 경향이 크며, 이 같은 경향은 서로에 대한 환상의 강도에 비례한다.

머레이가 지적하듯 긍정적인 환상을 통해 자기실현을 하는 것은 자신을 이상형으로 여기는 배우자의 믿음을 저버리지 않게끔 노력하는 것이다. 또한 긍정적인 환상은 부부 간의 불화나 갈등에 대한 완충재 역할을 하는데, 이는 일상의 피곤함을 다소 도발적으로 표출해도 서로가 너그러이 받아주는가 하면, 실수를 눈감아주고 약점을 강점으로 계발할 수 있도록 격려해주기 때문이다.

넷째, 행복한 부부는 먼저 상대방의 의견을 존중해주는 '공감적' 대화법을 재치 있게 활용할 줄 안다. 의견 충돌이 있을 때마다 사소한 것에 병적으로 집착하는 남편의 '어처구니없는' 단점을 가벼이 받아넘기는 아내는 이렇게 말했다.

"나는 이런 방법이 효과가 있다고 믿어요. 우린 지금까지 사소한 의견 충돌로 큰 싸움을 벌인 적이 없으니까요."

또 어떤 아내는 자신감이 부족한 남편에 대해 이렇게 말했다. "남편을 더욱 따뜻하게 대해야겠다는 생각이 들어요." 집요하고 완고한 배우자에 대해 이렇게 말하는 아내도 있다. "난 남편의 굳은 신념을 존중해요. 그래야 부부관계가 돈독해질 수 있다고 믿거든요." 그런가 하면 남편의 질투심을 '자기 존재를 소중하게 여기는' 징표라고 이해하는 아내도 있다.

너무 쉽게 결정하는 아내에 대해 이렇게 생각하는 남편도 있다. "처음에는 아내가 경솔하게 보였는데, 만일 아내가 그런 태도를 고친다면 우리 부부관계가 힘들어질 것 같아요." 또한 숫기가 없는 아내를 두고 "아내가 밝히고 싶어 하지 않는 아내만의 비밀을 억지로 캐내려 하지 않아요. 외려 아내의 그런 점이 저는 좋습니다"라고 말하는 남편도 있다.

Happiness Can Be Made

긍정도구 24
무기력 극복하기(마틴 셀리그만)

무기력 학습은 1965년 셀리그만이 펜실베이니아대 대학원 재학 중 발견한 이론으로 뭔가 여러 번 시도해도 실패하거나 변화시킬 수 없다고 여기고 스스로 포기하는 것을 말한다. 셀리그만은 개 실험을 통해 자신이 할 수 있는 게 하나도 없는, 전기충격을 처음 경험한 개들의 70%가 점차 수동적으로 변해 역경에 맞서는 것을 포기한다는 사실을 발견했다. 개들이 무기력을 학습한 것이다. 이후 사람들을 상대로 한 실험에서도 똑같은 결과가 나왔다.

낙관성 학습은 셀리그만이 1978년 발견한 이론이다. 개 실험을 통해 무기력 학습을 발견할 당시 70%는 무기력했지만, 30%는 무기력해지지 않았다. 그들은 무기력이 학습되지 않은 것으로, 그것이 낙관성 학습으로 발전됐다.

낙관성 학습의 2가지 핵심 개념은 무기력 학습과 설명양식explanatory style이다. 설명양식은 어떤 사건이 일어난 이유를 스스로에게 낙관적이든 비관적이든 습관적으로 설명하는 방식이다. 사람들은 원인을 해석하는 나름의 양식을 가지고 있으며 이런 습관을 바탕으로 세상을 이해하게 된다는 것이다. 그래서 설명양식이란 '마음속 세상'을 비추는 거울과도 같은 것이다. 이것은 무기력 학습을 크게 좌우하는 역할을 한다. 낙관적인 설명양식은 무기력을 없애고 비관적인 설명양식은 무기력을 키우기 때문이다. 이 둘은 서로 밀접한 관계를 맺고 있다. 우울증의 한 가지 특징인 무기력은 자살을 예측할 수 있는 가장 정확한 요소다. 자살할 가능성을 갖고 있는 사람들은 현재 자신들이 겪고 있는 불행은 영원히 지속될 것이며 어떤 일을 해도 불행할 것이라고 확신한다. 그리고 그 고통을 끝낼 수 있는 방법은 죽는 길밖에 없다고 생각한다.

무기력을 극복하려면 어떻게 해야 할까. 비관적인 설명양식을 낙관적인 설명양식으로 바꾸어야 한다. 무기력이 학습된 사람은 대부분 비관적이기 때문이다. 먼저 비관적인 사람과 낙관적인 사람은 무엇이 다른지 알아보자. 비관적인 사람은 뭔가 안 좋은 일이 생기면 최악의 것부터 상상한다. 파산해 감옥에 가는 것은 아닐지, 이혼이나 해고로 이어지는 것은 아닐지, 친구들에게 영원히 따돌림을 당하지는 않을지 노심초사한다. 쉽게 무기력해지고 우울해지며 매사가 귀찮아지고 건강까지 영향을 받는다. 이와 반대로 낙관적인 사람은 나쁜 일이 닥쳐도 안 좋은 쪽으로는 거의 생각하지 않는다. 그저 일시적일 뿐이며 이겨낼 수 있는 것 또는 극복해야 할 도전이라고 생각한다. 뜻밖의 일을 당해도 금세 털어버리고 곧 원기를 회복한다.

비관적인 사람은 안 좋은 일들이 오랫동안 지속돼 자신의 모든 일을 위태롭게 하고 나아가 모두 자기 탓이라고 쉽게 생각한다. 낙관적인 사람은 세상을 살면서 똑같이 어려운 일에 부딪혀도 비관적인 사람과 정반대로 생각한다. 낙관적인 사람은 실패를 겪어도 그저 일시적인 후퇴로 여기며 그것의 원인도 한 경우에 한정된 것으로 보는 경향이 있다. 실패가 자기 탓이 아니라 주변 여건이나 불운 또는 다른 사람 때문에 생긴 것이라고 생각한다. 이런 사람은 실패에 주눅 들지 않는다. 안 좋은 상황에 처하면 이것을 오히려 도전으로 간주해 더 열심히 노력한다.

왜 이런 차이가 생기는 것일까. 설명양식이 달라서 그렇다. 낙관적인 사람과 비관적인 사람은 설명양식이 다르다. 설명양식은 셀리그만의 낙관성 검사를 통해 확인할 수 있는데 크게 3가지 차원이 있다. 바로 내재성 차원(내 탓 vs 남 탓), 영속성 차원(항상 vs 가끔), 만연성 차원(전부 vs 일부)이다.

첫째, 내재성 차원은 나쁜 일이 일어난 원인을 '내 탓, 내부 탓'에서 찾느냐, '남 탓, 외부 탓'에서 찾느냐다. 낙관적인 사람은 주로 남 탓, 외부 탓을 하지만 비관적인 사람은 주로 내 탓, 내부 탓을 하곤 한다. 통념적으로 나쁜 일을 남 탓으로 돌리는 것은 책임회피나 양심의 문제가 될 수도 있다. 하지만 중요한 점은 습관적으로 내 탓이라는 생각은 버리라는 것이다. 우울하거나 비관적인 사람은 모든 문제의 원인을 자신의 탓으로 귀결해 자책감, 죄책감, 무능감, 체념 등을 유발한다.

둘째, 영속성 차원은 나쁜 일은 '항상, 지속적'으로 일어나는가, '가끔, 일시적'으로 일어나는가다. 비관적인 사람은 나쁜 일이 일어났을 때 항상, 지속적이라고, 낙관적인 사람은 가끔, 일시적이라고 생각한다.

셋째, 만연성 차원은 문제가 발생했을 때 삶 전부가 실패했는가, 일부가 실패했는가의 생각 차이다. 비관적인 사람은 지금 일어난 문제를 전부로 보고 다른 일에 대한 노력이나 시도를 포기한다. 낙관적인 사람은 그 문제를 삶의 일부로 여기기에 금방 다른 시도를 할 수 있다.

낙관적인 설명양식은 비관적인 사람을 낙관적으로 만들어준다. 일상 속에서 중대한 실패나 패배에 직면할 때 과연 얼마나 비관적으로 무기력한지 또는 낙관적으로 자신감을 얻을지는 스스로에게 사태를 설명하는 방식에 달린 것이다.

다음 질문은 간단하지만 당신이 낙관적인 설명양식을 가지고 있는지, 비관적인 설명양식을 가지고 있는지 알아볼 수 있다.

첫째, 길을 가다 깨진 보도블록 틈에 구두굽이 끼었을 때 당신은 어떤 반응을 보이는가.

1. 내가 그럼 그렇지. 나는 어딜 가나 운이 없다니까.
2. 관리를 잘 안 하는 모양이야. 구청에 전화를 해서 바로잡으라고 해야겠어.

둘째, 이번 달 실적이 좋지 않을 때 당신은 어떤 반응을 보이는가.

1. 나는 항상 이 모양이야. 상사 눈 밖에 났을 거야. 이제 난 완전히 끝장이야.
2. 이번엔 기대한 만큼 안 나왔네. 예전엔 잘했던 적도 있으니까 다음번엔 잘할 수 있을 거야.

셋째, 면접에서 떨어졌다면 당신은 어떤 반응을 보이는가.

1. 나는 쓸모없는 사람이야. 면접도 떨어졌는데 운동은 해서 뭐하겠어. 잠이나 자자.
2. 실망스럽지만 할 수 없지, 뭐. 운동으로 기분이나 풀어야겠다.

마지막으로, 초등하교 3학년인 당신은 점심시간에 친구들과 축구를 하는데 친구들이 "야, 너는 축구를 못하니까 나가!"라고 했다. 당신은 어떤 반응을 보이는가.

1. 나는 운동을 못해. 그래서 앞으로도 친구들과 어울리지도 못할 거야.
2. 축구는 못하지만 줄넘기는 잘하잖아. 내일부터 줄넘기 좋아하는 친구들을 모아 점심시간에 함께 운동해야지.

1번과 같은 반응을 보인다면 비관적인 사람일 가능성이 크고, 2번과 같은 반응을 보인다면 낙관적인 사람일 가능성이 크다.

이처럼 낙관적인 사람과 비관적인 사람은 똑같은 사건을 두고도 설명양식이 다르다. 만약 비관적인 설명양식을 갖고 있다면 낙관적인 설명양식으로 바꾸어보라. 그럼 비관적인 사람이라 해도 얼마든지 낙관적인 사람이 돼 무기력을 극복할 수 있다. 낙관성을 키워 무기력을 극복하는 또 다른 방법으로 ABC 확인하기와 ABCDE 반박하기가 있다.

ABC 확인하기

한 여성이 첫아이를 낳은 후 기대를 잔뜩 하고 남편과 처음으로 외식을 하다 그만 말다툼이 벌어졌다. 처음에는 사소한 말다툼으로 시작했는데 나중에는 애가 외가를 닮아 눈이 작다느니, 친가를 닮아 고집이 세다니 하며 싸움이 커졌다. 여성은 아이 때문에 좋았던 부부관계가 금이 갔다고 생각한다. 이혼밖에는 길이 없다고 생각하며 혼자 아이를 키울 수 있을까 걱정까지 한다. 너무나 슬프고 절망적이고 두렵다. 도저히 식사를 할 수가 없고 남편을 바라보는 것조차 끔찍하다.

사소한 말다툼이 걷잡을 수 없이 커지는 일, 많이들 경험했을 것이다. 자! 무엇이 문제인지 한번 분석해보자. 긍정심리학에서는 이것을 ABC의 문제로 본다. A는 Adversity로 사건, 즉 불행한 사건이고, B는 Belief로 믿음, 즉 왜곡된 믿음이며, C는 Consequence로 결론, 즉 잘못된 결론이다. 우리의 감정과 행동을 촉발시키는 것은 우리가 겪는 불행한 사건 그 자체가 아니다. 그 사건에 대한 우리의 자동적 사고에 의해 굳어지는 왜곡된 믿음이 감정과 행동을 일으켜 잘못된 결론에 이르게 하는 것이다. 그래서 세상은 A–C가 아닌 A–B–C로 작동한다.

잘못된 A–B–C의 악순환을 끊으려면 먼저 자신의 삶 속에서 ABC가 어떻게 작동하고 있는지 살펴보아야 한다. 다음의 예시를 보며 빈칸을 채워보자. 빈칸을 채우다 보면 ABC가 각각 어떻게 상호작용하는지 알 수 있다. 참고로 앞서 소개한 설명양식의 3가지 차원인 내재성 차원, 영속성 차원, 만연성 차원을 기억하면 도움이 될 것이다.

먼저 상황 1과 상황 2를 보자. 모두 가장 친한 친구가 전화를 받지 않은 상황이다. 하지만 상황 1에서는 하루 종일 우울했다는 결과가, 상황 2에서는 불쾌하지 않았고 내 할 일을 했다는 결과가 나타났다. 각각의 믿음은 어떻게 다르게 나타났을까. 아마 상황 1에서는 '내가 늘 이기

적이어서 전화를 안 받나 보다'라고 내재성 차원의 내 탓을 하거나, '내 친구관계는 늘 이렇지 뭐'라며 영속성 차원의 지속적인 문제로 받아들였을 것이다. 반면 상황 2에서는 '그 친구가 오늘 바쁜가 보다'라거나 '그 친구 오늘 기분 안 좋았지!'라며 원인을 영속성 차원의 일시적이고 만연성 차원의 부분적인 것으로 보거나, 내재성 차원의 내가 아닌 외부에서 찾았을 것이다. 같은 사건임에도 자신의 믿음에 따라 결론이 달라지는 것이다.

상황 1 A. 가장 친한 친구가 전화를 받지 않았다.

B. 나는 ________________라고 생각했다.

C. 나는 하루 종일 우울했다.

상황 2 A. 가장 친한 친구가 전화를 받지 않았다.

B. 나는 ________________라고 생각했다.

C. 그 일로 불쾌하지 않았고 내 할 일을 했다.

상황 3 A. 아내(또는 남편)와 다투었다.

B.'내가 뭐 하나 제대로 하는 것이 없지'라고 생각했다.

C. 나는 ________________을 느꼈다(또는 했다).

상황 4 A. 아내(또는 남편)와 다투었다.

B. '저 사람이 원래 기분이 엄청 안 좋았지'라고 생각했다.

C. 나는 ________________ 을 느꼈다(또는 했다).

상황 5 A. 아내(또는 남편)와 다투었다.

B. '나는 언제든지 오해가 풀리게 할 수 있어'라고 생각했다.

C. 나는 ________________ 을 느꼈다(또는 했다).

이번엔 상황 3, 상황 4, 상황 5를 살펴보자. 모두 아내 또는 남편과 다툰 똑같은 상황이다. 하지만 각각 다르게 믿었을 때 어떻게 결론이 달라지는가. 만약 상황 3에서처럼 '내가 뭐 하나 제대로 하는 것이 없지' 하고 내 탓으로 생각한다면, 기분이 우울해지고 화해도 시도하지 않을 것이다. 반면 상황 4에서처럼 '저 사람이 원래 기분이 엄청 안 좋았지' 하고 일시적이고 외부적인 이유로 생각한다면, 화도 조금 나고 살짝 낙담하면서 일시적으로만 침체될 것이다. 기분이 풀리면 아마도 금세 화해를 시도할 것이다. 마지막으로 상황 5에서처럼 '나는 언제든지 오해가 풀리게 할 수 있어'라고 생각한다면, 어떨까. 아마도 바로 화해를 시도할 것이고 금방 기분도 좋아지면서 기운이 넘치게 될 것이다. 이처럼 ABC에서 어떻게 믿느냐(B)에 따라 결과(C)가 달라지는 것이다.

우리는 누구나 크고 작은 불행한 사건을 경험한다. 그때 자동적으로 떠오르는 생각들을 적어보라. 대부분 부정적이거나 비관적인 생각들일 것이다. 이것들을 반박하기로 바로잡으면 왜곡된 믿음을 바로잡아 올바른 행동을 하게 된다. 이 ABC 확인하기는 일상에서 일어나는 문제 해결뿐 아니라 심리치료, 심리상담에도 아주 중요한 도구로 활용할 수 있다. 심리 문제는 대부분 회피와 왜곡에 의해 발생하기 때문이다.

ABCDE 반박하기

앞의 ABC 확인하기의 작동 원리를 확인했다면 낙관성을 키워 무기력을 극복하는 데 반은 성공한 것이나 마찬가지다. 이제 비관적인 생각을 바꿔 낙관성을 키우기 위해 기존 자신의 생각과 감정, 행동을 지배하던 ABC에 반박해야 한다. 이 반박하는 과정을 ABCDE라고 한다. 여기서 D는 Disputation, 즉 논박이나 반박을 뜻하고, E는 Energization, 즉 반박 후에 얻은 활력을 말한다.

A_{Adversity}: 당신에게 생긴 불행한 사건

B_{Belief}: 그 불행한 사건을 당연하게 여기는 왜곡된 믿음

C_{Consequence}: 그 왜곡된 믿음을 바탕으로 내린 잘못된 결론

D_{Disputation}: 자신의 왜곡된 믿음에 대한 반박

E_{Energization}: 자신의 왜곡된 믿음을 정확하게 반박한 후 얻은 활력

불행한 사건에 따른 왜곡된 믿음들을 효과적으로 반박하면 낙담과 포기라는 습관적인 반응을 없애고 활기와 유쾌한 기분을 되찾을 수 있다.

이해를 돕기 위해 앞의 ABC 예를 들어보자. 첫아이를 낳은 후 기대를 잔뜩 하고 남편과 처음으로 외식을 하다 그만 말다툼이 벌어졌다.

이건 불행한 사건이다. 아내는 아이 때문에 좋았던 부부관계가 금이 가 이혼밖에는 길이 없다고 생각한다. 이건 왜곡된 믿음이다. 당연히 잘못된 결론으로 이어진다. 너무나 슬프고 절망적이고 두렵다. 도저히 식사를 할 수가 없고 남편을 바라보는 것조차 끔찍하다. 여기까지가 일반적인 결론이다.

왜곡된 믿음에 대한 반박에는 증거, 대안, 숨은 진실, 사실적 접근의 4가지가 있다. 먼저 증거로 아내는 첫아이가 태어난 후 지난 두 달 동안 한 번도 편하게 잠을 못 잤다는 사실을 기억한다. 낭만적인 생각을 한다는 것은 무리였다. 대안으로는 이번 외식을 망쳤다고 그게 이혼 사유가 될 수는 없다는 것이다. 숨은 진실로는 우리 부부는 이보다 훨씬 힘든 시련도 잘 이겨냈던 것을 생각한다. 마지막 사실적 접근으로는 여유를 갖고 부부만의 오붓한 시간을 보낼 수 있게 노력하기로 마음먹는다.

이렇게 왜곡된 믿음에 대해 반박을 한 아내는 어떻게 변했을까. 아내는 기분이 한결 좋아지고 남편만 생각하기 시작한다. 종업원의 태도에 대해서도 웃어넘길 수 있는 여유가 생긴다. 이번 실수를 교훈 삼아 다음 주 근사한 저녁 데이트 약속을 한다. 남편도 아내도 훨씬 더 즐겁고 사랑이 깊어졌다.

Happiness Can Be Made

긍정도구 25

외상 후 성장PTG(마틴 셀리그만)

외상 후 성장PTG을 이해하려면 먼저 트라우마trauma와 외상 후 스트레스 장애PTSD에 대해 알아보는 것이 중요하다. 트라우마란 생명을 위협할 정도의 사고, 자연재해, 실패, 고문, 전쟁 등 심각한 사건을 직간접적으로 경험한 것을 말한다. 외상 후 스트레스 장애는 트라우마를 경험한 다음 그 사건에 공포감을 느끼고 사건 후에도 지속적인 재경험을 하며 고통을 느끼는 정신적·심리적 상태를 뜻한다. 대표적인 증상으로는 트라우마 사건을 지속적으로 재체험(이미지, 꿈, 생각)하고, 그 트라우마와 관련된 자극을 지속적으로 회피하며, 정서 등 일반적인 반응이 마비된다. 또한 지나친 불안, 공포 증상이 1개월 이상 지속된다. 외상 후 성장은 트라우마를 겪은 후 회복력을 통해 이루어지는 심리적 성장을 말한다.

많은 사람이 트라우마를 경험하면 외상 후 스트레스 장애가 된다고 생각하는데 그렇지 않다. 이 사실을 제대로 이해만 해도 트라우마로 인한 심리적 증상을 상당히 완화하고 예방할 수 있다. 예를 들어 당신의 친구가 어제 전투에서 전사를 했다고 치자. 당신은 울음을 터뜨리며 생각한다. '나는 무너질 거야.' '나는 PTSD에 걸렸어.' '내 인생은 끝났어.' 이 같은 생각이 우울과 불안감을 증가시킨다. 전우의 전사에 울음을 터뜨리는 것은 PTSD가 아니라 지극히 정상적인 비탄과 애도 증상이다. 그 사실을 알면 회복력이 뒤따르고 연쇄적 하락에 제동을 걸 수 있다.

그렇다면 트라우마를 겪은 다음 외상 후 성장은 어떻게 이루어질까. 첫째, 트라우마 자체에 대한 반응을 이해한다. 즉 트라우마 사건을 접할 때 보통 자신, 타인, 미래에 대한 믿음이 산산이 부서진다. 이것은 트라우마에 대한 아주 정상적인 반응이다. 이 반응은 PTSD도 아니고 성격 결함을 암시하지도 않는다. 둘째, 불안 감소다. 이 요소는 불쑥불쑥 떠오르는 생각과 이미지를 통제하는 기법으로 이루어진다. 대부분 불안은 미래에 대한 위험이나 잠재된 위험 속에서 사고의 오류에 의해 유발된다. 불안한 사람들의 사고를 구조화해보면 사건을 재앙화하거나 위험을 과대평가하고, 자신의 대처 능력을 과소평가한다. 불안은 정도의 차이는 있지만 자연스러운 감정이다. 이러한 감정은 우리 삶 속에 자주 나타났다 사라지곤 한다.

트라우마에 의한 끔찍한 불안이라도 ABC 확인하기를 통해 사고의 오류를 찾고, 도망치고 싶다고 회피하지 않고 직면하며, '만약에~'라는 부정적인 병을 최악의 시나리오나 최상의 시나리오 등을 확인하는 진상 파악하기로 치료하고, 마음을 편안하게 해주는 긍정 이미지를 떠올리며, 호흡법과 근육 이완법 등 진정하기를 통해 감소시킬 수 있다.

셋째, 건설적인 자기 노출self-disclosure이다. 트라우마를 감추는 것은 심리 증상과 신체 증상을 악화시킬 수 있다. 따라서 트라우마 경험을 털어놓는 것이 좋다. 넷째, 트라우마 스토리텔링하기다. 충격적이고 고통스러운 경험을 종이 한 장에 옮겨 적는 것이다. 트라우마 사건을 스토리텔링하면서 그 트라우마를 역설에 대한 인식을 높여주는 갈림길로 여겨야 한다. 잃은 것이 있으면 얻은 것도 있다. 슬픈 일이 있으면 기쁜 일도 있다. 약점이 있으면 강점도 있는 법이다. 그다음에는 자신의 어떤 강점을 활용했는지, 인간관계가 얼마나 개선됐는지, 영적인 삶이 얼마나 강화됐는지, 삶 자체에 얼마나 더욱 감사하는지, 어떤 새로운 문이 열렸는지를 자세하게 스토리텔링한다.

다섯째, 도전에 더욱 강건하게 맞서는 전반적인 생활신조와 실천적 태도를 명확하게 표현하는 것이다. 여기에는 이타적인 사람이 되기 위한 새로운 방법, 생존자의 죄의식 없이 성장 받아들이기, 트라우마 생존자 또는 동정심이 풍부한 사람이라는 새로운 정체성 확립하기 등이 포함된다.

트라우마를 극복하는 방법 중 또 하나는 설명양식의 3가지 차원이다. 이것을 3P(Permanence(영속성)·Pervasiveness(만연성)·Personalization(개인성))라고도 한다. 영속성은 트라우마 때문에 느낀 충격을 지속적으로 느끼는지, 아니면 일시적인 것으로 느끼는지를 말한다. 만연성은 충격

여파를 다른 전체 영역에까지 확산시키는지, 아니면 애초에 충격이 일어난 일부 영역에만 한정시키는지를 뜻한다. 개인성은 충격의 원인을 자신과 내부에서 찾는지, 아니면 타인과 외부에서 찾는지를 말한다.

트라우마를 겪은 사람이 영속적이고 전체적이며 내 탓을 하면 외상 후 스트레스 장애로 이어질 확률이 높고, 일시적이고 일부이며 남 탓을 하면 외상 후 성장을 할 확률이 높다는 것이다.

경기도 외곽지역 한 동네에서 어릴 때부터 서로 오빠, 동생 하면서 가까이 지내던 두 남녀가 있었다. 이들은 커가면서 이성적으로 발전하게 되고, 미래까지 약속했다. 그러던 중 여성은 부모의 강력한 요구를 거절하지 못하고 인천에 사는 한 남성과 결혼하기로 하고 날짜까지 잡았다. 여성은 결혼하기 전 동네 오빠에게 그동안의 감사함과 미안한 마음을 전하려고 식사 한 끼를 대접하고 싶다며 만나자고 했다.

그러나 식사를 하고 돌아오는 차 안에서 문제가 생겼다. 성폭행을 당한 것이다. 너무 큰 충격과 상처를 받았지만 여성은 예정대로 결혼식을 올렸다. 하지만 시간이 지나면 지날수록 죄책감과 분노를 감당하기 힘들어 심리상담을 받았다. 이 여성은 '내가 그때 왜 그랬지?' '나는 멍청해, 나는 항상 그래' '이 일은 평생 지울 수 없을 거야. 모든 것이 내 책임이야'라며 모든 잘못을 자신에게 돌리며 자책했으며, 이 충격은 영속적이고 자신의 삶 전체로 확산돼 자신이 감당할 수 없을 거라고 생각했다. 심리상담사는 3P 기법과 용서에 이르는 길을 개입시켜 증상을 완화시키고 외상 후 성장을 하는 데 도움을 주었다.

특히 트라우마 스토리텔링하기가 외상 후 성장에 효과적이다. 즉 트라우마를 생생하게 글로 적으면 외상 후 성장에 도움이 된다. 트라우마는 너무 강력하고 위협적이어서 다시 떠올리는 것조차 두렵고 공포스러울 수 있다. 하지만 트라우마가 꼭 나쁜 영향만을 주는 것은 아니다. 트라우마를 글로 쓰다 보면 트라우마를 통해 잃은 것만 있는 것이 아니라 얻은 것도 있다는 것을 깨닫게 된다. 그래서 트라우마 스토리텔링이 필요하다.

트라우마를 계기로 새롭게 알게 된 것들을 차분히 글로 적어보자. 만약 트라우마를 스토리텔링하는 게 어렵다면 스스로 관찰자가 돼보는 것도 좋다. 본인 이야기가 아니라 다른 누군가의 이야기라고 생각하거나 '가상의 나'를 만들어 글을 쓰면 한결 쉽다. 또한 좀 더 객관적이고 냉정한 시선에서 트라우마를 통해 얻은 것과 잃은 것을 반추해볼 수도 있다.

트라우마를 다 적었으면 자신이 작성한 것을 토대로 새로운 삶의 원칙을 정할 차례다. 자신이 얻은 것, 고마웠던 사람들, 삶의 우선순위, 자신이 활용한 강점 등을 떠올리며 앞으로 어떻게 대처하고 어떤 모습으로 살아갈지 생각해보자. 분명 트라우마를 겪으면서 산산조각 났던 삶의 목표 대신 또 다른 삶의 의미와 목표가 생길 것이다. 역경을 통해 당신은 삶을 재건할 수 있는 기회를 얻을 것이다. 내용은 A4용지 한 장 정도면 좋다.

긍정도구 26

회복력 키우기(캐런 레이비치)

인생을 결정하는 것은 사건 그 자체보다 어떻게 대응하느냐다. 내가 긍정심리학의 4가지 행복 요소에 회복력을 포함시킨 것은 똑같은 역경을 겪었는데도 어떤 사람은 그대로 넘어지고, 또 어떤 사람은 훌훌 털고 일어나 더 강해지고 성장해서다. 대응 방식도 어떤 사람은 스트레스를 해소하고자 과식이나 음주 같은 건강하지 못한 습관에 빠져드는 반면, 또 어떤 사람은 운동이나 심리적 강화 같은 건강한 접근법을 취한다. 왜 그럴까. 바로 회복력이다. 회복력은 역경을 이겨내는 힘이고 심리적 근육을 키워주는 도구이기 때문이다. 그만큼 행복 만들기에 회복력이 중요하다는 것이다.

회복력은 우리를 소진시키는 힘겨운 문제를 해결하고, 질병을 이겨내며, 원만한 결혼생활을 유지하고, 국가적 재난을 겪은 후에도 꿋꿋하게 살아가게 해준다. 이 회복력은 어린 시절의 장애물을 이겨내고, 일상적인 역경을 헤쳐 나가게 하고, 고통스러운 트라우마를 딛고 다시 일어서게 하며, 적극적인 도전으로 더 넓게, 더 멀리 뻗어나가게 해준다. 프리드리히 니체는『우상의 황혼』에서 '나를 죽이지 못한 것은 나를 더욱 강하게 만든다'고 했다. 회복력은 초기 상태에서 문제가 생긴 부분을 원래 상태로 회복시키는 것이 아니라 이에 대항하고 극복해 더 발전시키고 번창시키는 것이다.

친밀하고 지속적인 인간관계, 소통, 직장에서의 성공, 신체 건강, 위기 극복 등 행복하고 성공한 삶을 좌우하는 것도 바로 역경에 효과적으로 끈질기게 대응하는 회복력이다. 회복력이 높은 사람들의 특징을 보면 다음과 같다. 첫째, 이들은 어떤 트라우마나 역경에 직면해도 솟아오르는 힘이 있다. 그래서 새롭고 도전적인 경험을 찾아 나선다. 자신의 한계에 부딪혀 싸워 이겨야만 자신들의 범위가 확장된다는 것을 알기 때문이다. 둘째, 이들은 위험하거나 곤란한 상황에 닥쳤을 때 약해지지 않는다. 실패가 끝이 아니라는 것을 알고 있고 성공하지 못했다고 부끄러워하지도 않는다. 실패에서 의미를 찾아내고 이것을 자신이 할 수 있는 것보다 더 높이 오를 수 있는 수단으로 삼기 때문이다.

셋째, 이들은 어려운 상황에 직면했을 때 회피하려 하지 않고 당당하게 문제를 직시한다. 그리고 생존을 위해 어떤 일이든 감수하고 결코 물러서지 않는다. 넷째, 이들은 시스템을 찾아내 자신에게 활력을 불어넣고 문제를 신중하고 철저하게 그리고 열정적으로 해결한다. 다섯째,

이들도 걱정하고 의심하지만 걱정과 의심에 휩싸이기 전에 어떻게 멈추어야 하는지를 알고 있다.

영국에서는 만 3세부터 회복력 교육을 의무적으로 실시한다고 한다. 살아가면서 겪게 될 역경을 어릴 때부터 스스로 극복할 수 있게 만들어주기 위해서다. 4차 산업혁명 시대에는 지금 우리가 살고 있는 공간에서의 익숙한 것과는 사뭇 다른 낯선 환경을 마주할 것이다. 낯선 환경에 제대로 적응하려면 회복력이 절대적으로 필요하다.

회복력을 키우려면 먼저 회복력 지수 테스트Resilience Quotient Test·RQT를 통해 회복력의 7가지 능력인 감정 조절, 충동 통제, 공감력, 낙관성, 원인 분석, 자기 효능감, 적극적 도전을 확인하자. 이 구체적인 7가지 능력은 측정할 수 있고 학습할 수 있으며 개선할 수도 있다. 회복력 능력을 키워주는 7가지 회복력 기술이 있어서다. 이 기술은 개인이 좌절을 딛고 일어서도록 도와주기도 하지만 더욱 폭넓고 풍요로운 삶을 살도록 해주기도 한다. 이것은 회복력 기술을 배운 사람들이 직접 말하는 사실이다. 그 기술을 적용해 인생의 중대한 변화에 올바로 대처한 학생, 부모, 직장인은 이제 문제가 생겨도 예전처럼 그렇게 당황하지 않는다고 말한다. '피부'가 더 두꺼워진 것 같고 더욱 강인하고 자신감이 커졌다고 느낀다. 나아가 타인과의 관계가 더욱 돈독해지고 새로운 경험을 즐겁게 추구하며 더욱 기꺼이 위험을 감수한다고 한다. 한 여성은 이렇게 말했다. "지금은 제 삶이 아주 넓어진 것 같아요."

7가지 회복력 기술

회복력 키우기 기술은 두 범주로 나뉜다. '자신을 알기' 기술과 '변화하기' 기술이다. 자신을 알기 기술은 자기 마음의 작동 방식을 더 잘 파악하게 이끌어주고 자기 인식을 도와준다. 자신을 알기 기술에는 'ABC 확인하기' '사고의 함정 피하기' '빙산믿음 찾기' 등이 있다. 이 3가지 기술은 자기 믿음, 감정, 행동을 자세히 탐구하고 어떻게 서로 연결되는지 보여준다. 이 기술을 연마하면 자기 자신이나 세상에 대한 관점과 어떤 사건에 특정 방식으로 대응하는 이유를 더 정확하게 통찰할 수 있다.

1. ABC 확인하기

회복력을 키우려면 먼저 ABC 확인하기부터 해야 한다. 그 이유는 역경(A)은 그 자체가 아니라 역경에 대한 믿음(B)의 결과(C)로 감정이나 행동을 유발한다는 것을 인식해야 하기 때문이다. ABC 확인하기를 하다 보면 어떻게 생각하고 믿느냐에 따라 결과가 달라진다는 것을 깨닫게 된다. 예를 들어 아내가 먼저 퇴근하고도 저녁 식사 준비를 하지 않았을 때(A) '그럼 그렇지, 당신이 저녁을 제때 준 적이 없지'라는 왜곡된 믿음(B)을 갖는다면 화가 나고 배우자에게 실망해 부부싸움을 하게 된다(C). 하지만 '업무가 많아 피곤했던 모양이야'라고 생각하면(B) 오히려 안쓰러워 저녁 식사를 함께 차리거나 어깨를 주물러주는 결과(C)가 나올 수도 있다.

여기서 중요한 것은 '남편은 왜 화가 났을까'에 대한 감정을 알아차리는 것이다. 남편이 화가 난 이유는 아내가 저녁을 준비하지 않아서라기보다 자신이 무시당했다는 믿음 때문이다.

당신은 B에서 C로 연결관계의 중요한 감정을 이해할 필요가 있다.

- 분노(화): 자신의 권리에 대한 침해는 분노를 낳는다.
- 슬픔(우울): 일반적인 상실 또는 자기 가치 상실은 슬픔과 우울을 낳는다.
- 죄책감: 타인의 권리에 대한 침해는 죄책감을 낳는다.
- 불안(두려움): 미래 위협은 불안과 두려움을 낳는다.
- 당혹감: 타인과의 부정적인 비교는 당혹감을 낳는다.

ABC 확인하기에서 B-C 연결관계를 이용하는 데는 2가지 목적이 있다. 하나는 이 관계를 이용해 역경에 처할 때 느끼는 여러 감정을 따로따로 구별할 수 있기 때문이다. 또 다른 하나는 특정 감정에 사로잡히게 하는 믿음을 찾아내고, 그 감정에 사로잡히는 이유를 깨달으며, 극심한 스트레스에서도 침착해지는 법을 배울 수 있기 때문이다. ABC 확인하기는 언제, 누가, 무엇을, 어떻게 등을 과장되지 않고 사실만 다루는 것이 중요하다.

2. 사고의 함정 피하기

사람들은 보고 싶은 것만 보고 믿고 싶은 것만 믿는 경향이 있다. 사고를 할 때도 마찬가지다. 객관적으로 사고하기보다 제대로 파악하지도 않고 제멋대로 속단하거나 필요 이상으로 확대 또는 축소 해석해 일을 더 어렵게 만들기도 한다. 이런 것을 '사고의 함정'이라고 부른다. 사고의 함정은 우리 주변 곳곳에 도사리고 있어 사람들은 어쩌다 한 번씩, 자신도 모르는 사이에 쉽게 빠진다. 특히 저마다 가장 자주 빠지는 한두 가지 사고의 함정이 있다.

우리가 쉽게 빠지는 8가지 사고의 함정으로는 관련 정보 없이 가정하는 속단, 거의 부정적인 결과와 직결되는 터널 시야, 중요한 정보를 의도적으로 부풀리고, 중요하지 않은 정보를 의도적으로 줄이는 확대와 축소, 문제의 원인을 본인 탓이라고 믿는 개인화, 개인화와 정반대로 문제의 원인을 밖에서 찾는 외현화, 한 가지 행동을 토대로 개인의 가치 또는 능력을 판단하는 과잉 일반화, 사람들은 타인의 마음을 읽지 못하지만 읽을 수 있다고 믿는 마음읽기, 말 그대로 사실을 외면한 채 감정적으로 평가하고 판단하는 감정적 추론이 있다.

우리는 이 같은 사고의 함정에 언제 자주 빠질까. 극심한 스트레스 역경에 처할 때 사고의 함정에 가장 많이 빠진다. 그렇다면 어떻게 해야 자신이 사고의 함정에 빠진 것을 알아차릴 수 있을까.

첫째, 취약한 역경에 직면했을 때 실시간 믿음에 열심히 귀 기울여라. 둘째, 자주 빠지는 사고의 함정이 감정과 행동에 미치는 영향을 확인하라(자신 침해, 타인 침해, 상실, 미래 위협, 타인 비교). 셋째, 사고의 함정을 정확하게 짚어낼 수 있다면 왜곡된 믿음을 실시간으로 찾아내는 연습을 하라. 넷째, 사고의 함정을 확인하자마자 거기서 벗어나는 질문을 하라. 그러면 스스로 빠져나오고 피할 수 있는 해답을 찾을 수 있을 것이다. 8가지 사고의 함정을 능숙하게 피할수록 회복력을 훼손하는 왜곡된 믿음을 더 쉽게 떨쳐버릴 수 있다.

3. 빙산믿음 찾기

누구나 세상은 어떻게 작동해야 하는지, 인간관계는 어때야 하는지, 또 자신은 어떤 사람이 돼야 하는지 등에 대해 나름의 원칙을 가지고 있다. 당신에게도 그런 규칙과 믿음이 있을 것이다. 이것을 '빙산믿음'이라고 부른다. 그만큼 뿌리 깊은 믿음이어서 거대한 빙산처럼 내면 깊숙이 자리 잡고 있기 때문이다.

하지만 빙산믿음은 종종 B(믿음)-C(감정이나 행동) 연결관계를 끊는다. 그래서 전혀 엉뚱한 결과로 이어질 때가 많다. 게다가 자꾸 특정한 감정에 휩싸이게 만든다는 특징이 있다. 만약 당신이 죄책감을 느낄 만한 상황이 아닌데도 끔찍한 죄책감에 시달린다면 빙산믿음 때문이다. 특히 성취 욕구가 강한 사람, 인정 욕구가 강한 사람, 통제 욕구가 강한 사람이 빙산믿음이 큰 편이다.

이런 빙산믿음은 주로 고정관념 또는 당위적 사고일 경우가 많다. 남자들은 '나는 집안 대소사를 책임지고 결정해야 한다' '나는 남에게 감정을 보이고 싶지 않다', 여자들은 '여자는 착하고 다정해야 한다' '여자는 무조건 사랑받아야 한다' 등 성역할에 대한 고정관념을 갖고 있는 경우가 대부분이다. 이런 사람은 스트레스를 더 받고 우울증에 걸릴 가능성도 높다. 당신의 빙산믿음은 무엇인가.

회복력을 키우려면 이 빙산믿음을 찾아내는 것이 중요하다. 왜 중요할까. 행동을 부추기는 믿음을 확인하지 않으면 그것의 옳고 그름을 판단할 수도 없고, 필요할 경우 그 믿음을 바꿀 수도 없기 때문이다. 특정 사건에 대응하는 방식이 부적절할 경우, 그 반응을 촉발한 것이 실시간

믿음이 아니라면 실시간 믿음을 바꾸는 것은 어리석은 짓인 것이다. 반응을 일으키는 것이 무엇인지 통찰하기 전에는 감정과 행동을 통제할 수도, 회복력을 높일 수도 없다.

빙산믿음을 찾아내는 방법은 다음과 같다. 첫째, 실시간 믿음이 예측하는 것과는 다른 방식으로 무심코 반응하거나 과잉 반응하게 만드는 믿음은 무엇인가, 둘째, 의사결정 능력을 방해하는 믿음은 무엇인가, 셋째, 특정 감정을 지나치게 자주 촉발하는 믿음은 무엇인가를 찾으면 된다.

4. 믿음에 반박하기

지금까지 자신을 알기 기술인 ABC 확인하기, 사고의 함정 피하기, 빙산믿음 찾기를 살펴보았다면, 다음은 변화하기 기술인 믿음에 반박하기, 진상 파악하기, 진정하기 및 집중하기, 실시간 회복력을 알아볼 차례다. 믿음에 반박하기는 빙산믿음 찾기보다 더 중요한 단계다. 앞의 자신을 알기 기술이 자기를 인식하는 단계였다면, 믿음에 반박하기는 당신이 변화할 수 있는 단계다. 아무리 왜곡된 믿음을 확인했다고 해도 거기에 머문다면 무슨 변화가 있겠는가. 어떻게 문제를 해결하겠는가. 이 단계를 제대로 해낸다면 당신의 인생도 얼마든지 바꿀 수 있다. 자신의 왜곡된 믿음에 반박할 때는 증거를 찾아야 한다. 정확한 증거를 제시해 스스로를 설득할 수 있어야 그 반박이 효과가 있다. 충분한 시간을 갖고 유리한 증거를 확보하자. 그래야 사건의 진상을 파악할 수 있다.

믿음에 반박하기는 다음 7단계로 이루어진다. 1단계 ABC 분석하기, 2단계 원인믿음 분석하기, 3단계 설명양식 확인하기, 4단계 유연한 사고(다양한 원인), 5단계 정확한 사고(초기/ 대안믿음 검증하기), 6단계 원인 믿음 재분석하기, 7단계 새로운 해결책 찾기다.

믿음에 반박하기 기술은 슬픔, 분노, 죄책감, 당혹감 같은 감정과 씨름하는 사람들에게 매우 유용하다.

5. 진상 파악하기

'만약에~'라는 가정 하에 일어나지도 않은 사건에 대해 불안해하고 걱정하느라 소중한 시간과 에너지를 낭비하는 경우가 있다. 즐거운 상상이라면 삶을 살아가는 데 활력이 될 수 있지만 미래에 대한 나쁜 상상이라면 행복에 아무런 도움이 되지 못한다. '만약에~' 병에 걸린 사람들은 역경이 닥쳤을 때 이를 극복하려 하지 않고 더 크게 부풀리고 더 나쁜 일이 벌어질 것이라고 상상하며 걱정한다. 당연히 회복력도 약해질 수밖에 없다.

'만약에~' 병을 고치는 데는 진상 파악하기가 효과적이다. 이는 미래 위협에 대한 믿음을 바꿈으로써 불안을 다룰 수 있는 수준으로 낮추는 기술이다. 위협의 진짜 위험도에 걸맞은 수준으로 불안감을 줄여준다. 진상 파악하기에는 1단계 꼬리에 꼬리를 무는 실시간 믿음 적기(최악의 시나리오 모두 적기), 2단계 최악의 시나리오가 실현될 확률 추정하기, 3단계 최상의 시나리오 모두 적기, 4단계 실현 확률이 가장 높은 사건 확인과 해결 방법 계획하기, 5단계 진짜 문제 해결하기가 있다. 역경을 겪은 사람은 대부분 최악의 시나리오를 작성한다. 진상 파악하기를 통해 역경을 극복할 수 있다.

6. 진정하기 및 집중하기

역경이 닥치면 극심한 스트레스를 받고 감정이 불안해져 정상적인 사고나 판단을 하기 어렵다. 집중해 해결책을 모색하는 일은 더더욱 어렵다. 다행히 감정이나 스트레스에 휘둘릴 때 진정하고 집중할 수 있는 방법이 있다. 일상생활에서 쉽게 할 수 있는 비교적 간단한 방법인데, 이들만 잘 활용해도 역경에 대처할 수 있는 회복력을 키우는 데 큰 도움이 된다.

첫째, 스트레스와 불안감이 커졌을 때 사용하는 심호흡하기다. 둘째, 점진적인 근육 이완법이다. 스트레스를 받으면 근육이 긴장돼 몸이 딱딱하게 굳는다. 점진적인 근육 이완법은 신체 각 부위의 근육을 조였다 풀어주는 과정이다. 셋째, 긍정적 이미지를 그리는 것이다. 긍정적 이미지는 말 그대로 마음을 편안하게 만드는 긍정적 이미지를 떠올림으로써 진정하는 방법이다. 눈을 감은 후 평온하고 한적한 장면을 상상하라. 2~3분 동안 그 장면을 그려보고, 그 이미지 속에서 긴장을 풀고 쉬면 된다.

7. 실시간 회복력

김 부장은 걱정이 많은 사람이다. 광고회사 영업부장으로 할 일이 태산 같은데도 걱정이 많아 한 가지 일에 집중하지 못한다. 중요한 프레젠테이션을 하는 도중에도 걱정이 끊이지 않는다. '내가 저 광고주에게 우리 회사가 적임자라는 확신을 심어줄 수 있을까?' '내가 지금 자신만만하게 말하고 있는 걸까?' '내가 질문에 명확하게 대답한 걸까?' 내가 지금 괜찮아 보일까?' 그 후에는 그 일을 곰곰이 되씹는다. '나는 명확하게 설명하지 못했어. 도대체 어째서 제대로 하지 못하는 걸까?' 하고 고민한다.

김 부장처럼 걱정을 많이 하는 사람은 잡다한 생각이 끊임없이 끼어들어 지금 당장 해야 하는 일에 집중하지 못한다. 이처럼 불쑥 끼어드는 생각을 '침투 사고'라고 하는데, 이 같은 침투 사고는 회복력을 약화시킨다. 회복력을 강화시키려면 이 침투 사고를 물리쳐야 한다.

침투 사고를 중단시킬 수 있는 방법은 비교적 간단하다. 한눈을 팔게 하거나 강박적 반추를 조장하는 생각을 멈추는 데 상당히 효과적인 기술이 많다. 그중 하나가 심리 게임이다. 심리 게임의 목적은 왜곡된 믿음에서 주의를 돌리는 것이다.

또 한 가지는 실시간 믿음을 즉시 바꾸어주는 3가지 핵심 구절을 이용하는 것이다. 첫째, 대안믿음으로 '이 일을 좀 더 현실적으로 바라보자'이다. 둘째, 증거로 '그렇지 않아. 왜냐하면……'이다. 셋째, 결과로 '일어날 가능성이 더 높은 일은……, 그걸 해결하기 위해 내가 할 수 있는 것은……'이다. 이 3가지 핵심 구절을 이용하면 실시간 믿음을 바꾸어 회복력을 키울 수 있다.

다음은 나의 회복력 키우기 사례다.

20년 전 3월 초 경상남도 창원국가산업단지에서 공장자동화FA 전시회가 열렸다. 우리 출판사가 『공장자동화』 시리즈를 출간하고 있어서 개막식 날 새벽에 출발했다. 서울에서 창원까지는 차로 5시간 이상 달려야 도착할 수 있는 먼 거리다. 장거리 운전을 하는 것만으로도 부담스러운데 그날따라 진눈깨비가 심하게 내렸다. 계속 내리는 진눈깨비와 장시간 긴장해 운전해야 하는 탓인지 부담감이 느껴졌다.

대구를 지나 마산에 이르는 고속도로에 접어들어 속도를 줄이며 안전운전을 하던 중 주의를 요하는 긴 커브를 발견했다. 오른쪽에는 작은 공단이 보이고 길 아래는 절벽이었다. 바짝 긴장하고 조심스럽게 커브를 도는데 뒤에서 대형 관광버스가 갑자기 '빵빵' 하고 경적을 울려댔다. 너무 놀라 급브레이크를 밟았다. 정신을 차리고 보니 차는 도로 난간에 걸쳐져 있고 아래로는 까마득한 절벽이었다. 순간 다리가 풀리고 온몸에서 힘이 쭉 빠졌다. 간신히 마음을 추슬러 출발했는데 오금이 저리고 온몸이 굳어 제대로 운전할 수 없었다. 수십 번 쉬다 가다를 반복해 겨우 목적지에 도착했다.

사흘간의 전시회를 마치고 서울로 가야 하는데 걱정이 앞섰다. "괜찮을 거야." 스스로를 위로하며 억지로 운전석에 앉았는데 아니나 다를까, 고속도로에 진입하는 순간 몸이 경직돼 운전을 할 수 없었다. 결국 도로관리소에 들어가 대리운전을 부탁해 서울로 올라와야 했다. 그때부터 고속도로는 말할 것도 없고 대교나 일반도로에서조차 운전하는 게 두려웠다. PTSD가 생긴 것이다. 정신건강의학과에서 상담을 받고 약을 처방받고 심리상담을 받아도 효과가 없었다. 한의원에서 처방받아도 효과가 없었다. 평생 안고 가야 할 것 같아 답답하고, 평소에도 이 생각만 하면 자신감이 떨어지고 불안하기만 했다.

이 같은 트라우마 후유증이 10여 년 동안 지속되면서 정신건강의학과 치료, 심리치료, 한의학 치료 등 여러 치료를 받았지만 효과를 보지 못했다. 답답했다. 직업상 매일 운전해야 했기 때문이다.

이제 어떻게 해야 할 것인가. 이대로 평생 산다는 것은 매우 불행한 삶을 살아갈 가능성이 농후했다. 오랜 고민 끝에 나 스스로가 긍정심리학으로 해결하기로 했다. 먼저 불안과 두려움을 극복하는 것이다. 고속도로나 대교를 달릴 생각만 해도 불안하고 두려움이 엄습해 몸이 경직되고 위축됐기 때문이다. 운전을 한참 하다 보면 불안과 두려움이 극에 달해 숨이 막힐 것 같기도 했다.

긍정심리치료는 정서, 인지, 행동치료 모두를 개입시킬 수 있다. 먼저 불안과 두려움을 경감시키고자 인지와 행동으로 근육이완 훈련과 복식호흡법을 실천하고, ABC 확인하기를 시도해 불행한 사건 이후 왜곡된 믿음이 무엇이고 잘못된 결론이 무엇인지를 밝혀냈다.

구체적인 치료 목표와 방법은 회복력을 통해 외상 후 성장하기를 선택했다. 2010년 당시 미국에서는 회복력이 인기 많았기 때문이다. 정서적으로는 긍정정서 키우기와 대표 강점 적용하기를 시도하고, 인지적인 부분에서는 7가지 회복력 기술을 적용하기로 했다.

바쁜 시간 속에서 시간과 의지가 중요했기 때문에 쉽지는 않았다. 7가지 회복력 기술도 그 당시는 완전히 이해하고 적용하는 데 어려움이 많이 따랐다. 다행스러운 점은 내 대표 강점이 끈기와 열정, 자기 통제력, 낙관성이라는 사실이었다.

1개월 정도 지나면서 효과가 조금씩 나타나기 시작했다. 계속해서 6개월 정도 개입시켜 실천하다 보니 대부분 도로에서 자유롭게 운전할 수 있게 됐다. 가장 컨디션이 좋을 때는 긍정정서가 높을 때, 즉 행복할 때였다.

긍정도구 27
최대자와 만족자(배리 슈워츠)

인생은 선택의 연속이다. 선택해야 할 순간에 결정적인 영향을 미치는 것이 바로 '가치'다. 물론 가치는 선택의 순간에만 힘을 발휘하는 것은 아니다. 우리가 미처 의식하지 못할 뿐 가치는 삶의 모든 순간과 함께한다. 생각하고 판단하며 행동하는 기저에는 언제나 자신이 추구하는 가치가 깔려 있다. 그런데 삶에서 어떤 가치를 추구하느냐도 매우 중요하지만, 그 가치를 어떻게 추구하느냐도 매우 중요하다. 그에 따라 행복에 영향을 많이 끼치기 때문이다.

우리는 하루에도 몇 번씩 가치 판단을 하고 선택을 한다. 선택할 수 있는 자유는 개인의 권리와 자율성을 중요하게 여기는 민주주의 국가에서 가장 근본적인 권리로 주어진다. 그렇다면 이런 선택의 자유가 주어졌을 때 우리는 이론적으로 더 행복해야 할 텐데, 이상하게도 선택의 자유는 종종 우리의 만족도를 떨어뜨리기도 한다. 왜 그럴까.

이런 가치의 양면성에 주목한 사람은 심리학자인 배리 슈워츠Barry Schwartz 미국 스워스모어대 교수다. 슈워츠는 연구를 통해 사람들이 선택하는 유형은 크게 2가지라는 것을 알아냈다. 하나는 여러 대안 중 가장 좋은 선택을 내리길 원하는 유형이고, 다른 하나는 이만하면 좋은 선택이라고 만족하는 유형이다. 슈워츠는 전자를 '최대자', 후자를 '만족자'라고 부른다. 만족자의 경우 자신의 선택을 좋은 선택이라 생각하고 만족하기 때문에 선택의 자유는 행복에 방해가 되지 않는다. 하지만 최대자는 다르다. 그들은 만족자보다 선택하는 데 더 많은 시간을 투자하면서도 만족자보다 자신의 선택에 만족하지 못한다. 심지어 만족자보다 객관적으로 더 나은 선택을 했을 때조차 그렇다. 그러니 선택의 자유가 많이 주어질수록 고민과 후회가 늘어날 뿐이다.

슈워츠의 사례가 그 사실을 증명해준다.

> 나는 택시를 타고 미시간주 앤아버 외곽에 있는 한 자동차 판매상에 가서 중고차를 30분 동안 둘러보았다. 거기서 만족할 만한 차를 찾았고 바로 소비자가격으로 구입했다. 더 싸게 살 수 있는 것을 내가 더 많이 지불했을까. 그렇다. 내가 그 지역에서 가장 최선의 차를 구입했을까. 그렇지는 않다. 그렇다면 내가 그 차에 대해 만족하고 있을까. 그렇다. 분명하다.
>
> 이 같은 나의 경험과 내가 보기에는 차를 새로 바꾸는 데 오랜 시간이 들고 몹시 괴로운 일임이 틀림없었을 내 친구의 경험을 대조해보자. 그는 소비자

후기를 찾아 읽었고, 지역신문을 샅샅이 뒤졌으며, 인터넷 검색을 했다. 그는 전화 통화에 많은 시간을 썼고, 안전성을 점검하려고 시승하는 데 더욱 많은 시간을 할애했다. 그는 여러 달 동안 하루에 몇 시간씩 쓰고 나서야 결국 결정을 내렸다. 나는 그가 살고 있는 곳으로부터 150마일 이내 지역에서 가장 좋은 차 중 하나를 구입했다고 짐작하며, 그가 적당한 가격으로 지불했다고 확신한다. 그러나 그는 그의 차에 만족하는가. 조금도 그렇지 않다. 그가 놓친 차는 아직도 그를 따라다니고 있다.

슈워츠는 대학을 졸업하는 학생들을 대상으로 그들이 첫 번째 직장을 선택하는 것에 대해 연구했다. 최대자는 안정적으로 직장에 정착하기까지 만족자보다 더 오랜 기간이 걸렸고 평균연봉도 많았다. 그렇지만 직업 만족도는 만족자보다 낮았고, 전반적인 삶에 대한 만족도 역시 만족자보다 낮았다. 최대자가 자신의 선택에 대한 만족도가 떨어진 이유는 무엇일까. 가치 자체에 문제가 있다기보다 가치를 추구하는 방법에 문제가 있기 때문이다.

가치에는 치러야 할 대가와 이득이 동시에 있다. 최대자는 어떤 가치를 추구할 때 그 가치를 최대한 달성함과 동시에 대가는 최소화하려고 노력한다. 따라서 그 가치 선택이 버겁게 느껴질 수 있다. 하지만 만족자는 다르다. 선택한 삶의 가치에 만족하고 후회하지 않는다면 행복을 만들기도 쉽다.

슈워츠의 연구는 만족자가 최대자보다 일반적으로 더 행복하다는 것을 보여주지만, 슈워츠는 삶의 모든 영역에서 만족자가 되라고 주장하지는 않았다.

물론 모든 선택에 만족할 수는 없다. 때로는 최대자가 될 필요도 있다. 예를 들어 아이를 키우면서 "이 정도면 됐어. 난 할 만큼 했어"라고 말하는 부모는 없다. 하지만 모든 선택에 최대자처럼 판단한다면 삶은 참 피곤해질 것이다. 사촌동생의 생일 선물을 고르는 일과 결혼을 결정하거나 결혼해 살 집을 장만하는 과정이 결코 같을 수는 없다. 하지만 사람들은 많은 경우, 소소한 일에서조차 결정하지 못하고 고민하며 또 쉽게 만족하지 못한다. 자연스럽게 삶의 만족도, 즉 행복도는 떨어지기 마련이다. 따라서 슈워츠는 사람들이 언제 만족자가 되고, 또 언제 최대자가 돼야 하는지를 배우는 것이 중요하다고 강조한다.

당신은 최대자인가, 아니면 만족자인가. 온전히 최대자의 특징을 가지거나 반대로 전적으로 만족자의 특징을 가진 사람은 거의 없다. 하지만 다음 세 문장을 읽고 이에 동의한다면 최대자일 가능성이 크다.

- 나는 두 번째로 좋은 것에 만족하지 못한다.
- 내 직업의 만족도와는 상관없이 더 좋은 기회를 찾아 나서는 것이 옳다.
- 쇼핑할 때 딱 마음에 드는 옷을 고르느라 너무 힘들다.

그렇다면 언제, 어떻게 선택해야 할까. 선택하는 방법을 연습하기 위해 먼저 당신이 최근에 결정을 내린 몇 가지를 떠올려보자. 단순한 것이든, 복잡한 것이든 상관없다. 각각을 결정하는 데 얼마나 많은 시간과 조사와 고민을 쏟았는지, 그리고 각 결정에 있어 현재 얼마나 만족하고 있는지 생각해보자.

만약 소소한 쇼핑에서까지 선택하는 게 힘들다면 슈워츠가 제시하는 실천 사항을 참고하면 도움이 될 것이다.

- 2곳 이상의 상점에 들르지 마라.
- 1만 원 이하의 물건을 구입하는 데 15분 이상 쓰지 마라.
- 고민되면 파란색 물건만 사라.
- 당신의 결정을 변경할 수 없도록 만들어라.

또한 이미 한 선택이나 소비에 쉽게 후회하는 사람들은 슈워츠의 이런 방법도 참고해보길 바란다. 최대자를 괴롭히는 후회와 '만약 이랬으면' 하는 것을 없앨 수 있는 몇 가지 방법이다.

- 환불이나 교환을 해주지 않는 상점에 가라.
- 영수증은 버려라.
- 집과 다소 떨어진 휴가지나 출장지에서 구입하라.
- 당신이 가진 것에 감사하고, 가지지 않은 것을 동경하지 마라.

쇼핑뿐이 아니다. 소소한 일에 이 같은 방법을 응용해 사용하다 보면 더 빨리, 더 쉽게 결정하고 또 후회하지 않을 수 있을 것이다. 되돌릴 수 없는 결정에 대해 후회하고 뒤만 돌아보는 것은 행복에 도움이 되지 않는다.

긍정도구 28
긍정유산 남기기(크리스토퍼 피터슨)

대부분의 사람은 유언이나 유산 하면 가장 먼저 재산을 떠올린다. 재산보다 더 소중하고 가치 있는 것이 있다면 그것은 무엇일까. 아마도 그 사람이 얼마나 인생을 가치 있게 살아왔느냐일 것이다. 자신이 행복하고 만족한 삶을 살았는지, 의미 있고 가치 있는 삶을 살았는지, 가족이나 친구들이 가치 있게 평가하고 인정해주는지가 중요하다.

인생의 마지막 날을 떠올려보자. 삶의 마지막 순간에 당신이 살아온 인생을 뒤돌아볼 수 있는 시간이 주어졌다. 최고로 행복했던 때는 언제였는가. 가장 후회했던 때는 언제였는가. 당신의 삶은 꿈을 이룬 삶이었는가. 어려움 속에서도 최선을 다했는가. 당신을 사랑했고, 당신이 사랑한 사람들이 있었는가. 당신은 뛰어난 사회인이었는가. 당신은 행복했는가.

인생의 마지막 순간을 떠올려보고 인생을 어떻게 살아왔는지 평가해보자. 살아가고자 했던 인생을 생각해보고 가장 가까웠던 이들이 당신을 어떻게 기억하고 평가하기를 원하는지 생각해보자. 그들은 당신이 어떤 일을 성취했다고 생각할 것인가. 당신의 어떤 강점을 이야기할 것인가. 한마디로 당신이 남긴 유산은 무엇인가. 이들 질문에 겸손하거나 과시할 필요는 없다. 그리고 상상을 즐기라는 이야기도 아니다.

꿈과 희망은 우리가 행동을 취하지 않는 이상 현실로 다가오지 않는다. 당신이 써왔던 글을 되돌아보고 현실적인 유산, 당신의 능력 안에서 성취 가능한 유산을 남길 수 있는 방법이 있는지 스스로에게 물어보자. 현재 당신은 이 방법을 실천하고 있는가. 앞으로 어떻게 실천해 어떤 인생을 만들고 싶은가.

다음은 내가 직접 작성해본 '긍정유산 남기기' 내용이다.

그 사람은 참 좋은 사람이었다. 아내를 많이 사랑하고 존중한 좋은 남편이었다. 때로는 이 부부도 다툴 때가 있었지만 어찌됐든 서로의 긍정적인 면만 보려고 노력했다. 그는 아이들 교육이 우선인 훌륭한 아버지였으며, 배움을 향한 열정은 아이들에게 롤모델이 됐다. 그는 언제나 인내했고 지원했으며 격려했고 공평했다. 아이들은 자신들에게 보내는 아버지의 사랑을 의심한 적이 없었다. 왜냐하면 아버지를 의심할 만한 단 한 가지의 이유도 없었기 때문이다.

그의 비전은 전 국민에게 행복을 만들어주는 것이었고, 소명은 '너는 가서 많은 사람의 행복을 만들어주라!'였다. 그는 훌륭한 긍정심리학자였으며 행복 메이커였다. 열악한 환경 속에서도 행복을 만들 수 있다는 것을 깨달은 그는 개인의 행복과 기업, 사회의 플로리시를 위해 80세까지 집필과 강의, 상담(코칭)으로 수백만 명에게 행복을 만들어주었다.

그는 항상 누군가를 도왔고 개인보다 이웃과 사회를 생각했다. 어렸을 때는 매년 겨울이면 어려운 이들이 사는 집에 땔감을 준비해주었으며, 성인이 돼서는 지역사회와 교회에서 더욱 활발하게 봉사활동을 했다. 말년에는 그가 운영하던 연구소, 학교를 사회에 환원했다. 한마디로 그는 인생을 사랑한 남자였다. 그리고 인생도 그를 사랑했다. 그는 마지막 대중 강의에서 수많은 사람으로부터 열광적인 찬사와 감사의 인사를 받았다. 그는 훌륭한 시민이었으며 의미 있고 가치 있는 인생을 살았다.

당신도 '긍정유산 남기기'를 작성해보라. 책상 앞이나 잘 보이는 곳에 놓아두고 시간 있을 때마다 한 번씩 읽어보자. 그때마다 긍정정서가 배양되고 확산되며 구축돼 당신을 더 좋은 모습으로 변화시켜 행복하게 만들어줄 것이다.

긍정도구 29
사명(가치)선언서(로버트 디너)

사명은 넓은 의미에서 보면 "우리는 왜 이 땅에 존재하는가?"라는 질문에 대한 대답이라고 할 수 있다. 우리나라의 수많은 직업 가운데 사명감이 가장 높은 직업이 소방관이라고 한다. 직업이 단순히 불 끄는 일이 아니라 한 사람의 생명을 구하는 일이라고 생각한다면 얼마나 뿌듯하고 힘이 나겠는가. 이렇게 사명감이 있어야만 어떤 일을 하든 어떤 직업을 갖든 더 만족하고 열정적인 삶을 살아갈 수 있을 것이다.

당신의 사명을 글로 적어 사명(가치)선언서를 작성해보자. 사명선언서를 작성하는 일은 자신에게 가장 소중한 것이 무엇이고, 어떻게 가치 있게 살아야 할 것인가를 생각하는 계기가 될 것이다. 인생을 가까이에서만 보지 말고 멀찍이 거리를 두고 바라보면 훨씬 큰 그림으로 볼 수 있다. 그러다 보면 미래에 대한 희망도 생길 것이다. 긍정심리학자들이 이 방법을 사용했더니 경영자, 학생, 심리치료(상담)사, 직업을 바꾸려는 사람들까지도 아주 활기차게 변했다. 자기 존재의 가치를 발견했으니 활력이 넘치는 게 당연하지 않겠는가.

하지만 부담을 가질 필요는 없다. 완벽해야 한다거나 자신의 모든 걸 포함해야 한다고 생각할 필요도 없다. 사명선언서는 가끔씩 개정하고 수정해도 된다. 당신에게 의미 있는 날이나 생일, 연말, 연초에 한 해를 정리하며 새롭게 작성하는 것도 좋다. 사명선언서는 당신의 인생처럼 최종 작품이 아니라 변화해가는 과정의 작품이다. 당신은 마지막 순간, 인생의 초상에 어떤 내용이 담겼으면 하고 바라는가. 어떻게 사명선언서를 작성해야 할지 모르겠다면 다음에 소개하는 4단계를 참조하면 도움이 될 것이다.

1단계 당신의 인생에서 가장 소중한 것이 무엇인지 리스트를 작성하자. 완벽하게 작성하거나 모든 것을 총망라하려고 애쓰지도 말고 항목이 겹칠까 봐 걱정하지도 말자. 단지 본인만의 핵심 가치를 하나씩 써보는 일일 뿐이다. 2~5가지 정도 핵심 가치를 작성하자. '변화를 받아들이고 추진하라' '성장과 배움을 추구하자' '가족을 소중히 여기자' '행복을 추구하자' '정직한 사람이 되자' '일에 대한 사명감을 갖자' '겸손하자' 등 말이다.

2단계 대표 강점에 대해 숙고해보자. 대표 강점을 토대로 5가지를 고른다. 자주 활용하는 강점일수록 좋다. 가까운 미래에 일어날 일 중 어떤 일이 가장 기대되는지, 그 일에 강점을 어떻게 활용할 것인지를 생각해보는 것도 도움이 될 것이다.

3단계 핵심 가치를 확인하기 위해 '내가 가장 자랑스러워하는 업적은 무엇인가' '내가 세상에 남기고 싶은 유산은 무엇인가' '내가 가장 원하는 것은 무엇인가' '내가 최상의 상태일 때는 언제인가' 등 스스로에게 질문해보자. 그다음 형식에 구애받지 말고 2분여 동안 그 대답을 글로 쓴다. 여기에는 오답도 정답도 없다.

4단계 자신이 중요하게 생각하는 핵심 가치, 대표 강점, 작동 중인 핵심 가치가 모아졌을 것이다. 이것이 사명선언서의 토대가 된다. 이제 다음의 형식에 따라 두 문단으로 작성해보자. 첫 번째 문단은 당신이 중요시하는 가치를 묘사함으로써 본인에 대해 서술한다. 두 번째 문단은 그 가치를 구체적으로 어떻게 실천할 것인지에 대해 서술한다.

문단 1(핵심 가치 묘사)

나는 배움과 성장을 중요시하고, 행복한 삶을 원하며, 일에 대한 사명의식을 갖는다. 나 자신의 지속적인 배움과 성장을 통해 행복을 만들어가는 것을 중요하게 생각하며, 긍정심리학 전문가로서 사명의식을 갖는다. 연령, 배경과 상관없이 다른 사람들도 배움과 성장을 통해 행복을 만들어가는 것을 도와주는 데 관심이 있다. 나는 많은 사람의 행복을 만들어주는 행위가 세상을 더 좋은 곳으로 바꿀 것이라고 믿는다. 그 행위를 통해 그들을 더욱 행복하게 만들고, 그들과 더 좋은 관계를 맺으며, 세상을 더 행복하게 만들어갈 것이기 때문이다.

문단 2(문단 1의 가치를 실현할 구체적 방법)

나의 대표 강점은 창의성, 학구열, 끈기, 열정, 감사, 감상력, 희망이다. 때로는 상황과 조건의 영향을 받아 나의 가치를 지키기가 힘들 때도 있지만 이 강점들은 내가 지속적인 배움과 성장을 통해 행복을 만들어주는 데 중요한 역할을 하는 도구다. 나는 대표 강점을 일상에서 발휘해 개인과 조직에서 발생하는 크고 작은 문제를 해결하고, 새로운 것을 찾아 나를 더 성장하게 하며, 행복하게 만들어갈 것이다. 긍정심리학 교수, 강사, 멘토, 코치, 심리상담사, 저자로서의 역할을 십분 활용해 국민 모두 긍정심리학을 통해 더 행복해질 수 있도록 할 것이다. 더 많은 사람이 삶의 의미와 가치를 찾고 행복을 만들어 플로리시한 삶을 살아갈 수 있도록 도와주는 것이 나의 소명을 잘 감당하는 길이고, 행복 메이커로서 가장 의미 있고 가치 있는 플로리시한 삶이 될 것이라는 것을 알고 있기 때문이다.

Happiness Can Be Made

긍정도구 30
그릿GRIT 기르는 방법
(캐럴라인 밀러, 앤젤라 더크워스)

우리는 성취, 성공, 승리, 정복을 위해 지식과 기술을 쌓고 재능을 발휘한다. 부와 명예를 위한 성취도 있지만 그 자체가 좋아서 추구하기도 한다.

지금까지 성취를 위한 인지 과정의 기본 공식은 '성취=기술×노력'이다. 여기에서 기술을 이루는 요소는 다음과 같은 3가지 인지로 이루어졌다. 첫째, 속도로, 더 빠르고 자동으로 작동하는 관련 재료가 많을수록 그 과제에 대해 더 많이 알게 된다. 둘째, 느림으로 성취의 자발적이고 아주 중요한 과정으로 계획하기, 수정하기, 실수 확인하기, 창의성 등 속도가 더 빠르고 지식이 많을수록 실행 기능을 이용할 여분의 시간이 더 많아 여유가 생긴다. 셋째, 학습 속도로, 새 정보를 자동적인 지식 계좌에 얼마나 빨리 저축할 수 있는지를 반영하며, 더 빠를수록 느린 실행 기능을 이용할 시간이 훨씬 더 많아진다. 이 3가지 인지로 이루어지는 기술과 노력이 성취를 하게 해준다는 것이다.

노력 영역의 거장 안데르스 에릭손Anders Erricsson은 고도의 전문 지식을 쌓는 초석, 즉 성취는 신이 주신 천재성이 아니라 의도적인 연습에 소비한 시간과 에너지의 양이라고 주장했다. 모차르트가 모차르트인 이유는 특출한 음악적 재능을 타고나서가 아니라 어릴 때부터 재능을 활용하는 데 모든 시간을 쏟아 부었기 때문이라는 것이다. 세계 일류 피아니스트들은 20세 무렵이면 연습 시간이 1만 시간에 달한다. 이와 대조적으로 그 아래 수준의 피아니스트들은 5000시간, 진지한 아마추어 피아니스트들은 2000시간이라고 한다. 에릭손에 따르면 능력은 순전히 경험의 양에서 생겨난다는 것이다.

하지만 긍정심리학자 앤젤라 더크워스는 성취 공식에서 학문적 성취의 인지 과정이나 경험의 양에서 생겨나는 능력이 아니라 성격의 역할과 그 공식에서 성격특성이 '노력'으로 들어가는 지점이라는 사실을 발견했다. 의도적 노력을 유발하는 것은 자기 통제력과 그릿GRIT(성장Growth, 회복력Resilience, 내재적 동기Intrinsic Motivation, 끈기Tenacity)이라는 것이다.

그릿은 장기 목표를 달성하기 위한 끈기와 열정의 결합체다. 극도의 끈기라는 성격특성은 극한의 노력을 야기하고, 식지 않는 열정이라는 성격특성은 끝없는 도전을 시도하게 만들기 때문이다. 집념이 강할수록 과제에 소비하는 시간이 늘어난다. 집념은 결코 굴복하지 않는 극단적인 자기 통제력의 근거이기도 하다.

그렇다면 어떻게 그릿을 키워 성취를 이루고 행복을 만들까. 그릿을 기르는 방법은 다양하다. 그중 이 분야 최고 학자들이 추천한 몇 가지 방법을 소개하면 다음과 같다.

① 집념 넘치는 사람의 전기나 성공담을 읽는다 신문과 각종 매체에는 거절을 받아들이지 않고 목표를 끝까지 추구해 달성한 이들의 실제 성공담으로 가득하다. 이런 사람들의 성공담을 읽고 성공을 위해 필요한 것이 무엇인지 계속 되새기도록 한다.

② 집념이 강한 사람들과 함께한다 웨스트포인트는 집념이 넘치는 학생들을 입학시켜 집념을 더욱 강화시킨다고 한다. 어떤 사람들과 함께하는지가 중요하다. 집념이 강하고, 용감한 사람들과 가까이 지내면 자연스럽게 그들로부터 집념을 배우고 강화시킬 수 있다.

③ 자기 통제력을 키워라 한 아동이 얼마나 많은 시간과 의도적 노력을 성취에 기꺼이 할애할지를 결정하는 것은 무엇일까. 바로 성격특성이다. 자기 통제력은 의도적 노력을 유발하는 성격특성이다. 자기 통제력은 모든 덕목의 여왕이며, 나머지 강점들을 가능케 하는 강점이다. 다음은 자기 통제력 특성을 키우는 방법이다. 첫째, 주변의 유혹 요소를 제거한다. 예컨대 다이어트를 할 때는 간식거리를 주변에 두지 않는다. 둘째, 다음번에 화가 날 때는 자신의 감정을 통제하고 그 상황의 긍정

적인 면에 집중하도록 노력한다. 셋째, 이성을 잃으려고 할 때 숫자를 열까지 세고 나서 그것이 정말 필요한지 다시 생각해본다.

④ 겁쟁이가 되지 말자 중요한 목표를 향해 전진하다 지치거나 용기를 잃으면 그만 손을 떼고 싶다는 유혹이 든다. 하지만 끈기 있게 끝까지 밀고 나가지 못하면 자신이 원하는 일을 이룰 가능성을 모두 잃게 된다. 다음은 용감성 특성을 키우는 방법이다. 첫째, 친구들로부터 일반적으로 호응을 받지 못하는 아이디어도 당당하게 말한다. 둘째, 명백히 잘못된 행위를 하는 사람이나 단체를 목격할 경우 반드시 이의를 제기한다. 셋째, 평소 두려움 때문에 잘하지 못했던 일을 해본다.

⑤ 낙관성을 기른다 낙관성이 반드시 집념을 길러주는 것은 아니지만, 힘든 상황에서도 끝까지 포기하지 않고 스스로의 능력을 믿을 수 있게 해주는 학습 가능한 성격이다. 다음은 낙관성 특성을 키우는 방법이다. 첫째, 힘든 일이 생길 때마다 나 자신이나 가까운 누군가 역경을 극복하고 성공했던 상황을 떠올려본다. 둘째, '나는 할 수 없어'라는 비관적인 생각을 '나는 할 수 있어'라는 낙관적인 생각으로 바꾸는 연습을 한다. 셋째, 내일, 다음 주, 다음 달 목표를 쓰고 이 목표를 성취할 수 있는 구체적인 계획을 세운다.

⑥ 열정을 가지고 추구한다 집념이 강한 사람들은 대부분 열정적이다. 너무 열정적이어서 일과 생활의 균형이 깨지는 경우도 많지만 열정이

어려운 목표를 이루는 데 큰 도움이 되는 것은 부인할 수 없는 사실이다. 다음은 열정 특성을 키우는 방법이다. 첫째, '왜 해야 하는데?'라고 말하기보다 '해보는 게 어때?'라고 말하는 것을 세 배 늘려본다. 둘째, 일을 시작하기 전에 어떻게 하면 그 일을 적극적으로 신나게 할 수 있을지 생각해본다. 셋째, 매일 자신에게 필요한 것보다 하고 싶은 것을 한 가지씩 해본다.

⑦ **끈기를 발휘한다** 집념이 강한 사람들은 끈기가 강하다. 그들은 단기적으로 회복력을 발휘하는 것이 아니라 심리적·신체적·물질적·관계적 문제가 발생해 많은 사람이 포기하는 상황이 와도 포기하지 않고 다시 일어난다. 다음은 끈기 특성을 키우는 방법이다. 첫째, 매주 작은 목표 5가지를 정하고, 그 목표의 진행 과정을 매주 점검한다. 둘째, 꽃 피는 식물을 이른 봄에 심어 여름까지 수명주기를 관찰하고 식물을 돌보며 가꿔본다. 셋째, 비중이 큰 과제를 계획하고 기한보다 일찍 끝낸다. 도중에 예상치 못한 장애를 만나도 포기하지 않는다.

⑧ **정직하자** 집념이 강한 사람들은 정직하다. 정직하지 못하면 집념을 키우기가 힘들다. 남을 속이거나 거짓말을 하거나 공정하지 못하다면 추진력이 떨어져 목표를 이루고자 집념을 끝까지 발휘하기 어렵다는 것이다. 다음은 정직 특성을 키우는 방법이다. 첫째, 내가 중요한 사실을 빼놓고 말하는 경우가 있는지 생각해보고, 내가 그 피해자가 된다면 기분이 어떨지 생각해본다. 둘째, 어떤 일을 하고자 하는 이유를 다른 사

람에게 말할 때 진실하고 정직하게 설명한다. 셋째, 정직한 행동을 할 때와 그렇지 않은 행동을 할 때 내가 얼마나 만족감을 느끼는지 살펴보고, 그 만족도로 나의 정직을 평가한다.

⑨ 실패나 비판이 자신을 규정하지 않게 한다 집념이 강한 사람들은 비판과 실패에서 교훈을 얻으려 하고, 이에 대처하기 위한 감정적인 전략을 수립하며, 실패를 딛고 다시 일어선다. 이 같은 회복력은 자기 효능감이나 자신감이 강한 사람의 특징이기도 하므로 이런 일을 잘하는 사람을 찾아 도움을 구하자. 다음은 회복력 특성을 키우는 방법이다. 첫째, 역경에 처했을 때 과거에는 그와 비슷한 상황을 어떻게 극복했는지 골똘히 생각한다. 둘째, 어려운 상황에 처할 때 그것이 잘 해결될 거라고 자신감을 갖는다. 셋째, 역경을 겪은 후 더 성장할 수 있다는 확신을 갖는다.

Happiness Can Be Made

긍정도구 31

최상의 자기(윌리엄 셸런, 소냐 류보머스키)

10년 후, 20년 후 자신의 모습을 상상해본 적이 있는가. 어떤 모습이 떠오르는가. 사랑하는 사람을 만나 가정을 꾸려 자식을 낳고 오순도순 사는 모습? 성실하게 일하고 근검절약해 내 집을 마련하고 환하게 웃는 모습? 회사에서 승진해 임원이 되는 모습? 공직이나 비영리단체에서 자신이 원하는 일을 성취했을 때 모습? 어떤 모습이든 만족스럽고 행복한 모습이 상상된다면 다행스러운 일이다.

한 걸음 더 나아가 미래에 꼭 이루고 싶은 목표가 있다면 그 목표를 이룬 자신의 모습을 떠올려보자. 회사를 창업해 사회에 도움이 되는 큰 기업으로 발전시키겠다는 목표가 있다면 대기업 최고경영자CEO가 돼 있는 자신의 모습을, 서민을 위한 정치를 하겠다는 목표를 갖고 있다면 정치 지도자가 돼 있는 자신의 모습을, 아니면 대중을 감동시키는 인기 강사가 돼 있는 자신의 모습을 상상해보자. 어떤 모습이든 자신이 꿈꾸는 최상의 모습을 상상하는 것만으로도 행복해질 수 있을 뿐 아니라 꿈과 목표를 이루는 데도 도움이 된다.

최상의 자기best possible self는 미래의 자신을 상상하고, 자신이 인생에서 원하는 거의 모든 것을 성취한 모습을 그려보며, 훌륭한 결정을 내리는 자신을 떠올리고, 자신이 원하는 인생을 묘사해보는 것이다. 이 개입은 사람들을 격려하고 의욕을 고취시킨다. 그것이 효과적인 이유는 좋은 것the good과 가능한 것the possible에 주의를 기울이기 때문이다.

최상의 자기는 잠재력을 발휘하는 자신에 대한 의식적인 사고의 흐름을 글로 적는 행위가 심리적 강장제 역할을 해 개인의 행복 수준을 현저히 증가시킨다는 것을 보여주었다. 이 긍정도구는 당면한 일과 관련된 목표를 세우게 해주기 때문에 또한 효과적이다. 이 개입은 비현실적인 몽상이나 환상에 빠지는 연습이 아니다. 숨겨진 핵심 가치를 확인하고 개인의 성장을 위한 어젠다agenda를 제시하는 연습이다. 미래의 긍정적인 자기를 시각화하는 이 기법은 거실에서도, 중역 회의실에서도 효과 만점이다. 이 긍정도구는 긍정정서를 높이고 개인의 변화를 촉진하며 뛰어난 업무 성과를 유도하는 데 특히 효과적이다.

현재의 모습이 만족스럽지 않다고 미래도 그러리란 법은 없다. 지금은 입사한 지 얼마 안 된 평사원이라 해도 10년 후, 20년 후에는 한 회사의 대표가 돼 있을 수도 있다. 그런데 미래의 모습보다 현실의 자신만을 생각한다면 어떨까. 아마 좋은 모습보다 스트레스 받는 모습이 더 많이 떠올라 행복해지기 어렵다. 하지만 본인이 만들어낼 수 있는 최상의 미래를 상상하면 현실이 그렇게 고달프지만은 않다. 꿈을 이루는 과정이라 생각하면 견딜 수 있는 힘도 커지고, 힘들지만 한 걸음씩 앞으로 나아가며 보람과 행복도 느낄 수 있다. 결국 먼 미래를 내다본다는 관점의 변화만으로도 긍정정서를 훨씬 많이 느껴 현실도 즐겁고 행복해진다. 또한 구체적으로 미래의 모습을 그리다 보면 실제 그 모습을 닮아가고자 노력하게 되고, 그러면 상상은 꿈을 넘어 현실이 되는 것이다.

가까운 미래의 모습을 상상하는 것은 어느 정도 가능하지만 10년 후, 20년 후 미래를 상상하는 일은 처음 해보는 사람들에겐 쉽지 않다. 그것도 구체적으로 상상해보기란 더 어렵다. 막연히 최상의 자기를 상상하는 것은 사실 큰 의미가 없다. 막연한 상상은 자칫 말 그대로 상상으로 끝나기 쉽기 때문이다. 그래서 미래의 자기 모습을 구체적으로, 마치 사진을 찍듯 생생하게 그릴 필요가 있다. 그래야 현실에서 어떤 노력을 해야 하는지도 좀 더 구체적으로 알 수 있다. 최상의 자기를 상상만 하기보다 그때 하고 있을 일, 자신의 인간관계, 자신이 중시하는 가치 등을 구체적으로 구현할수록 동기부여하기가 쉽다.

먼저 미래의 자신을 상상하라. 두세 달 후의 자신도 좋고, 몇 년 후의 자신도 좋다. 인생에서 원하는 것을 많이 얻었고, 열망하는 것 또한 대부분 성취한 미래를 상상하자. 잠시 시간을 갖고 그 미래에 당신은 어떤 모습이며 삶은 또 어떤 모습일지 진지하게 그려보자. 성취한 것, 살고 있을 곳, 일하고 있을 곳을 상상하자. 출퇴근 모습을 상상하고, 건강은 어떠하며, 인간관계는 어떤 모습일지 떠올려보자. 자신이 갖춘 능력, 성장을 위한 기회를 상상하라. 어떤 결정을 내리고 어떤 목표를 이루었는지 그려보자

1. 당신이 상상하는 직장생활, 즉 통근 방식, 사무실, 지위, 맡게 될 업무 유형을 묘사해보자.
2. 이 이상적인 미래의 업무에서 당신이 성취하고 싶은 중요한 것은 무엇인가.
3. 미래에 당신이 성취한 것을 묘사해보자.
4. 미래의 직장생활에 대한 상상은 당신이 중시하는 가치인 내면적 요소의 산물인가, 아니면 타인이 중시하는 가치인 외면적 요소의 산물인가.
5. 미래에 당신이 살고 있을 곳을 묘사해보자.
6. 주거환경과 생활환경에서 당신이 갖추고 싶은 것은 무엇인가.
7. 미래에 당신이 모두 갖춘 모습을 묘사해보자.
8. 미래의 주거환경에 대한 상상은 당신이 중시하는 가치인 내면적 요소의 산물인가, 아니면 타인이 중시하는 가치인 외면적 요소의 산물인가.

당신이 꿈꾸는 최상의 자기는 어떤 모습인가. 최상의 자기를 그리는 일은 잠들어 있는 열정을 깨우고 미래에 대한 기대와 희망을 갖게 해준다. 그것이 당신의 꿈이기도 하다. 포부를 크게 가지라고 말하고 싶다. 전혀 이룰 가망성이 없고 현실성 없는 허황된 꿈을 가지라는 게 아니라 앞으로 살아가면서 자신이 만들어낼 수 있는 최대한의 자신을

그려보라는 것이다. 훗날 이 세상을 떠날 때 내가 이것만은 꼭 이루고 싶은 모습, 그렇지 않으면 도저히 눈을 못 감을 것 같은 모습이 분명 있을 것이다.

다음은 '24시간 긍정심리학 전문가 과정'에 참여한 어느 수녀님의 최상의 자기 모습니다.

2035년 9월 11일. 오늘은 매우 맑고 아름다운 날이다. 20년 전에는 막연한 기대였을 뿐 가능하지 않을 것 같았던 일이 현실이 된 날이다. 2025년 9월 11일, 남과 북이 교류를 확대하며 상호 신뢰를 구축한 지 10년 만에 역사적인 남북통일이 된 것이다. 오늘은 남북이 통일된 지 10주년 되는 날이다. 이런 역사적인 질곡 속에서 내가 가장 큰 수혜자인 것 같다. 오늘 나는 평양간호대학 학장으로서 간호대학에서 간호행정관리와 정신간호학 강의를 마치고 돌아오는 길이다. 여기 와서 10년째 강의를 하고 있지만 지금도 한결같이 느끼는 것은 남남북녀라고 하더니 정말 여학생들이 눈부시게 예쁘다는 사실이다. 그래서 오늘은 속으로 욕을 좀 해주었다. '이것들아 느그들은 좋겄다. 젊고 예뻐서.' 그러면서도 그 젊음을 바라보는 나는 아주 행복했다.

우리 수도원은 평양에서 가장 아름다운 곳에 위치해 있어 넓은 정원과 9월 햇살에 빛나는 꽃들, 나무들이 무척이나 아름답게 느껴진다. 쉬고 싶지만 오늘부터 평양교구 내 추기경님을 비롯해 모든 교구사제와 신학생들 앞에서 강의를 해야 한다는 것이 좀 부담스럽다. 긍정심리학의 이론적 배경을 중심으로 교회 고유한 가치를 훼손시키지 않으면서 하느님의 부르심을 받는 사람으로서 어떻게 세상 속에 올바르게 응답해야 하고 그리고 지속적으로 세상에 빛과 소금의 역할을 해나갈 것인지를 10주 동안 풀어나갈 예정이다. 늘 해오던 강의지만 언제나 어려움을 느낀다. 그래도 대학에서 학생들에게, 교회 사제와 수도자들에게, 다양한 사람에게 가르치는 사명을 받은 즐거움과 보람은 아주 크다.

어제는 평양시 보건정책연구 포럼에 다녀왔다. 평양시뿐 아니라 각 지방자치단체의 보건정책에 토대가 되는 일이라 모두가 신중을 기하고 있다. 내일은 서울에서 피정 오는 사람들을 위해 전체 일정을 점검해야 한다. 요즘 피정이 부쩍 많아지고, 특히 서울에서 오는 사람들의 수가 갈수록 늘고 있다.

이제 얼마 후면 나의 소설이 영화로 만들어져 대중에게 선보일 예정이다. 무척 기쁘지만 한편으로는 긴장되는 마음으로 기다리고 있다. 며칠 전 존경하는 수녀님의 미술 작품 전시회 때 나의 작품 10점도 서울 명동과 평양에서 선보였다. 틈틈이 배운 그림 공부가 결실을 본 셈이다. 아주 흐뭇하고 행복하다. 그리고 긍정심리학을 이론적 배경으로 해 최초로 만든 '주님과 함께 매일 행복 만들기' 피정 프로그램이 이제 뿌리를 내렸고 대중화가 됐나 보다. 15년 동안 이 프로그램에 참석한 사람만 해도 100만 명에 육박하며, 지금도 많은 곳에서 강의와 자료 요청이 끊임없이 오고 있다.

나는 행정가로 한평생을 살게 해달라는 소망을 이루게 해주신 하느님께 감사할 뿐이다. 여기까지 오는 길에 많은 도움을 주신 우문식 박사님에게도 아주 큰 감사를 드린다.

이 모든 것을 이루신 하느님 찬미 받으소서! "아멘."

– 최숙희 소화 데레사 수녀

Happiness Can Be Made

긍정도구 32
행복의 집 만들기(캐럴라인 밀러)

'지금부터 20년쯤 후에는 자기가 한 일을 후회하기보다 하지 않은 일을 후회하는 경우가 많아질 것이다. 그러니 나 자신을 얽매고 있는 닻줄을 풀어버리자. 안전한 항구에서 벗어나 먼 바다로 나가자. 커다란 돛 가득히 무역풍을 받으면서 탐험하자, 꿈꾸자, 그리고 발견하자.'

이는 미국 문학의 아버지로 불리는 마크 트웨인Mark Twain의 말이다.

아직은 우리 사회에 행복에 대한 전반적인 인식이 높지 않은 듯하다. 행복은 원하지만 절실하게 생각하지 않는다는 것이다. 그러나 앞으로는 행복에 대한 인식이 바뀌면서 새로운 상황을 맞게 될 것이다. 앞서 언급한 정년퇴임을 1년 앞둔 한 고위 공직자의 후회처럼 많은 사람이 행복 만들기 목표를 세우지 못한 것에 대해 앞으로 5년 후, 10년 후,

또는 20년 후에 후회할 것이다. 행복은 열심히 일하며 산다고 따라오는 것이 아니다. 보상이나 덤으로 오는 것이 아니라는 것이다. 행복은 자신이 행복이 무엇인지 배우고 연습과 실천을 통해 만드는 것이다.

지금까지 연습한 긍정정서, 몰입, 관계, 의미, 성취, 강점 안에 있는 긍정도구를 활용해 당신의 행복 목표를 세워보고 '행복의 집'을 만들어 보자. 이 행복의 집은 셀리그만의 제자이며 유명 긍정심리학자인 밀러가 착안한 도구다. 이 도구는 자신의 가치관을 명확하게 밝히는 동시에 행복 만들기를 위한 목표를 세우는 데도 매우 유용하다. 이 도구는 심리치료와 코칭 방법을 기반으로 하는데, 여러 연구를 통해 효과가 입증된 것으로 당신의 만족도를 평가한 후 삶의 질을 높여주는 목표를 향해 전진하도록 도와준다. 당신은 이 긍정도구를 통해 자신에게 가장 중요한 삶의 영역이 행복을 위한 목표 목록에 잘 드러나 있는지 확인할 수 있다.

밀러는 긍정성을 가지고 인생 목록 프로그램을 시작하는 것이 큰 도움이 된다는 사실을 알고 있기 때문에 행복을 평가할 때 널리 사용되는 방식을 바탕으로 전체적인 삶의 만족도를 테스트하는 방법을 고안해냈다.

성취감 및 만족감 평가

이 행복 평가표를 일종의 사다리로 생각하면서 행복 목표를 이루는 과정이 얼마나 성공적이었는지 평가하는 데 사용한다. 다음의 '성취감 및 만족감 사다리' 평가표를 이용해 현재 자신이 얼마나 행복한지 판단할 수 있다. 그리고 때때로 목표 진행 상황을 도표로 기록하거나 살면서 특정한 목표를 달성하고 싶은 다른 분야가 있는지 알아볼 때도 이것을 사용할 수 있다.

[10] 완벽한 성공: 지금까지 살면서 바라던 중요한 일을 전부 이뤘다.

[9] 매우 성공적

[8]

[7] 꽤 성공적

[6]

[5] 적당히 성공적

[4]

[3] 약간 성공적

[2]

[1] 거의 성공하지 못함

[0] 완벽한 실패: 지금까지 살면서 바라던 중요한 일을 하나도 이루지 못했다.

다음은 성취감 및 만족감 사다리 평가표에서 받은 점수를 분석한

[10] 완벽한 성공: 지금까지 살면서 바라던 중요한 일을 전부 이뤘다. [9] 매우 성공적 [8] [7] 꽤 성공적	자기 삶에 대체적으로 만족하며 행복한 상태다. 자신에게 가장 소중한 요구나 목표, 소원의 대부분 또는 전부를 이룰 수 있는 능력을 가지고 있다. 목표를 대부분 달성하고 살아갈 보람이 있는 환경을 직접 만들거나 찾아냈다. 점수가 이 범위에 해당하는 사람은 인생 목표 프로그램에 들인 노력이 대부분 성공을 거뒀다는 뜻이다. 이 범위 내에서 점수가 1점 늘거나 줄어드는 것만으로도 삶의 만족도와 행복에 큰 변화가 생긴다.

[6] [5] 적당히 성공적 [4] [3] 약간 성공적	자기 삶에 만족하고 행복을 느끼는 상태지만 이 상황을 좀 더 개선할 수도 있다. 자신에게 가장 소중한 요구나 목표, 소원 몇 가지를 이룰 수 있는 능력을 약간 지니고 있다. 하지만 여전히 상당수의 목표를 달성하지 못한 상태이며 변화나 개선이 필요한 보답 없는 환경에서 살고 있을 것이다. 사다리의 6번째 단계에서 7번째 단계로 올라가는 것은 삶의 만족도와 행복이 상당히 높아졌다는 뜻이지만, 이 범위에 해당되는 점수를 받은 사람은 평생의 목표를 달성하기 위한 자기 개선 및 성취 프로그램에 들인 노력이 그다지 효과를 보지 못했음을 나타낸다. 우리 가운데 가장 큰 성공을 거두고 가장 행복한 사람이라도 중요한 목표를 달성하는 과정에서 장애물을 만나거나 좌절을 겪으면 이런 점수를 받을 수 있다. 이 점수는 지금 뭔가가 잘못되고 있으니 목표를 달성하고 원하는 것들을 이루고 싶다면 그에 맞는 합당한 조치를 취해야 한다고 알려주는 경고다. 긍정심리학이 제공하는 이런 프로그램을 이용하는 것도 좋은 시작점이 될 수 있다. 이 범위 내에서 점수가 1점 늘거나 줄어드는 것만으로도 삶의 만족도와 행복에 큰 변화가 생긴다.
[2] [1] 거의 성공하지 못함	이 범위 내에서 점수가 1점 늘거나 줄어드는 것만으로도 삶의 만족도와 행복에 큰 변화가 생긴다. 이 점수를 받았다는 것은 자신에게 가장 소중한 요구나 목표, 소원을 대부분 이루지 못했다는 뜻이다. 당신은 지금 실패와 불행을 겪고 있으며 자신의 필요를 충족시킬 만한 능력도 없다. 또 보람을 전혀 느낄 수 없는 힘겨운 상황에 처해 있어 자신의 가장 소중한 요구나 목표, 소원을 이루기가 어려운 것인지도 모른다. 이 점수는 지금 뭔가가 잘못되고 있으니 목표를 달성하고 원하는 것들을 이루고 싶다면 그에 맞는 합당한 조치를 취해야 한다고 알려주는 경고다. '행복은 만드는 것이다' 긍정 도구를 이용하는 것도 아주 좋은 시작점이 될 수 있다. 이렇게 낮은 점수는 건강 문제를 야기하거나 사랑, 일, 학업, 여가 같은 인생의 중요한 분야에서 성공과 즐거움을 누리지 못하게 만드는 심각한 불행의 신호일 수 있다.
[0] 완벽한 실패: 지금까지 살면서 바라던 중요한 일을 하나도 이루지 못했다.	이 점수를 받았다는 것은 자신에게 가장 소중한 요구나 목표, 소원을 하나도 이루지 못했다는 뜻이다. 지금 실패와 불행을 겪고 있으며 자신의 필요를 충족시킬 만한 능력도 없다. 또 보람을 전혀 느낄 수 없는 힘겨운 상황에 처해 있어 자신의 소중한 목표를 이루기 어렵거나 불가능할지도 모른다. 이렇게 낮은 점수는 위와 마찬가지로 건강 문제를 야기하거나 사랑, 일, 학업, 여가 같은 인생의 중요한 분야에서 성공과 즐거움을 누리지 못하게 만드는 심각한 불행의 신호일 수 있다.

것이다.

여기에 나온 분석을 보고 실망할 필요는 없다. 사실 점수가 낮게 나올수록 행복 목표를 세우고, 행복의 집 만들기가 긍정적이고 희망차며 삶을 고양시켜주는 도구라고 생각할 가능성이 높다. 이것은 단지 출발점일 뿐이며 지금 당장이라도 자신에게 특히 중요한 행복 목표 달성에 착수한다면 금세 변할 수 있을 것이다. 정상 부근에서 시작하는 사람이라도 좋은 소식이 기다리고 있다. 긍정심리학의 긍정도구는 당신의 목표 달성을 도울 뿐 아니라 지금까지 깊이 생각해보지 않은 삶의 많은 부분에서 의미와 가치를 찾아주고 만족감을 높일 수 있는 새롭고 귀중한 방법을 알려줄 것이기 때문이다.

행복의 집 만들기

이 도구는 전 세계 사람들이 느끼는 행복의 중요한 기초 토대라고 알려진 16가지 인생 영역을 다루고 있다. 당신도 이 구체적인 16가지 인생 영역을 이용해 행복의 집을 지을 수 있을 것이다. 본 실습을 위해서는 먼저 당신의 전체적인 행복을 떠받치는 삶의 16개 부분이 각각 하나의 방이라고 생각해야 한다. 이 방들을 본인의 가치관이 잘 반영되도록 배치해 '행복의 집'을 만들 수 있다. 방법은 다음과 같다.

1. 당신의 집을 3층으로 만든다.
2. 방 이름과 정의를 포스트잇 한 장에 쓴다.
3. 포스트잇에 쓴 것(자신에게 가장 의미 있는 인생 영역)들을 이용해 행복의 집

을 만든다. 가장 중요하다고 생각하는 방은 행복의 집 1층에 배치한다. 중요하기는 하지만 아주 중요하지 않은 인생 영역은 2층으로 올린다. 3층은 약간 또는 꽤 중요한 영역이 차지한다. 자신에게 중요하지 않거나 별 상관없는 방은 치워버리자.

4. 16가지 영역을 자기가 꾸미는 행복의 집에 배치하면서 그 각각의 정의를 세심하게 살핀다. 밀러가 만든 이런 다양한 인생 영역에 대해 내린 정의는 당신이 기존에 생각했던 것보다 광범위할 수 있다. 예를 들어 '돈'은 사실 현재의 자산, 소유물, 대학 학자금처럼 앞으로 필요한 자금을 충분히 제공할 수 있는가에 대한 예상 등 사람들이 자신의 생활수준이나 금전적 안정에 중요하다고 생각하는 것들로 이뤄져 있다.

5. 행복의 집을 구성하는 각 방(포스트잇)의 뒷면에 자기가 해당 영역에서 이루고자 하는 목표를 적는다. 자기가 만든 행복의 집을 사진으로 찍어 꾸준히 목표를 상기할 수 있는 장소에 붙여놓는다.

새라가 만든 행복의 집

다음은 새라가 만든 행복의 집이다. 이 실습을 하던 당시의 새라는 은퇴를 앞둔 중년의 변호사로 고통스러운 가정사를 겪은 후였다. 그녀는 은퇴 후 좀 더 의미 있는 시간을 보낼 수 있도록 스스로의 인생에 중요한 목표를 세우고자 했던 것이다.

다음은 16가지 인생 영역이다.

건강 체력이 튼튼하고 아프지 않으며 통증이나 육체적 결함이 없는 상태.

자존감 자신의 강점과 약점, 성공과 실패, 문제 해결 능력 등을 모두 고려해 스스로를 좋아하고 존중하는 것.

영적인 생활 혼자서 또는 뜻을 같이하는 이들이 모인 영적 공동체의 일원으로서 추구하는 영적 또는 종교적 믿음이나 습관.

돈(생활수준) 자기가 버는 돈, 가지고 있는 물건(자동차나 가구 등), 장차 자기에게 필요한 돈과 물건을 가지게 되리라는 믿음.

일 직업 또는 자기가 대부분의 시간을 쏟는 것.

놀이(기분 전환) 한가한 시간에 긴장을 풀거나 재미를 느끼거나 자신을 계발하기 위해 하는 일. 영화 감상, 친구 만나기, 스포츠 활동, 정원 가꾸기 등.

학습 관심 있는 분야의 신기술이나 정보 습득. 역사, 자동차 수리, 컴퓨터 사용 같은 주제에 관한 책을 읽거나 강좌 수강.

창의성 일상적인 문제를 해결하거나 그림, 사진, 바느질 같은 취미활동을 위한 새롭고 독창적인 방법을 고안하는 상상력 발휘 등.

베풂(봉사) 곤경에 처한 사람을 돕거나 자기가 사는 지역사회를 더 살기 좋은 곳으로 가꾸는 일을 돕는 것.

사랑(애정 어린 관계) 다른 사람과 맺은 매우 친밀하고 낭만적인 관계. 이끌림이나 애정과 배려, 이해받는 느낌 등.

친구(우정) 자기가 잘 알고 관심이 있으며 관심 분야나 의견이 자기와 비슷한 사람.

자녀 자녀와의 관계는 어떠한가. 자녀들을 보살피거나 만나러 가거나 함께 노는 동안 그 관계가 어땠는지에 대한 생각.

친척 부모, 조부모, 형제자매, 이모, 삼촌, 시가 또는 처가 식구들과의 관계.

집 자기가 사는 곳. 일반 주택이나 아파트와 그 주변 땅.

이웃 자기 거주지 주변 지역. 동네의 근사한 풍경이나 주변 지역의 범죄 발생률, 이웃 사람들을 얼마나 좋아하는지 등.

지역사회 자기가 사는 도시나 마을, 시골 지역 전체, 그 지역의 멋진 경치나 범죄 발생률, 자기가 이곳 사람들을 얼마나 좋아하는지 등. 공원, 공연장, 운동 경기장, 식당 등 즐거움을 누리기 위해 찾는 장소.

새라가 만든 행복의 집은 다음과 같은 가치관에 따라 각 층의 모습이 정해졌다.

1층

베풂 재능 기부에 참여하고, 가치 있는 일에 돈을 기부한다.

자녀(어린이) 주일학교 교사 일을 다시 시작한다.

영적인 생활 명상 수련원에서 명상하고, 날마다 기도하며, 하나님 말씀에 귀 기울인다.

학습 야간 식사 제공을 하는 요리 프로그램에 등록할 수 있는지 여부를 알아본다.

친척 언니의 참모습을 인정해주고 알츠하이머병을 앓는 아버지를 자주 찾아뵙는다.

창의성 집에 페인트칠을 하고 실내 장식을 다시 한다. 뜨개질을 취미

삼아 다시 시작한다.

건강 하루에 7~8시간 이상 잔다. 체중을 감량하고 주량을 줄인다.

친구 가까운 친구들과 매주 연락을 한다. 조언을 구하는 친구의 말에 진심으로 귀 기울이고 비판을 삼간다.

2층

사랑 새로운 애인을 찾는다.

돈 신용카드 대출금을 청산한다. 금전 거래 내역은 모두 컴퓨터의 금전 관리 프로그램에 등록한다.

놀이 정원 가꾸기에 좀 더 힘쓴다. 날마다 웃는다.

자존감 자괴감에 빠지는 횟수를 줄인다. 스스로를 유능한 사람이라고 느낄 수 있을 만한 일을 한다.

3층

일 파트타임으로 법조계 일을 계속한다.

집 매일 밤 커피메이커 타이머를 맞춰놓는다. 식기세척기와 세탁기를 매일 돌린다.

이웃 이웃 사람들의 이름을 모두 외운다. 만나는 사람마다 인사를 하고, 주민 모임에 가입한다.

지역사회 운동 경기를 자주 보러 다닌다. 다른 사람들과 함께 자연 속을 걷는다. 가능하면 지역행사에 참여한다.

행복의 집을 만들 때 필요한 요령

이 실습을 이용해 목표와 가치관을 확립할 경우 얻게 되는 장점은 그 결과를 저장하거나 써서 날마다 볼 수 있는 장소에 붙여놓을 수 있다는 것이다. 새라는 실제로 자기 목표를 문서로 작성해 컴퓨터 시작 메뉴에 저장해놓았다. 덕분에 컴퓨터를 켤 때마다 그 목표를 떠올리면서 확실한 방향성과 성공 가능성을 느낄 수 있었다.

수많은 목표 때문에 중압감을 느끼는 경우에도 이 방법을 사용하면 어디서부터 목표 달성 노력을 시작해야 할지 알 수 있다. 일반적으로 '1층'에 속한 목표를 달성할 경우 '3층' 목표를 달성했을 때보다 삶의 만족도와 행복도가 높아진다. 또 여러 가지 중요한 영역에 속한 목표를 동시에 추구할 수 있고 삶의 한 부분에서 느끼는 행복도가 높아지면서 생기는 잠재적인 확산 효과도 누리게 된다. 긍정정서의 나선형 상승효과처럼…….

긍정도구 33
긍정심리치료(상담/코칭)
(마틴 셀리그만, 테이얍 라시드)

현대사회는 분노, 불안, 우울의 사회라 해도 과언이 아닐 정도로 분노를 참지 못하고 폭력을 행사하는 사람과 우울증으로 자살을 시도하는 사람이 날로 늘어나고 있다. 또한 현실에 닥친 힘겨운 상황과 미래에 대한 불확실성에 의한 무기력이나 두려움 등으로 심리치료와 심리상담을 요하는 심리증상도 증가하고 있다. 이런 심리증상을 치료하고 성장시켜 사람들이 행복한 삶을 살 수 있도록 만들어주는 것이 긍정심리학의 긍정심리치료PPT다. 긍정심리치료는 긍정심리학의 팔마스를 기반으로 행복(웰빙)을 키워 심리증상을 치료하고 성장까지 할 수 있도록 돕는다.

긍정심리치료가 현대인을 괴롭히는 우울증을 치료하는 데 탁월한 효과가 있을 뿐 아니라 면역력을 강화시켜 기타 심리적 질병의 예방 및 완화에도 큰 도움이 된다는 것은 이미 여러 연구 결과를 통해 입증됐다. 셀리그만과 라시드는 펜실베이니아대 심리상담센터를 찾은 우울증 환자들을 위해 긍정심리치료 14회기를 개발했다. 긍정심리학을 바탕으로 개발한 이 치료법은 치료와 성장을 동시에 이루어주는 치료법이다. 치료 연구 결과 이 치료법은 기존 심리치료법이나 항우울제보다 훨씬 효과적으로 우울증을 완화시켰다.

셀리그만은 긍정심리치료의 효과를 검증하기 위해 중증 우울증을 앓고 있는 환자들을 대상으로 긍정심리치료 그룹, 기존의 개인 심리상담치료 그룹, 개인 심리치료와 항우울제를 병행하는 그룹으로 나눈 후 비교해보았다.

긍정심리치료의 효과는 압도적이었다. 기존 개인 심리상담치료를 받은 그룹의 경우 20%의 환자가, 개인 심리치료와 항우울제를 병행한 그룹의 경우 8%의 환자가 우울증이 호전된 것으로 나타났다. 반면 긍정심리치료를 받은 그룹은 무려 55%가 호전됐다.

긍정심리치료는 긍정심리학의 팔마스 요소 안에 있는 긍정도구를 사용한다. 이 긍정도구는 재미가 있다. 그리고 한번 터득하고 나면 자기 강화적, 즉 누구의 강요나 개입 없이도 스스로 만들어간다.

나는 4년 전부터 긍정심리학을 심리상담에 접목시키고자 심리상담에 대한 이론과 임상을 연구하고 있다. 긍정심리치료를 개입시켜 우울증 환자들을 상담해보면 빠른 기간에 증세가 호전되는 것을 볼 수 있다. 하지만 이 같은 결과에 대한 사례 발표를 하면 기존 교수나 심리상담사들이 인정하지 않으려는 경향이 있다. 그래서 때로는 심한 수모와 조롱까지 당하기도 한다. 우리나라에서 긍정심리치료가 활성화되려면 기존 심리상담학자나 심리상담사들의 의식 전환이 필요하다. 긍정심리학은 인간의 불행에 대한 대응책을 제시하기보다 예방책을 개발하고, 전문적이고 복잡한 치료보다 스스로 삶을 효과적으로 관리하고 성장시켜 나갈 수 있도록 돕기 때문이다.

다행히 최초로 긍정심리치료 14회기를 개발한 셀리그만과 라시드가 긍정심리학의 새로운 이론인 팔마스를 기반으로 정신건강의학과 의사, 심리치료사, 심리상담사, 심리코치들을 위한 『긍정심리치료 매뉴얼』과 내담자를 위한 『긍정심리치료 워크북』을 출간했다.

나는 이 책을 받아보고 며칠 동안 설레는 마음에 밤잠을 이루지 못했다. 지난 4년 동안 그토록 간절했던 매뉴얼과 워크북이 나왔기 때문이다. 이 책들이 2019년 7월에 국내 출간되면 우리나라 긍정심리치료도 활발하게 확산될 것으로 생각한다. 정신건강의학과 의사, 심리치료사, 심리상담사, 심리코치들을 위해 쓰였지만 기초 이론과 도구 개입 방법만 학습하면 기업 리더나 교사도 구성원과 학생들에게 적용시킬 수 있기 때문이다.

최근 셀리그만은 미래의 심리치료사(상담사/코치)의 사명이 2가지라고 밝혔다. 하나는 치료를 통해 장애를 없애는 것이고, 또 다른 하나는 행복을 만들어 성장시키는 것이다. 그리고 내담자가 "나는 행복하고 싶다. 나는 덜 우울해지고 싶다"고 한다면 심리치료사는 두 세트의 무기를 갖기를 바란다고 말했다. 하나는 우울증에 대항하는 무기이고, 두 번째는 행복을 만드는 무기다. 우울증에 대한 무기는 많다. 하지만 행복을 만들어주는 무기는 아직 없는 듯하다. 그것이 긍정심리치료다.

기존의 일부 심리상담학자는 긍정심리학은 사람들의 심리 문제를 충분히 깊게 탐색하지 않고, 개개인의 긍정 생각으로 빠르게 전환시킨다는 비난을 한다. 이해가 간다. 긍정심리학은 코칭 개념이 강하기 때문이다. 하지만 긍정심리치료의 목적은 과거와 부정정서를 부인하는 것도 아니며, 장밋빛 안경을 쓰고 빠르게 긍정을 찾으라고 내담자를 재촉하는 것도 아니다. 긍정심리치료는 자신의 온전한 긍정자원을 탐색하고 이용해 행복을 만들어서 심리장애 증상을 치료하고, 도전을 극복하며, 성장하라고 내담자를 부드럽게 격려하는 과학적 노력인 것이다.

다음은 새롭게 개발된 긍정심리치료 15회기 개요다.

긍정심리치료(상담/코칭) 15회기(2019)

회기	제목	내용
1	긍정개입 및 감사일기	내담자들의 치료 환경 적응, 내담자와 치료자의 역할과 책임 정하기 등 치료 구조화하기, 긍정경험을 기록해 긍정정서 키우기, 감사하기가 행복에 미치는 영향을 평가하는 현재 진행 중인 실습 시작 방법 배우는 회기
2	성격강점과 대표 강점	성격강점과 대표 강점을 중점적으로 다루는 세 차례 회기 중 첫 번째 회기로, 성격강점과 대표 강점은 실습을 통해 개발할 수 있는 긍정특성으로 개인의 성장과 행복에 기여할 수 있음을 배우는 회기
3	대표 강점 실용지혜	대표 강점인 실용지혜를 발휘하는 기술을 보여주는 회기. 자신의 대표 강점을 균형 잡힌 방식으로 활용해 문제 해결 방법을 배우는 회기
4	더 나은 버전의 나	긍정적이고 실용적이며 지속적인 자기 계발 계획을 명확하게 작성하고 실행하는 회기
5	종결된 기억, 종결되지 않은 기억	내담자가 종결 되지 않은 기억을 떠올려 기록, 처리하는 회기. 종결되지 않은 기억이나 부정적인 기억을 다루는 기술 배우는 회기

6	용서 하기	용서가 하나의 사건이 아니라 변화를 위한 과정임을 배우는 회기. 용서인 것과 용서가 아닌 것을 배우는 회기
7	최대자 vs 만족자	최대자(최상의 것을 선택하기)와 만족자(충분히 좋은 것을 선택하기) 개념을 제시하고 만족자가 되는 방법을 알아보는 회기
8	감사	현재 생존해 있는 사람과 과거에 긍정적인 도움을 주었는데도 감사를 전하지 못한 사람을 떠올리고 그 사람에게 편지를 써서 감사 개념을 확장하는 회기
9	희망과 낙관성	가능한 한 최상의 현실적인 결과를 생각하고 낙관성을 키우며 무기력을 극복하는 방법을 배우는 회기
10	외상 후 성장	트라우마를 경험한 후 그 사건에 공포감을 느끼거나 지속적인 재경험을 하며 고통을 느끼는 등 계속 마음에 걸리는 충격적인 경험에 관한 내담자 내면의 깊은 감정과 생각을 탐색해보는 회기
11	느림과 음미하기	현대인들에게 주어진 현재의 터전을 찾기 위해 속도 늦추는 법을 배우고, 음미하는 법을 의식하고 알아가는 회기
12	긍정 관계	긍정관계를 위해 사랑하는 사람들의 강점을 인정해주는 것이 중요하다는 사실을 배우는 회기
13	긍정 소통	좋은 소식에 대한 4가지 반응 기술과 그중 관계 만족을 예견해주는 기술을 배우는 회기
14	이타성	자신과 타인 모두에게 도움이 되는 이타적인 사람이 되는 법을 배우는 회기
15	의미와 목적	보다 더 나은 선을 위한 의미 있는 노력을 찾고 추구하는 데 집중하는 회기

나는 학부에서 영어와 경영학을 전공하고 행정학을 부전공했으며, 대학원에서 행동조직학을 기반으로 긍정심리 리더십과 교육심리코칭을 연구했고, 박사과정에서는 조직에서의 긍정심리학이 조직성과에 미치는 영향에 대한 연구를 했다. 그리고 졸업 이후에는 교육학을 연구해 긍정심리학을 학교 교육과 기업교육에 적용시켜왔다. 그리고 지금은 긍정심리학을 심리치료, 심리상담코칭에 적용시키고자 또다시 심리상담코칭을 4년째 연구하고 있다.

이 같은 다양한 분야에서의 연구와 실전 경험은 긍정심리학의 적용적 시야를 넓혀주는 것 같다. 그런 측면에서 볼 때 이 심리치료의 새로운 개념인 긍정심리치료가 심리장애 증상을 치료하고, 그들을 행복하게 만들어주며, 지속적 성장을 시켜주는 것이 주 목적이지만 조직 현장에서 리더들의 리더십과 코칭 역량 강화를 위해서도 유용한 도구가 될 수 있다고 판단한다. 긍정심리치료에 활용되는 긍정심리 도구들은 자발적으로 참여하게 하고, 쉽고 재미가 있으며, 지속적 성장을 통해 조직성과를 높여준다. 그리고 기존 심리상담과 달리 증상보다 강점 중심이기 때문에 짧은 시간에 상담, 코칭 기법을 학습해 적용시킬 수 있다.

앞으로 리더들이 조직 현장에서 발생한, 해결해야 할 문제는 대부분 심리 문제와 연관될 것이며, 그 해결 방법도 기존 부정적 접근보다 긍정적 접근이 더 효과적일 것으로 보인다. 그래서 이제 리더들은 긍정심리 상담사(코치)가 돼야 한다는 것이 나의 생각이다.

에필로그
행복 만들기 1·2·3운동

지금까지 왜 행복이고, 무엇이 행복이며, 행복을 만드는 방법은 무엇인지와 행복을 만들어주는 33가지 긍정도구에 대해 알아봤다. 이제는 행복을 과학적으로 만들어주는 긍정심리학을 머리로 이해하고 가슴으로 느꼈을 것이다. 행복은 만드는 것이고, 행복은 만들 수 있으며, 행복은 어떻게 만드는지 그 방법까지 말이다.

그렇다면 앞으로 중요한 것이 무엇일까. 긍정심리학은 머리로 이해하고 마음으로 느끼는 것으로 끝나는 것이 아니다. 손과 발로 실천하고 내 것으로 만들어 일상에서 자연스럽게 실용할 수 있어야 한다. 연습과 노력이 필요하다는 것이다.

셀리그만은 행복은 바이올린 연주나 자전거 타기처럼 연습과 노력으로 만들 수 있다고 했다. 아리스토텔레스는 "최고라는 생각만 갖고는 절대 최고의 자리에 오를 수 없다. 중요한 것은 최고가 되기 위한 노력과 실천이다"라고 했다.

많은 의사가 환자들에게 건강을 위해 지방은 줄이고 채소와 과일을 많이 섭취하라고 권하지만 의사의 40%가 과체중이다. 학생들이 컴퓨터 게임과 텔레비전 시청은 공부에 도움이 되지 않는다는 사실을 알고 있지만 시간만 나면 게임을 하고 텔레비전을 본다. 고위 공직자나 교육자, 성직자들이 도덕적이고 성실하게 타의 모범이 돼야 한다는 사실을 알고 있지만 부도덕한 행위로 비리에 연루된다.

왜 그럴까. 몰라서 그러는 것이 아니다. 머리로만 알고 있어서 그렇다. 정상급 운동선수들은 운동을 하기 전 최고의 성적을 내고자 습관적으로 워밍업을 한다. 행복도 마찬가지다. 행복을 만들려면 먼저 자연스럽게 긍정도구들을 활용할 수 있어야 한다. 행복을 만든다고 33가지 긍정도구 모두를 한꺼번에 실행할 수는 없다. 각자 상황과 환경에 맞게 선택해 실행하면 된다.

굳이 33가지 긍정도구 중 3가지를 추천한다면 행복 워밍업, 대표 강점 적용하기, 감사일기다. 내가 1월부터 전국민 행복지수 10점 더 올리기 프로젝트 일환으로 온라인(네이버 블로그, 페이스북, 스토리채널)에서 펼치고 있는 '긍정박사 우문식의 행복 만들기 1·2·3운동'의 핵심 도구다. 이 도구들은 과학적으로 검증된 우수한 것으로 연령과 환경에 구애받지 않고 언제 어디서나 적용시켜 행복을 만들 수 있다.

1은 행복 워밍업으로 선행하기다. 하루에 한 가지씩 진심 어린 마음과 행동으로 나를 떠나 누군가를 위해 도움을 주라는 것이다.

2는 대표 강점 적용하기다. 대표 강점 2가지씩을 일상에 발휘하는 것이다.

3은 감사일기다. 그날 하루 잘 됐던 일 3가지와 왜 잘 됐는지 이유를 쓰는 것이다. 처음 시작하려면 부담도 될 수 있고, 믿음이 가지 않을 수도 있다. 하지만 꾹 참고 하다 보면 하루하루 살아가는 당신의 삶의 모습이 달라진다. 무의미했던 하루가 의미가 있고, 무기력했던 당신에게 생기가 돌며, 우울했던 당신에게 기쁨이 있고, 불안했던 당신에게 평안이 있고, 스트레스로 짜증스럽고 분노하던 당신에게 긍정정서를 배양시켜 행복을 만들어줄 것이다. 처음부터 3가지를 실행하기가 부담된다면 한 가지씩만 하다 늘려나가라. 당신과 당신 주변의 모든 사람이 행복 만들기 1·2·3운동으로 행복을 만들어가길 바란다.

보너스 북

내 행복지수는요

행복지수를 높이는 방법 중 하나가 척도 검사를 자주 하는 것이다. 이렇게 하다 보면 의식적으로 더 좋은 점수를 얻고자 노력하게 되기 때문이다. 이 책에서 소개하는 척도 검사는 유명 심리학자들에 의해 과학적으로 검증된 것으로, 개인의 행복지수 진단과 심리치료나 상담을 할 때 내담자의 심리 진단용으로 유용하게 활용할 수 있다. SSQ-72Signature Strengths Questionnaire-72 긍정심리치료 및 대표 강점 찾기를 위한 강점 검사는 한국긍정심리연구소 홈페이지(www.kppsi.com)에서 할 수 있다.

플로리시 지수 진단법(FRI)

(2017, 테이얍 라시드, 마틴 셀리그만 Tayyabs Rashid, Matin Seligman)

플로리시 지수 진단법 FlouRshing Inventory·FRI은 긍정심리치료 PPT와 함께 긍정심리학의 행복을 진단하는 가장 유명한 진단법이다. 이 진단법은 행복과 웰빙을 과학적으로 측정하고 만들어주는 셀리그만의 팔마 PERMA(긍정정서, 몰입, 관계, 의미, 성취)를 바탕으로 만든 35가지 문항을 담고 있다.

다음의 문항을 끝까지 읽고 오늘을 포함한 최근 일주일 내 자신에게 가장 잘 맞는 답변을 선택한다. 문항 중에는 강점과 관련된 질문도 포함돼 있다. 강점은 자신과 타인을 도울 수 있는 행동, 습관, 생각, 감정 등을 모아놓은 결합체다. 강점의 예로는 친절, 희망, 열정, 정직, 협동심(팀워크), 호기심, 창의성, 감사 등이 있다.

전혀 그렇지 않다	거의 그렇지 않다	가끔 그럴 때도 있다	자주 그런 편이다	언제나 그런 편이다
1	2	3	4	5

1. 나는 기쁨이 넘친다. ______
2. 나는 내 강점을 잘 알고 있다. ______
3. 나는 정기적으로 교류하는 이들과 좋은 관계를 맺고 있다고 생각한다. ______
4. 내가 하는 일은 사회에 영향을 줄 수 있다. ______
5. 나는 목표의식이 뚜렷하고 포부가 큰 사람이다. ______
6. 나는 건강한 식단을 지향한다. ______
7. 나는 과제나 시험에서 낮은 점수를 받는 것과 같은 악재로부터 빨리 회복하는 편이다. ___
8. 다른 사람들은 내가 행복해 보인다고 말한다. ______

9. 나는 나의 강점을 활용할 수 있는 활동을 찾아 나선다. ______

10. 나는 내가 사랑하는 이들에게 친밀감을 느낀다. ______

11. 나는 내 삶에 목적이 있다고 생각한다. ______

12. 타인의 성공은 나에게 영감이 돼 나의 개인적 목표를 이루는 데 도움을 준다. ______

13. 나는 평소 집안일을 할 힘이 남아있다. ______

14. 나는 스트레스를 많이 받는 상황에서 쉽사리 감정에 휩쓸리지 않는다. ______

15. 나는 내 삶의 좋은 점들을 인지하고 감사함을 느낀다. ______

16. 나는 문제를 해결할 때 강점을 활용한다. ______

17. 나에게 힘든 일이 닥칠 때 나를 지원해줄 사람이 언제나 곁에 있다. ______

18. 나는 종교적 활동에 참여한다. ______

19. 내 인생에서 많은 일을 잘 해냈다. ______

20. 나는 나를 건강하게 유지시켜주는 습관들을 가지고 있다. ______

21. 나는 문제 해결 시 대책을 찾을 때까지 여러 방면으로 시도해본다. ______

22. 나는 안정돼 있다. ______

23. 나는 내 강점을 사용하는 활동을 할 때 집중력이 매우 좋은 편이다. ______

24. 내 주위엔 나를 성장시키고 행복할 수 있게 도와주는 사람들이 있다. ______

25. 나는 내 자아보다 더 높은 곳에 기여하는 일을 한다. ______

26. 나는 목표를 세우면 반드시 이룬다. ______

27. 나는 잘 때 숙면을 취한다. ______

28. 나는 주어진 과제가 아무리 어려워도 절대로 포기하지 않고 계속 노력한다. ______

29. 나는 웃을 때 진심 어린 마음으로 크게 웃는다. ______

30. 내 강점을 이용 활동할 때는 시간이 빨리 흘러간다. ______

31. 내 말을 경청하고 마음을 헤아려 줄 수 있는 사람이 적어도 한 명은 있다. ______

32. 나는 내 강점을 이용해 다른 사람을 도와준다. ______

33. 나는 목표를 성취하고 나면 새로운 목표를 성취하고 싶어진다. ______

34. 나는 정기적으로 스포츠나 신체운동을 즐긴다. ______

35. 나는 힘든 상황 속에서도 나의 감정과 행동을 통제할 수 있다. ______

긍정정서	1, 8, 15, 22, 29		성취	5, 12, 19, 26, 33	
몰입	2, 9, 16, 23, 30		건강	6, 13, 20, 27, 34	
관계	3, 10, 17, 24, 31		회복력	7, 14, 21, 28, 35	
의미	4, 11, 18, 25, 32		합계		

일반 평균: 긍정정서(21), 몰입(21), 관계(22), 의미(21), 성취(21)
내담자 평균: 긍정정서(14), 몰입(16), 관계(14), 의미(18), 성취(18)

포다이스의 행복지수 진단법

(1987, 마이클 포다이스Michael W Fordyce)

포다이스의 행복지수 진단법은 행복 공식(행복=설정값+ 삶의 조건+ 자발적 행동)과 함께 행복을 과학적으로 만들 수 있음을 증명하는 데 중요한 역할을 했다. 당신은 스스로 얼마나 행복하고, 또 얼마나 불행하다고 느끼는가. 평소에 느끼는 행복을 가장 잘 설명해주는 항목 하나를 골라 ∨표를 하라.

□ 10. 극도로 행복하다(말할 수 없이 황홀하고 기쁜 느낌).

□ 9. 아주 행복하다(상당히 기분이 좋고 의기양양한 느낌).

□ 8. 꽤 행복하다(의욕이 솟고 기분이 좋은 느낌).

□ 7. 조금 행복하다(다소 기분이 좋고 활기에 차 있는 느낌).

□ 6. 행복한 편이다(여느 때보다 약간 기분 좋은 느낌).

□ 5. 보통이다(특별히 행복하지도 불행하지도 않은 느낌).

□ 4. 약간 불행한 편이다(여느 때보다 약간 우울한 느낌).

□ 3. 조금 불행하다(다소 가라앉은 느낌).

□ 2. 꽤 불행하다(우울하고 기운이 없는 느낌).

□ 1. 매우 불행하다(대단히 우울하고 의욕이 없는 느낌).

□ 0. 극도로 불행하다(우울증이 극심하고 전혀 의욕이 없는 느낌).

이제 감정을 느끼는 시간에 대해 생각해보라. 평균적으로 당신은 하루 중 얼마 동안이나 행복하다고 느끼는가. 또 얼마 동안이나 불행하다고 느끼는가. 행복하지도 불행하지도 않은 보통 상태는 어느 정도인가. 당신이 생각하는 시간을 다음의 빈칸에 %로 적어라. 세 가지의 합은 100%가 돼야 한다.

평균적으로

행복하다고 느끼는 시간 ______ %

불행하다고 느끼는 시간 ______ %

보통이라고 느끼는 시간 ______ %

이 검사를 받은 미국 성인 3050명의 평균 점수는 10점 만점에 6.92점이었다. 시간으로 보면 행복한 시간 54%, 불행한 시간 20%, 보통 26%로 나타났다.

우울증 지수 자가진단법(CES-D)

(1977, 레노어 래들로프 Lenore Radloff)

지금 바로 이 순간 당신의 우울증 정도는 얼마나 될까. CES-D Center for Epidemiological Studies-Depression(유행병연구센터-우울증)로 불리는 이 진단법은 우울증 진단 중 가장 유명한 우울증 진단법 5가지 가운데 하나이며, 우울증의 모든 증상을 포괄하고 있다. 자신이 지난 일주일 동안 느낀 것을 가장 잘 서술하고 있는 답변에 동그라미를 친다.

1. 평상시에는 아무렇지 않던 일에 마음이 쓰였다.

0 전혀 또는 거의 그런 적이 없다(하루 미만).

1 약간 그런 적이 있다(1~2일).

2 때때로 또는 꽤 그런 적이 있다(3~4일).

3 거의 항상 또는 늘 그랬다(5~7일).

2. 별로 음식을 먹고 싶은 마음이 들지 않았다. 입맛이 없었다.

0 전혀 또는 거의 그런 적이 없다(하루 미만).

1 약간 그런 적이 있다(1~2일).

2 때때로 또는 꽤 그런 적이 있다(3~4일).

3 거의 항상 또는 늘 그랬다(5~7일).

3. 가족이나 친구들이 곁에서 거들어주어도 울적한 기분이 가시질 않았다.

0 전혀 또는 거의 그런 적이 없다(하루 미만).

1 약간 그런 적이 있다(1~2일).

2 때때로 또는 꽤 그런 적이 있다(3~4일).

3 거의 항상 또는 늘 그랬다(5~7일).

4. 자신이 남들보다 못 하다는 느낌이 들었다.

0 전혀 또는 거의 그런 적이 없다(하루 미만).

1 약간 그런 적이 있다(1~2일).

2 때때로 또는 꽤 그런 적이 있다(3~4일).

3 거의 항상 또는 늘 그랬다(5~7일).

5. 하는 일에 마음을 집중할 수 없었다.

0 전혀 또는 거의 그런 적이 없다(하루 미만).

1 약간 그런 적이 있다(1~2일).

2 때때로 또는 꽤 그런 적이 있다(3~4일).

3 거의 항상 또는 늘 그랬다(5~7일).

6. 우울한 느낌이 들었다.

0 전혀 또는 거의 그런 적이 없다(하루 미만).

1 약간 그런 적이 있다(1~2일).

2 때때로 또는 꽤 그런 적이 있다(3~4일).

3 거의 항상 또는 늘 그랬다(5~7일).

7. 쉬운 일이 하나도 없다는 느낌이 들었다.

0 전혀 또는 거의 그런 적이 없다(하루 미만).

1 약간 그런 적이 있다(1~2일).

2 때때로 또는 꽤 그런 적이 있다(3~4일).

3 거의 항상 또는 늘 그랬다(5~7일).

8. 미래가 암울하게 느껴졌다.

0 전혀 또는 거의 그런 적이 없다(하루 미만).

1 약간 그런 적이 있다(1~2일).

2 때때로 또는 꽤 그런 적이 있다(3~4일).

3 거의 항상 또는 늘 그랬다(5~7일).

9. 실패한 인생이라는 생각이 들었다.

0 전혀 또는 거의 그런 적이 없다(하루 미만).

1 약간 그런 적이 있다(1~2일).

2 때때로 또는 꽤 그런 적이 있다(3~4일).

3 거의 항상 또는 늘 그랬다(5~7일).

10. 뭔가 두렵다는 느낌이 들었다.

0 전혀 또는 거의 그런 적이 없다(하루 미만).

1 약간 그런 적이 있다(1~2일).

2 때때로 또는 꽤 그런 적이 있다(3~4일).

3 거의 항상 또는 늘 그랬다(5~7일).

11. 잠을 설쳤다.

0 전혀 또는 거의 그런 적이 없다(하루 미만).

1 약간 그런 적이 있다(1~2일).

2 때때로 또는 꽤 그런 적이 있다(3~4일).

3 거의 항상 또는 늘 그랬다(5~7일).

12. **불행하다는 느낌이 들었다.**

0 전혀 또는 거의 그런 적이 없다(하루 미만).

1 약간 그런 적이 있다(1~2일).

2 때때로 또는 꽤 그런 적이 있다(3~4일).

3 거의 항상 또는 늘 그랬다(5~7일).

13. **평상시보다 말수가 적었다.**

0 전혀 또는 거의 그런 적이 없다(하루 미만).

1 약간 그런 적이 있다(1~2일).

2 때때로 또는 꽤 그런 적이 있다(3~4일).

3 거의 항상 또는 늘 그랬다(5~7일).

14. **외롭다는 느낌이 들었다.**

0 전혀 또는 거의 그런 적이 없다(하루 미만).

1 약간 그런 적이 있다(1~2일).

2 때때로 또는 꽤 그런 적이 있다(3~4일).

3 거의 항상 또는 늘 그랬다(5~7일).

15. **사람들이 불친절했다.**

0 전혀 또는 거의 그런 적이 없다(하루 미만).

1 약간 그런 적이 있다(1~2일).

2 때때로 또는 꽤 그런 적이 있다(3~4일).

3 거의 항상 또는 늘 그랬다(5~7일).

16. **삶을 즐기지 못했다.**

0 전혀 또는 거의 그런 적이 없다(하루 미만).

1 약간 그런 적이 있다(1~2일).

2 때때로 또는 꽤 그런 적이 있다(3~4일).

3 거의 항상 또는 늘 그랬다(5~7일).

17. 갑자기 울음을 터뜨릴 때가 있었다.

0 전혀 또는 거의 그런 적이 없다(하루 미만).

1 약간 그런 적이 있다(1~2일).

2 때때로 또는 꽤 그런 적이 있다(3~4일).

3 거의 항상 또는 늘 그랬다(5~7일).

18. 슬픔을 느꼈다.

0 전혀 또는 거의 그런 적이 없다(하루 미만).

1 약간 그런 적이 있다(1~2일).

2 때때로 또는 꽤 그런 적이 있다(3~4일).

3 거의 항상 또는 늘 그랬다(5~7일).

19. 사람들이 나를 싫어한다고 느꼈다.

0 전혀 또는 거의 그런 적이 없다(하루 미만).

1 약간 그런 적이 있다(1~2일).

2 때때로 또는 꽤 그런 적이 있다(3~4일).

3 거의 항상 또는 늘 그랬다(5~7일).

20. 일이 제대로 되지 않는다는 느낌이 들었다.

0 전혀 또는 거의 그런 적이 없다(하루 미만).

1 약간 그런 적이 있다(1~2일).

2 때때로 또는 꽤 그런 적이 있다(3~4일).

3 거의 항상 또는 늘 그랬다(5~7일).

총점은 0~60점 사이다. 점수를 해석하기에 앞서 알아두어야 할 점은 점수가 높다고 반드시 우울증 진단을 뜻하는 것은 아니라는 사실이다. 우울증 진단이 내려지려면 이들 증상이 얼마나 오랫동안 지속됐는지 등 다른 요소도 함께 고려돼야 한다. 따라서 이 검사는 자신의 현재 우울증 수준을 정확히 알아보는 데 한정해 해석될 필요가 있다.

점수가 0~9점이면 이는 미국 성인들의 평균치에도 못 미치는 값으로 우울증과 무관하다. 10~15점은 우울한 증세가 약간 있는 정도, 16~24점은 우울한 증세가 꽤 있는 정도, 24점 이상은 우울한 증세가 심한 정도에 해당한다.

긍정 정서 상태와 부정 정서 상태 척도 진단법(PANAS)

이 척도는 서로 다른 감정과 정서를 묘사한 다양한 어휘로 이루어져 있다. 각 항목을 읽고 아래 점수표를 참고하여 가장 알맞은 수를 어휘 앞에 있는 빈칸에 써 보라. 이것은 지금 이 순간 당신이 느끼는 정도를 수치로 표시한 것이다. 점수를 계산할 때는 긍정 정서 상태(PA) 10가지와 부정 정서 상태(NA) 10가지를 각각 더한다. 그러면 10점에서 50점 사이의 점수 두 개를 얻게 될 것이다.

전혀 없음	약간	보통	많음	아주 많음
1	2	3	4	5

______ 즐겁다(PA)

______ 괴롭다(NA)

______ 신난다(PA)

______ 혼란스럽다(NA)

______ 자신감이 있다(PA)

______ 죄책감이 든다(NA)

______ 무섭다(NA)

______ 분노심을 느낀다(NA)

______ 의욕이 솟는다(PA)

______ 자랑스럽다(PA)

______ 짜증스럽다(NA)

______ 맑고 또렷하다(PA)

______ 수치스럽다(NA)

______ 활발하다(PA)

______ 불안하다(NA)

______ 확신에 차다(PA)

______ 주의 집중하다(PA)

______ 긴장된다(NA)

______ 활기차다(PA)

______ 두렵다(NA)

긍정정서 자가진단법(PEQ)

(2008, 바바라 프레드릭슨Barbara Fredrickson)

긍정정서 자가진단법은 긍정정서 비율을 확인하기 위한 것이다. 긍정정서의 황금 비율은 3:1로 긍정이 3, 부정이 1이다. 행복하기 위해선 3:1이 돼야 한다는 것이다. 이 자가진단법에서는 3이 된다. 행복하기 위해선 3 이상이 돼야 한다는 것이다. 긍정정서를 높이고 싶다면 이 진단을 자주 해보길 바란다.

지난 24시간 동안 어떤 기분이었는가. 전날을 돌이켜보며 각 문항의 느낌 중 가장 강하게 경험한 것을 다음의 1~5등급을 이용해 표시해보라.

전혀 없음	약간	보통	많음	아주 많음
1	2	3	4	5

1. 웃기거나, 재미나거나, 우스꽝스러운 느낌을 어느 정도나 받았는가? ______
2. 화가 나거나, 신경질 나거나, 약 오른 느낌을 어느 정도나 받았는가? ______
3. 수치스럽거나, 모욕적이거나, 망신스러운 느낌을 어느 정도나 받았는가? ______
4. 경이롭거나, 놀랍거나, 경탄스러운 느낌을 어느 정도나 받았는가? ______
5. 경멸적이거나, 조소당하거나, 무시당한 느낌을 어느 정도나 받았는가? ______
6. 역겹거나, 불쾌하거나, 혐오스러운 느낌을 어느 정도나 받았는가? ______
7. 무안하거나, 겸연쩍거나, 부끄러운 느낌을 어느 정도나 받았는가? ______
8. 은혜롭거나, 감사하거나, 고마운 느낌을 어느 정도나 받았는가? ______
9. 죄책감이 들거나, 후회스럽거나, 비난받아 마땅하다는 느낌을 어느 정도나 받았는가? ___
10. 밉거나, 증오스럽거나, 수상쩍은 느낌을 어느 정도나 받았는가? ______

11. 희망적이거나, 낙관적이거나, 기운 나는 느낌을 어느 정도나 받았는가? ______

12. 고무되거나, 사기충천하거나, 의기양양한 느낌을 어느 정도나 받았는가? ______

13. 흥미롭거나, 관심이 가거나, 호기심이 생기는 느낌을 어느 정도나 받았는가? ______

14. 즐겁거나, 기쁘거나, 행복한 느낌을 어느 정도나 받았는가? ______

15. 사랑스럽거나, 친밀하거나, 신뢰감이 드는 느낌을 어느 정도나 받았는가? ______

16. 자랑스럽거나, 자신감이 들거나, 자부심에 찬 느낌을 어느 정도나 받았는가? ______

17. 슬프거나, 우울하거나, 불행한 느낌을 어느 정도나 받았는가? ______

18. 두렵거나, 무섭거나, 겁나는 느낌을 어느 정도나 받았는가? ______

19. 평온하거나, 만족스럽거나, 평화로운 느낌을 어느 정도나 받았는가? ______

20. 스트레스를 받거나, 긴장되거나, 부담스러운 느낌을 어느 정도나 받았는가? ______

긍정정서 비율 계산하기

전날의 긍정정서 비율을 계산하려면 다음의 5단계를 밟으면 된다.

1. 앞의 질문지로 돌아가서 긍정정서를 나타내는 10개 항목에 동그라미를 쳐보자. **웃기거나, 경이롭거나, 은혜롭거나, 희망적이거나, 고무되거나, 흥미롭거나, 즐겁거나, 사랑스럽거나, 자랑스럽거나, 평온하거나**로 시작되는 항목들이 그것이다.

2. 앞의 질문지로 돌아가서 부정정서를 나타내는 10개 항목에 밑줄을 쳐보자. **화가 나거나, 수치스럽거나, 경멸적이거나, 역겹거나, 무안하거나, 죄책감이 들거나, 밉거나, 슬프거나, 두렵거나, 스트레스를 받거나**로 시작되는 항목들이 그것이다.

3. 동그라미 친 긍정정서 항목 중 2점 이상으로 등급을 매긴 항목의 수를 세어보라.

4. 밑줄 친 부정정서 항목 중 1점 이상으로 등급을 매긴 항목의 수를 세어보라.

5. 긍정정서 항목의 합계를 부정정서 항목의 합계로 나누어 긍정정서 비율을 계산하라. 이날의 부정정서 점수가 0점이었다면 0으로 나눌 수 없는 문제를 해결하기 위해 대신 1로 나누라. 여기서 나온 결과치가 해당 일의 긍정정서 비율을 나타낸다.

회복력 지수 진단법(RQ-56)

(2013, 캐런 레이비치Karen Reivich)

회복력 지수 진단법Resilience Quotient·RQ 진단법은 회복력 능력을 확인하기 위한 진단법이다. 회복력 능력에는 감정 조절, 충동 통제, 낙관성, 원인 분석, 공감 능력, 자기 효능감, 적극적 도전하기(뻗어나가기)가 있다. 진단을 마친 후 7가지 기술을 통해 회복력을 키울 수 있다. 이 진단법은 모두 56개 문항으로 돼 있다. 문항에 답할 때 너무 오래 고심하지 말라. 처음부터 끝까지 10분 정도에 마쳐야 한다. 각 문항이 본인과 얼마나 일치하는지 다음 척도에 따라 답변하라.

전혀 아니다	대체로 아니다	보통이다	대체로 그렇다	매우 그렇다
1	2	3	4	5

1. 문제를 해결하려고 노력할 때 나는 직감을 믿으며 처음 떠오른 해결책을 적용한다. ____
2. 직장 상사, 동료, 배우자, 자녀와 미리 계획한 대화를 나눌 때도 나는 언제나 감정적으로 대응한다. ______
3. 앞으로의 건강이 걱정스럽다. ______
4. 당면한 과제에 집중하지 못하게 방해하는 어떤 것도 능숙하게 차단한다. ______
5. 첫 번째 해결책이 효과가 없으면 원점으로 돌아가 문제가 해결될 때까지 다른 해결책을 끊임없이 시도한다. ______
6. 호기심이 많다. ______
7. 과제에 집중하게 도와줄 긍정적인 정서를 활용하지 못한다. ______
8. 새로운 것을 시도하길 좋아한다. ______

9. 도전적이고 어려운 일보다 자신 있고 쉬운 일을 하는 것이 더 좋다. ______

10. 사람들의 표정을 보면 그가 어떤 감정을 느끼는지 알아차린다. ______

11. 일이 잘 안 풀리면 포기한다. ______

12. 문제가 생기면 여러 가지 해결책을 강구한 후 문제를 해결하려고 노력한다. ______

13. 역경에 처할 때 감정을 통제할 수 있다. ______

14. 다른 사람들이 나에 대해 어떻게 생각하든지 내 행동에 영향을 주지 못한다. ______

15. 문제가 일어나는 순간, 맨 처음 떠오르는 생각이 무엇인지 알고 있다. ______

16. 내가 유일한 책임자가 아닌 상황이 가장 편안하다. ______

17. 내 능력보다 타인의 능력에 의지할 수 있는 상황을 선호한다. ______

18. 언제나 문제를 해결할 수는 없지만 해결할 수 있다고 믿는 것이 더 낫다. ______

19. 문제가 발생하면 문제의 원인부터 철저히 파악한 후 해결을 시도한다. ______

20. 직장이나 가정에서 나는 내 문제 해결 능력을 의심한다. ______

21. 내가 통제할 수 없는 요인들에 대해 숙고하는 데 시간을 허비하지 않는다. ______

22. 변함없는 단순한 일상적인 일을 하는 것을 좋아한다. ______

23. 내 감정에 휩쓸린다. ______

24. 사람들이 느끼는 감정의 원인을 간파하지 못한다. ______

25. 내가 어떤 생각을 하고 그것이 내 감정에 어떤 영향을 미치는지 잘 파악한다. ______

26. 누군가에게 화가 나도 일단 마음을 진정하고 그것에 관해 대화할 알맞은 순간까지 기다릴 수 있다. ______

27. 어떤 문제에 누군가 과잉 반응을 보이면 그날 그 사람이 단지 기분이 나빠서 그런 거라고 생각한다. ______

28. 나는 대부분의 일을 잘 해낼 것이다. ______

29. 사람들은 문제 해결에 도움을 얻으려고 자주 나를 찾는다. ______

30. 사람들이 특정 방식으로 대응하는 이유를 간파하지 못한다. ______

31. 내 감정은 가정, 학교, 직장에서의 집중력에 영향을 미친다. ______

32. 힘든 일에는 언제나 보상이 따른다. ______

33. 과제를 완수한 후 부정적인 평가를 받을까 봐 걱정된다. ______

34. 누군가 슬퍼하거나 분노하거나 당혹스러워할 때 그 사람이 어떤 생각을 하고 있는지 정확히 알고 있다. ______

35. 새로운 도전을 좋아하지 않는다. ______

36. 직업, 학업, 재정과 관련해 미리 계획하지 않는다. ______

37. 동료가 흥분할 때 그 원인을 꽤 정확하게 알아차린다. ______

38. 어떤 일이든 미리 계획하기보다 즉흥적으로 하는 것을 좋아한다. 그것이 별로 효과적이지 않아도 그렇다. ______

39. 대부분의 문제는 내가 통제할 수 없는 상황 때문에 일어난다. ______

40. 도전은 나 자신이 성장하고 배우는 한 가지 방법이다. ______

41. 사건과 상황을 오해하고 있다는 말을 들은 적이 있다. ______

42. 누군가 내게 화를 내면 대응하기 전에 그의 말을 귀 기울여 듣는다. ______

43. 미래에 대해 생각할 때 성공한 내 모습이 상상되지 않는다. ______

44. 문제가 일어날 때 내가 속단한다는 말을 들은 적이 있다. ______

45. 새로운 사람들을 만나는 것이 불편하다. ______

46. 책이나 영화에 쉽게 몰입한다. ______

47. '예방이 치료보다 낫다'는 말을 믿는다. ______

48. 거의 모든 상황에서 문제의 진짜 원인을 잘 파악한다. ______

49. 훌륭한 대처 서술을 갖고 있으며 대부분의 문제에 잘 대응한다. ______

50. 배우자나 가까운 친구들은 내가 그들을 이해하지 못한다고 말한다. ______

51. 판에 박힌 일과를 처리할 때 가장 편안하다. ______

52. 문제는 최대한 빨리 해결하는 것이 중요하다. 그러느라 그 문제를 충분히 파악하지 못하더라도 그렇다. ______

53. 어려운 상황에 처할 때 나는 그것이 잘 해결될 거라고 자신한다. ______

54. 동료와 친구들은 내가 그들 말을 경청하지 않는다고 말한다. ______

55. 어떤 것이 갖고 싶으면 즉시 그것을 산다. ______

56. 동료나 가족과 '민감한' 주제에 대해 의논할 때 감정을 자제할 수 있다. ______

다음의 표에 각 문항의 점수를 적어서 회복력 능력을 확인하라.

★ 감정 조절

긍정 문항	13	25	26	56	부정 문항	2	2	23	31
총점:					총점:				

긍정 문항–부정 문항 = ______점이 감정 조절 점수
평균 이상: 13점 초과, 평균: 6~13점, 평균 이하: 6점 미만

★ 충동 통제

긍정 문항	18	27	32	53	부정 문항	3	33	39	43
총점:					총점:				

긍정 문항–부정 문항 = ______점이 충동 통제 점수
평균 이상 : 0점 초과, 평균: –6~0점, 평균 이하: –6점 미만

★ 낙관성

긍정 문항	18	27	32	53	부정 문항	3	33	39	43
총점:					총점:				

긍정 문항–부정 문항 = ______점이 낙관성 점수
평균 이상 : 6점 초과, 평균: –2~6점, 평균 이하: –2점 미만

★ 원인 분석

긍정 문항	12	19	21	48	부정 문항	1	41	44	52
총점:					총점:				

긍정 문항–부정 문항 = ______점이 원인 분석 점수
평균 이상: 8점, 평균: 0~8점, 평균 이하: 0점 미만

★ 공감

긍정 문항	10	34	37	46	부정 문항	24	30	50	54
총점:					총점:				

긍정 문항–부정 문항 = ______점이 공감 점수
평균 이상: 12점, 평균: 3~12점, 평균 이하 : 3점 미만

★ 자기 효능감

긍정 문항	5	28	29	49	부정 문항	9	17	20	22
총점:					총점:				

긍정 문항–부정 문항 = ______점이 자기 효능감 점수
평균 이상: 10점, 평균: 6~10점, 평균 이하: 6점 미만

★ 적극적 도전하기

긍정 문항	6	8	14	40	부정 문항	16	35	45	51
총점:					총점:				

긍정 문항–부정 문항 = ______점이 적극적 도전하기 점수
평균 이상: 9점 초과, 평균: 4~9점, 평균 이하: 4점 미만

외상 후 성장 지수 진단법(PTGI)

(copyright© 2015 by 리처드 테데시Richard Tedeschi)

다음은 외상 후 성장 지수 진단법이다. 다음의 척도를 사용해 시련을 겪은 후 당신의 삶에서 변화가 발생한 정도를 다음의 각 문항에 표시하라

0: 시련을 겪은 후 나는 이런 변화를 경험하지 않았다.

1: 시련을 겪은 후 나는 이런 변화를 아주 조금 경험했다.

2: 시련을 겪은 후 나는 이런 변화를 조금 경험했다.

3: 시련을 겪은 후 나는 이런 변화를 보통으로 경험했다.

4: 시련을 겪은 후 나는 이런 변화를 많이 경험했다.

5: 시련을 겪은 후 나는 이런 변화를 아주 많이 경험했다.

1. 내 인생에 무엇이 가장 중요한지 우선순위를 바꾸게 됐다. ______
2. 내 인생의 가치에 대해 더 감사하게 됐다. ______
3. 새로운 관심사를 가지게 됐다. ______
4. 스스로에게 더 의지할 수 있다는 느낌이 든다. ______
5. 영적인 것에 대한 이해도가 늘었다. ______
6. 역경 속에선 남에게 의지할 수 있다는 걸 더 잘 알게 됐다. ______
7. 내 삶에서 새로운 길을 개척했다. ______
8. 남들과 더 깊은 유대감을 가지게 됐다. ______
9. 내 감정을 더 쉽게 표현하게 됐다. ______
10. 스스로 어려움을 더 잘 해결할 수 있다는 걸 느끼게 됐다. ______

11. 인생의 모든 일을 더 잘하게 됐다. ______

12. 무슨 일이든 그것의 결과에 대해 납득할 수 있는 자세가 늘었다. ______

13. 하루하루를 더 감사하게 생각하게 됐다. ______

14. 열리지 않았을 새 기회들이 열리게 됐다. ______

15. 타인에게 대한 동정심이 늘었다. ______

16. 관계에 더 많은 노력을 하게 됐다. ______

17. 스스로 바뀌어야 하는 것이 있을 때 바꿀 가능성이 더 높아졌다. ______

18. 더 강한 신앙심을 가지게 됐다. ______

19. 내가 생각한 것보다 강하다는 것을 알게 됐다. ______

20. 사람들이 얼마나 아름다운 존재인지 많이 배우게 됐다. ______

21. 나에게도 다른 사람들이 필요하다는 것을 인정하게 됐다. ______

낙관성 지수 자가진단법(ASQ)

(1982, 마틴 셀리그만Matin Seligman)

낙관성 지수 자가진단법Attributional Style Questionnaire ASQ은 낙관성 학습의 주요 개념인 무기력과 우울증, 설명양식을 확인하기 위한 것이다. 충분히 여유를 가지고 다음의 질문에 답하길 바란다. 보통 이 낙관성 지수 자가진단법은 15분 정도 걸린다. 다음의 질문에 대해 맞거나 틀린 답은 없다. 반드시 검사부터 한 후 분석을 읽길 바란다. 그렇지 않으면 질문에 대한 답변이 왜곡될 수 있기 때문이다.

각 항목에 서술된 상황을 읽고 스스로가 그런 상황에 놓여 있다고 생생하게 상상해보라. 직접 경험해보지 못한 상황도 있겠지만 그것은 중요하지 않다. 경우에 따라 어느 답변도 적당해 보이지 않을 수도 있다. 그렇더라도 A와 B 둘 중 하나에 동그라미를 친다. 자신에게 좀 더 그럴듯한 이유를 고르면 된다.

1. 내가 책임자로 있는 사업 계획이 큰 성공을 거두었다. PsG

    A. 내가 팀원들의 일을 꼼꼼히 감독했기 때문이다. 1

    B. 팀원들 모두 많은 시간과 노력을 쏟아 부었기 때문이다. 0

2. 남편(아내/남자친구/여자친구)과 다툰 후 화해했다. PmG

    A. 내가 상대를 용서해주었다. 0

    B. 나는 상대를 늘 용서해준다. 1

3. 차를 몰고 친구 집을 찾아가다 길을 잃었다. PsB

    A. 내가 길을 잘못 들었다. 1

    B. 친구가 길을 엉터리로 가르쳐줬다. 0

4. 남편(아내/남자친구/여자친구)이 놀랍게도 내게 선물을 했다.		PsG
	A. 그 사람이 직장에서 돈이 생겼기 때문이다.	0
	B. 어제 저녁 내가 근사하게 한 턱 냈기 때문이다.	1
5. 남편(아내/남자친구/여자친구)의 생일을 깜박 잊었다.		PmB
	A. 나는 원래 사람들 생일을 잘 기억하지 못한다.	1
	B. 요즘 다른 일 때문에 정신이 없었다.	0
6. 나를 흠모하는 누군가가 꽃을 보내왔다.		PvG
	A. 그 사람이 나를 매력적으로 보았다.	0
	B. 나는 사람들에게 인기가 좋다.	1
7. 지방자치단체의 공직에 출마해 당선됐다.		PvG
	A. 선거운동에 온힘을 기울였다.	0
	B. 나는 무슨 일이든 열심히 한다.	1
8. 중요한 약속을 지키지 못했다.		PvB
	A. 가끔 무엇인가 잊을 때가 있다.	1
	B. 가끔 메모나 수첩을 확인하는 것을 잊을 때가 있다.	0
9. 지방자치단체의 공직에 출마해 낙선했다.		PsB
	A. 선거운동을 충분히 하지 못했다.	1
	B. 당선된 상대 후보가 더 많은 사람을 알고 있었다.	0
10. 집에서 손님들을 위해 훌륭한 저녁 시간을 마련했다.		PmG
	A. 내가 그날 저녁에는 유난히 멋지게 행동했다.	0
	B. 나는 그런 모임을 마련하는 데 재능이 있다.	1

11. 제때 경찰에 신고해 큰일을 막았다.		PsG
	A. 이상한 소리가 들렸기 때문이다.	0
	B. 그날 나는 주의를 놓치지 않고 있었다.	1
12. 일 년 내내 아주 건강했다.		PsG
	A. 주위에 아픈 사람이 별로 없었으므로 전염될 위험도 없었다.	0
	B. 잘 먹고 휴식을 충분히 취하려고 노력했다.	1
13. 도서관에 연체료로 1만 원을 내야 한다.		PmB
	A. 독서에 열중하다 보면 책 반납하는 것을 잊곤 한다.	1
	B. 보고서 작성에 열중하다 보니 책 반납하는 것을 잊었다.	0
14. 주식으로 돈을 많이 벌었다.		PmG
	A. 내 주식중개인이 훌륭한 결정을 했다.	0
	B. 내 주식중개인은 일류 투자가다.	1
15. 운동경기에서 내가 우승했다.		PmG
	A. 그때는 누구든 이길 자신이 있었다.	0
	B. 나는 언제나 열심히 연습한다.	1
16. 중요한 시험을 망쳤다.		PvB
	A. 나는 시험을 본 다른 사람들만큼 똑똑하지 않다.	1
	B. 시험 준비를 충분히 하지 못했다.	0
17. 정성껏 요리했는데 친구가 거의 손도 대지 않았다.		PvB
	A. 나는 요리에 소질이 없다.	1
	B. 내가 요리를 너무 서둘러 했다.	0

18. 오랫동안 연습했는데도 경기에서 지고 말았다.	PvB
A. 나는 운동에 별로 소질이 없다.	1
B. 이 종목은 내가 잘 못한다.	0
19. 한밤중에 어두운 길을 운전하다 휘발유가 떨어지고 말았다.	PsB
A. 휘발유가 얼마나 남았는지 점검하지 않았다.	1
B. 연료 게이지가 고장 났다.	0
20. 더 이상 참지 못하고 친구에게 화를 냈다.	PmB
A. 그 친구는 늘 성가시게 군다.	1
B. 그 친구는 그날따라 기분이 안 좋았다.	0
21. 소득세 신고서를 제때 제출하지 않아서 벌금을 물어야 한다.	PmB
A. 세금 내는 것을 늘 미루는 편이다.	1
B. 올해에는 세금 내는 것을 게을리했다.	0
22. 데이트 신청을 했는데 거절당했다.	PvB
A. 그날은 제대로 되는 일이 하나도 없었다.	1
B. 데이트 신청을 할 때 말이 꼬이고 말았다.	0
23. 게임쇼 사회자가 관객 가운데 나를 뽑아 쇼에 참여하게 됐다.	PsG
A. 좋은 자리에 앉았던 덕분이다.	0
B. 내가 가장 열성적으로 보였기 때문이다.	1
24. 파티에 갔는데 함께 춤추자는 제의를 자주 받았다.	PmG
A. 내가 원래 파티 체질이다.	1
B. 그날 밤 내 모습은 완벽했다.	0

25. 남편(아내/남자친구/여자친구)이 내 선물을 별로 마음에 들어 하지 않았다	PsB
A. 선물 같은 것을 고를 때 생각을 많이 하지 않는 편이다.	1
B. 그 사람이 까다로운 편이다.	0
26. 입사 면접시험을 아주 잘 치렀다.	PmG
A. 면접을 치르는 동안 자신감이 넘쳤다.	0
B. 나는 원래 면접을 잘 치른다.	1
27. 내 농담에 다들 웃었다.	PsG
A. 그것은 내가 생각해도 재미있는 농담이었다.	0
B. 내가 농담을 꺼낸 시점이 완벽했다.	1
28. 회사에서 너무 촉박하게 과제를 부여받았지만 결국 제때 해냈다.	PvG
A. 나는 회사 일을 잘한다.	0
B. 나는 모든 일을 잘한다.	1
29. 요즘 많이 지친 느낌이 든다.	PmB
A. 평소에 쉬지 않기 때문이다.	1
B. 이번 주 특히 바빴기 때문이다.	0
30. 어떤 사람에게 함께 춤추자고 했다 거절당했다.	PsB
A. 내가 춤을 잘 못 추기 때문이다.	1
B. 그 사람이 춤추는 것을 좋아하지 않기 때문이다.	0
31. 질식사할지도 모를 사람을 살려냈다.	PvG
A. 질식 막는 법을 알고 있다.	0
B. 위급상황에서 어떻게 해야 하는지를 알고 있다.	1

32. 애인이 잠시 냉각기를 갖자고 한다. PvB

A. 내가 너무 자기중심적이었다. 1

B. 애인에게 충분히 시간을 쓰지 못했다. 0

33. 친구의 말에 마음의 상처를 입었다. PmB

A. 그 친구는 늘 다른 사람에 대해 생각도 않고 말을 지껄인다. 1

B. 그 친구가 기분이 언짢아 내게 화풀이했다. 0

34. 사장이 내게 조언을 구했다. PvG

A. 내가 그 분야는 잘 알기 때문이다. 0

B. 내가 훌륭한 조언을 잘하기 때문이다. 1

35. 친구가 어려울 때 도와줘서 고맙다고 인사를 했다. PvG

A. 나는 그 친구가 어려울 때 기꺼이 돕는다. 0

B. 나는 사람들을 잘 돕는다. 1

36. 파티에 참석해 사람들과 아주 즐거운 시간을 가졌다. PsG

A. 다들 매너가 좋았다. 0

B. 내 매너가 좋았다. 1

37. 의사가 내 몸매가 좋다고 말했다. PvG

A. 나는 운동을 게을리하지 않으려고 애쓴다. 0

B. 나는 건강에 신경을 많이 쓴다. 1

38. 남편(아내/남자친구/여자친구)의 제안으로 낭만적인 곳에서 주말을 보냈다. PmG

A. 그 사람은 며칠간 쉴 필요가 있었다. 0

B. 그 사람은 평소 새로운 곳을 찾아다니기를 즐긴다. 1

39. 의사는 내가 설탕을 너무 많이 먹는다고 했다.	PsB
A. 나는 식습관에 별로 신경 쓰지 않는다.	1
B. 모든 것에 설탕이 들어 있어 설탕을 안 먹을 수가 없다.	0
40. 중요한 사업의 책임자를 맡으라는 제안을 받았다.	PmG
A. 내가 최근에 비슷한 사업을 성공적으로 마무리했기 때문이다.	0
B. 내가 관리감독에 재능이 있기 때문이다.	1
41. 최근에 남편(아내/남자친구/여자친구)과 크게 다투었다.	PsB
A. 요즘 내가 스트레스를 많이 받아 신경이 날카로웠다.	1
B. 요즘 그 사람이 화를 잘 냈다.	0
42. 스키를 타다 크게 넘어졌다.	PmB
A. 스키는 어렵다.	1
B. 노면이 얼어 있었다.	0
43. 회사에서 멋진 상을 받았다.	PvG
A. 내가 중요한 문제를 해결했기 때문이다.	0
B. 내가 최고의 사원이었기 때문이다.	1
44. 내가 산 주식이 떨어져 오를 기미가 보이지 않는다.	PvB
A. 주식을 살 때 경기동향에 관해 잘 몰랐다.	1
B. 주식 선택을 제대로 하지 못했다.	0
45. 로또에 당첨됐다.	PsG
A. 운이 좋았을 뿐이다.	0
B. 번호를 잘 골랐다.	1

46. 휴가 때 늘어난 체중이 줄지 않는다. PmB

A. 다이어트는 장기적으로 볼 때 효과가 없다. 1

B. 내가 선택한 다이어트 방법이 나빴다. 0

47. 병원에 입원했는데 방문객이 별로 없다 PsB

A. 나는 아프면 신경이 날카로워진다. 1

B. 내 친구들은 번거로운 일을 모른 척한다. 0

48. 가게에서 내 신용카드가 거절당했다. PvB

A. 나는 때때로 내가 돈이 많다고 착각하곤 한다. 1

B. 나는 때때로 청구서 지불을 잊곤 한다. 0

채점표

낙관성 검사

PmB(나쁜 일, 영속적) _______ PmG(좋은 일, 영속적) _______

PvB(나쁜 일, 만연적) _______ PvG(좋은 일, 만연적) _______

PsB(나쁜 일, 개인적) _______ PsG(좋은 일, 개인적) _______

HoB(나쁜 일, 절망적) _______ HoG(좋은 일, 희망적) _______

HoG − HoB= _______

PmB: 0~1 매우 낙관적, 2~3 대체로 낙관적, 4 보통, 5~6 조금 비관적, 7~8 매우 비관적

PmG: 7~8 매우 낙관적, 6 대체로 낙관적, 4~5 보통, 3 비관적

PvB: 0−1 매우 낙관적, 2~3 대체로 낙관적, 4 보통, 5−6 조금 비관적, 7~8은 매우 비관적

PvG: 7−8 매우 낙관적, 6 대체로 낙관적, 4~5 보통, 3 조금 비관적, 0~2 매우 비관적

PsB: 0~1 자신감 매우 강함, 2~3 자신감 꽤 강함, 4 보통, 5~6 자신감 꽤 약함, 7~8 자신감 매우 약함

PsG: 7~8 매우 낙관적, 6 꽤 낙관적, 4~5 보통, 3 꽤 비관적, 0~2 매우 비관적

이제 전체 점수를 계산해보라.

우선 3개의 B점수(PmB+PvB+PsB)를 더하라. 이것은 당신의 B(나쁜 일) 총점이다.

이제 3개의 G점수(PmG+PvG+PsG)를 더하라. 이것은 당신의 G(좋은 일) 총점이다.

마지막으로 G에서 B를 뺀 점수(G − B)가 당신의 최종 점수가 된다.

그렇다면 이 점수들은 무엇을 뜻하는지 살펴보자.

B 총점이 3~6이면 놀라울 정도로 낙관적인 사람이다. 6~9이면 꽤 낙관적인 편, 10~11은 평균, 12~14는 꽤 비관적이다. 점수가 14 이상이면 변화가 절실히 요구된다.

G 총점이 19 이상이면 좋은 일에 대해 매우 낙관적으로 생각하는 사람이다. 17~19는 꽤 낙관적, 14~16은 평균, 11~13은 꽤 비관적으로 생각함을 뜻한다. 10 이하는 굉장히 비관적인 사람에 해당한다.

마지막으로 G에서 B를 뺀 최종 점수가 8 이상이면 전체적으로 매우 낙관적인 사람이다. 6~8은 꽤 낙관적, 3~5는 평균, 1~2는 꽤 비관적이다. 0 이하는 매우 비관적인 점수다.

낙관성 설명의 3가지 특성

영속성(Permanence) 지속성, 불변이라고도 함. 지속적 vs 일시적.

한 개인이 절망하는 기간을 결정하는 특성으로, 나쁜 사건 때문에 느낀 무기력을 지속적으로 여기는지, 아니면 일시적인 것으로 여기고 쉽게 극복하는지를 가늠한다(시간적 개념).

만연성(Pervasiveness) 파급성, 보편성이라고도 함. 전부 vs 일부.

만연성은 절망감의 여파를 다른 영역에까지 전부로 확산시키는지, 아니면 애초에 일어난 영역인 일부에만 한정시키는지를 결정하는 특성이다(공간적 개념).

개인화(Personalization) 내재성이라고도 함. 내 탓 vs 내부 탓.

절망하는 원인과 결과를 내 탓, 내부 탓으로 돌리는지, 아니면 남 탓, 외부 탓으로 돌리는지 확인한다(내재적 개념).

참고 문헌

외국 문헌

Arakawa,D.,& Greenburg,M.(2007). Optimistic managers and their influence on productivity and employee engagement in a technology organization: Implications for coaching psychologists. International Coaching Psychology Review, 2, 78–89.

Argyle, M.(2001). The Psychology of Happiness (2nd ed.). London: Rouledge.

Avey, J. B., Luthans, F., & Jensen, S. M.(2009). "Psychological Capital: A Positive Resource for Combating Employee Stress and Turnover", Human Resource Management, 48(5), 677–693.

Biswas–Diener,R., & Garcea,N.(2009). Strengths–based performance management. Human Capital Review. Johannesburg,South Africa: Knowledge Resources.

Bryant, F.(2005). Using the past to enhance the present: Boosting happiness through positive reminiscence. Journal of Happiness Studies, 6(3), 227–260

Buckingham, M., & Clifton, D. (2001). Now discover your strengths. New York: Simon & Schuster Adult Publishing Group.

Cameron, K.S., Dutton, J.E., & Quinn, R.E (Eds.). (2003). Positive organizational scholarship: Foundations of a new discipline. San Francisco: Berrett–Koehler.

Carver, C., & Scheier, M.(2002). Optimism. In C. R. Snyder & S. Lopez (Eds.), Handbook of positive psychology, 231–243, Oxford, UK: Oxford University Press.

Centre for Applied Positive Psychology (CAPP). Internal data.

Chen, P. Y., & Spector, P. E.(1992). "Relationship of work stressors with aggression, withdrawal, theft, and substance use: A explanatory study", Journal of Occupational and Organizational Psychology, 65, 177–184.

Compton, W. C.(2005). Introduction to positive psychology. Belmont, CA: Thomas Wadsworth.

Csikszentmihalyi, M.(1990) Flow: the psychology of optimal experience, New York, Harper Row.

Diener, B. R., & Garcea, N.(2009). "Strengths–based performance management". Human

Capital Review. Johannesburg, South Africa: Knowledge Resources
Diener, E.(1984), "Subjective Well-being", Psychological Bulletin, 95, 542-575.
Diener, E, Lyubomirsky, S., & King, L.(2005), "The Benefits of Frequent Positive Affect: Does Happiness Lead to Success?", Psychological Bulletin, 131(6), 803-855.
Duckworth, A. L., Steen, T. A., & Seligman, M. E. P.(2005),"Positive Psychology in Clinical Practice". Annual Review of Clinical Psychology, 1, 629-651.
Easterlin, R.A.(1974). Does economic growth improve the human lot In Paul A. David & Melvin W. Reder(Eds.), Nations and households in Economic growth: Essays in honor of Moses Abramovitz. New York:Academic Press.
Fredrickson, B.(2001), "The Role of Positive Emotions in Positive Psychology: The Broaden-and Build Theory of Positive Emotions", American Psychologist, 56(3), 218-226.
Fredrickson, B., & Joiner, T.(2002). "Positive emotions trigger upward spirals toward emotional well-being". Psychological Science, 13, 172-175.
Fredrickson, B. L., & Losada, M. F.(2005), "Positive Affect and the Complex Dynamics of Human Flourishing, American Psychologist, 60, 678-6.
Gable, S. L., & Haodt, J.(2005), "What (and Why) Is Positive Psychology?", Review of General Psychology, 9, 102-110.
Huppert, F. A., & So, T. T. C.(2009), "What Percentage of People inEurope are Flourishing and
What Characterises Them", FAH TS OECD Briefing Document, Well-being Institute, University of Cambridge, 1-7.
Jeffrey J. Froh, Acacia C. Parks(2012), Activities for Teaching Positive Psychology: A Guide for InstructorsPaperback New York, American Psychological Association (APA).
Jon Kabat-Zinn(2005), Wherever you go There you are, New York: Hachette. Books
Judge, T. A.(1993), "Does affective disposition moderate the relationship between job satisfaction and voluntary turnover", Journal of Applied Psychology, 78(3), 395-401.
Kashdan,T.B., Julian, T., Merritt, K., & Uswatte, G.(2006). Social anxiety and possttraumatic
stress in combat veterans: Relations to well-being and character strengths. Behaviour Research and Therapy, 44, 561-583.
Kasser, T., & Sheldon, K. M.(2002), "What Makes for a Merry Christmas?", Journal of Happiness Studies, 3, 313-329.
Lason, M., & Luthans, F.(2006), "Potential Added value of Psychological Capital in

Predicting Work Attitudes", Journal of Leadership and Organizational Studies, 13, 75–92.
Lazarus, R. S.(1982), "Thoughts on the Relations between Emotion and Cognition", American Psychologist, 37, 1019–1024.
Loewenstein, G.(1994), "The Psychology of Curiosity: A Review and Reinterpretation", Psychological Bulletin, 116(1), 75–98.
Luthans,., & Avey, J. B., & Patera, J. L.(2008a), "Experimental Analysis of a Web-based Intervention to Develop Positive Psychological Capital", Academy of Management Learning and Education, 7, 209–221.
Lyubomirsky, S., & Ross, L.(1999), "Hedonic Consequences of Social Comparison: A Contrast of Happy and Unhappy People", Journal of Personality and Social Psychology, 73, 1141–1157.
Lyubomirsky, S, & Sheldon, K. M., & Schkade, D.(2005), "Pursuing Happiness: The Architecture of Sustainable Change", Review of General Psychology, 9, 111–131.
Lyubomirsky, S, & King, L., & Diener E.(2005). "The benefits of frequent positive affect: Does happiness lead to success?" Psychological Bulletin, 131, 803–855.
Margaret L. Kern, (2014), The Workplace PERMA Profiler of University Pennsylvania.
McCullough, M.(2000), "Forgiveness as Human Strength: Theory, Measurement, and Links to Well-being", Journal of Social and Clinical Psychology, 19(1), 43–55.
McCullough, M., & Snyder, C. R.(2000), "Classical sources of human strength: Revisiting an old home and building a new one", Journal of Social and Clinical Psychology, 19, 1–10.
Organ, D. W., & Seligman, M. E. P.(2004), "Character Strengths and Well-being, Journal of Social and Clinical Psychology, 23, 603–619.
Peterson, C.(2006), A primer in positive psychology, New York:Oxford University Press.
Peterson, C. & Seligman, M. E. P.(2004), Character Strengths and Virtues: A Handbook and Classification, New York: Oxford University Press/Washington, DC: American Psychological Association.
Peterson, C. & Steen, T.(2002), Optimistic Explanatory Style in Handbook of Positive Psychology, New York: Oxford University Press.
Peterson, C., & Park, N., & Seligman, M. (2006). Journal of Positive Psychology, 1(1), 17–26.
Peterson, C., Park, N., & Seligman, M. (2006). Greater strengths of character and recovery from illness. Journal of Positive Psychology, 1(1), 17–26.
Ryan M. Niemiec, (2013), Mindfulness and Character Strengths A Practical Guide to

Flourishing, New York, Hogrefe Publishing.
Seligman, M. E. P.(2011), Flourish, New York, Free Press.
Seligman, M. E. P. & Csiksznt mihalyi, M.(2000), "Positive Psychology: An Introduction", American Psychologist, 55(1), 5–14.
Seligman, M. E. P. & Peterson. C.(2004), Character Strengths and Virtues: A Handbook and Classification, New York: Oxford University Press/Washington, DC: American Psychological Association.
Seligman, M. E. P. & M.,Steen, T., Park,N., & Peterson, C.(2005). Positive psychology progress: Empirical validation of interventions. American Psychologist, 60(5), 410–421.
Seligman, M. E. P., & Peterson, C., "Character Strengths and Well–being, Journal of Social and Clinical Psychology, 23, 603–619.
Seligman, M. E. P., & Rashid, T., & Parks, A.(2006). "Positive psychotherapy".American Psychologist, 61(8), 774–788.
Seligman, M. E. P., & Rashid.(2018). "Positive psychotherapy Clinicial Manual ".New York: Oxford University Press.
Seligman, M. E. P., & Rashid.(2019). "Positive psychotherapy Workbook ".New York: Oxford University Press.
Seligman,M.,Steen, T., Park,N., & Peterson, C.(2005). Positive psychology progress: Empirical validation of interventions. American Psychologist, 60(5), 410–421.
Peterson, C. & Steen, T.(2002), Optimistic Explanatory Style in Handbook of Positive Psychology, New York: Oxford University Press.
Shannon Polly(2015), Character Strengths Matter: How to Live a Full Life, New York, Positive Psychology News.
Shaw, J. D., Duffy, M. K., Abdulla, M. H. A., & Singh, R.(2000), "The moderating role of positive affectivity: empirical evidence for bank employees in the United Arab Emirates", Journal of Management, 26(1), 139–155.
Sheldon, K. M., & King, L (2001), "Why Positive Psychology Is Necessary", American Psychologist, 56(3), 216–217.
Smith, H. C.(1955), Psychology of Industrial Behavior, New York: McGraw–Hill.
Stevenson, B.,& Wolfers, J.(2008). Economic growth and subjective well–being: reassessing the Easterlin paradox(NBER Working Papers 14282), Cambridge, MA:National Bureau of Economic Research, Inc.
Stotland, E.(1969), The Psychology of Hope, San Francisco: Jossey–Bass.

Youssef, C. M., Luthans, F.(2007), "Positive Organizational Behavior in the Workplace: The Impact of Hope, Optimism and Resiliency", Journal of Management, 33, 774–800.

Updegraff, J. A., & Suh, E. M.(2007), "Happiness is a Warm Abstract Thought: Self–contractual Abstractness and Subjective Well–being", Journal of Positive Psychology.(in press)

Veenhoven, R.,& Hagerty,M.(2006). Rising happiness in nations 1946–2004: A reply to Easterlin. Social Indicators Research, 79(3). 421–436.

Walumbwa, F. O., Luthans, F., Avey, J. B., Oke, A.(2011), "Authentically leading groups: The Mediating Role of Positivity and Trust", Journal of Organizational Behavior, 32, 4–24.

Wood, A.M., Maltby, J., Gillett, R., Linley, A., & Joseph, S. (2008). The role of gratitude in the development of social support, stress, and depression: Twolongitudinal studies. Journal of Research in Personality, 4, 854–871.

Wright, T. A., Cropanzano, R., & Bonett, D. G.(2007), "TheModerating Role of Employee Positive Well–being on the Relation between Job Satisfaction and Job Performance", Journal of Occupational Health Psychology, 12(2), 93–104.

국내 문헌

김언조, 고명선(2013, 『존 카밧진의 마음챙김명상』, 서울: 물푸레

김인자, 우문식(2014), 『마틴 셀리그만의 긍정심리학』, 서울: 물푸레

문용린, 김인자(2009), 『긍정심리학의 입장에서 본 성격강점과 덕목의 분류』, 서울: 한국심리상담연구소

문용린, 김인자, 백수연(2010), 『크리스토퍼 피터슨의 긍정심리학 프라이머』, 서울: 한국심리상담연구소, 물푸레

박권홍(2011), 긍정심리자본과 리더십 성과, 숭실대학교 대학원 박사학위 논문

송준호, 우문식(2013), "조직구성원의 성격 특성이 행복에 미치는 영향: M. Seligman의 행복공식 관점의 접근", 한국기업경영학회(in press)

안기순(2017), 『옵션 B』, 서울: 와이즈베리

우문식(2010) "긍정심리가 리더십에 미치는 영향" 안양대학교 대학원 석사학위 논문

우문식(2013) "긍정심리가 조직성과에 미치는 영향" 안양대학교 대학원 박사학위 논문

우문식(2017), 『긍정심리 팔마스 성격강점 카트』, 서울: 물푸레

우문식(2018), 『긍정심리학이란 무엇인가』, 서울: 물푸레

우문식, 손봉호 외 6인(2019), 『행복은 어디에서 오는가?』, 서울: 학지사

우문식, 윤상운(2011), 『마틴 셀리그만의 플로리시』, 서울: 물푸레
우문식, 이미정(2018), 『긍정심리학의 강점특권』, 서울: 물푸레
우문식(2012), 『긍정심리학의 행복』, 서울: 물푸레
우문식(2014), 『행복4.0』, 서울: 물푸레
우문식(2014), 『만 3세부터 행복을 가르쳐라』, 서울: 물푸레
우문식, 최호영(2012), 『마틴 셀리그만의 낙관성 학습』, 서울: 물푸레
우문식, 윤상운(2012), 『긍정심리학의 코칭 기술』, 서울: 물푸레
우문식, 윤상운(2014), 『회복력의 7가지 기술』, 서울: 물푸레
우문식(2013), "행복의 관점과 인구통계적 차이에 관한 연구", 사회복지 연구(in press)
윤성민(2011), 행복증진 긍정심리 개입 활동들의 효과: 개인-초점적 활동과 관계-초점적 활동의 비교, 아주대학교 대학원 박사학위 논문
임창희(2015), 『조직행동』, 서울: 비앤엠북스
정지현(2016), 『앤서니 그랜트의 행복은 어디에서 오는가』, 서울: 비즈니스북

행복은 만드는 것이다

행복을 만들어 주는 33가지 긍정도구

초판 1쇄 인쇄 | 2019년 7월 1일
초판 1쇄 발행 | 2019년 7월 3일

지은이 | 한국긍정심리연구소 소장 우문식
펴낸이 | 우문식
펴낸곳 | 물푸레

등록번호 | 제1072호
등록일자 | 1994년 11월 11일

주소 | 경기도 안양시 동안구 흥안대로 426 301호
전화 | 031-453-3211
팩스 | 031-458-0097
홈페이지 | www.mulpure.com
이메일 | mpr@mulpure.com

값 14,800원
ISBN 978-89-8110-334-7

Dr. 우문식의 '긍정심리 행복 전문 강사 양성 과정'

이 과정은 대한민국 행복지수 10점 더 높이기 프로젝트의 일환으로 전국 곳곳에 가서 '행복은 만드는 것이다'라는 사실을 알려주고자 하는 행복 전문 강사를 양성하기 위해 만들어졌다. 이제 강의는 전문성과 콘텐츠의 싸움이다. 잘 살아온 당신의 경력은 최고의 전문성이고, 긍정심리학 행복 콘텐츠는 이 시대 최고의 콘텐츠 중 하나다.

모집 대상: 대기업, 공기업 퇴직자, 퇴직 예정자, 고위 공직자. 사회 지도층 인사, 경력 단절자, 사회 각 분야 전문가(강사, 코치, 의사, 변호사, 목사, 최고경영자 외)

과정	주요 내용	내용 요약
기본 과정 (2일 15시간)	긍정심리 행복 강사의 이해와 비전 행복의 올바른 인식과 전환 긍정심리학 팔마스(PERMAS) 긍정심리 행복 긍정정서 높이는 방법 및 적용법 몰입도 높이는 방법 및 적용법 긍정관계 증진 및 적용법 성취하기 및 목표 달성하는 방법 대표 강점 키우는 방법 및 적용법 의미와 가치를 찾고 적용하는 법	긍정심리 행복 강사의 이해와 비전, 행복의 이해와 긍정심리학의 개념, 팔마스를 학습한다. 자신의 정체성을 찾고 지속적 성장 방법을 배운다. 자신만의 강의 콘텐츠를 구축하기 위해 긍정심리학 팔마스(긍정정서, 몰입, 관계, 의미, 성취, 강점)의 사례 적용법을 배운다.
심화 과정 (2일 15시간)	긍정도구 활용법 강점, 정서카드 활용법 및 적용법 긍정심리 행복 강사의 강의 3박자 스토리텔링 강의 기법 스팟, 스피치 기법 PPT 만드는 법 및 실습 동영상 편집 및 활용법 계획안, 제안서 작성법 강의 발표 및 코칭	긍정도구의 활용법과 적용 방법을 학습하고, 강점 카드와 정서카드의 사용 방법과 적용, 코칭 방법을 배운다. 강의 현장에서 바로 강의에 적용시킬 수 있는 주요 요소들을 배우고 실습하며, 그동안 학습한 콘텐츠로 강의안을 만들어 강의 발표를 하고 코칭을 받는다.

특전: 긍정심리 행복강사 자격증 수여. 『행복은 만드는 것이다: 행복을 만들어 주는 33가지 긍정도구』, 『긍정심리 행복강사 교육 매뉴얼』 증정

교육 기간: 금·토요일 9시 30분~18시 00분(4일, 30시간)

교육 장소: 한국긍정심리연구소 평촌 교육장(상황에 따라 바뀔 수 있음)

대표 강사: 우문식 박사(전 안양대 교수, 한국긍정심리연구소 소장, 긍정심리코치, 심리상담사)

신청 방법: 홈페이지(www. kppsi.com 커뮤니티-교육신청서) 신청

연락처: 031-457-7434 이메일: ceo@ kppsi.com

비용: 기본 과정 270,000원 심화 과정 420,000원

교재: 『마틴 셀리그만의 긍정심리학』, 『행복은 만드는 것이다』

입금 계좌: 100-028-826147(신한은행, 한국긍정심리연구소)